U0588334

中南财经政法大学加强和改进大学生思想政治教育工作论文集之十四

中南财经政法大学立德树人系列成果丛书

立德·铸魂·育人

Lide · *Zhuhun* · *Yuren*

C

主编/覃 红

副主编/余小朋 葛 明

九州出版社
JIUZHOUPRESS

图书在版编目（CIP）数据

立德·铸魂·育人：中南财经政法大学加强和改进
大学生思想政治教育工作论文集之十四/覃红主编；余
小朋，葛明副主编. —— 北京：九州出版社，2021.10
ISBN 978-7-5225-0549-7

Ⅰ. ①立… Ⅱ. ①覃… ②余… ③葛… Ⅲ. ①大学生
—思想政治教育—中国—文集 Ⅳ. ① G641-53

中国版本图书馆 CIP 数据核字 (2021) 第 196979 号

立德·铸魂·育人
中南财经政法大学加强和改进大学生思想政治教育工作论文集之十四

作　　者　覃红　主编
责任编辑　王佶　周春
出版发行　九州出版社
地　　址　北京市西城区阜外大街甲 35 号（100037）
发行电话　（010）68992190/3/5/6
网　　址　www.jiuzhoupress.com
印　　刷　武汉鑫佳捷印务有限公司
开　　本　880 毫米 ×1230 毫米　32 开
印　　张　16.5
字　　数　327 千字
版　　次　2021 年 10 月第 1 版
印　　次　2021 年 10 月第 1 次印刷
书　　号　ISBN 978-7-5225-0549-7
定　　价　88.00 元

★ 版权所有　侵权必究 ★

立德·铸魂·育人

主　编：覃　红（党委常委、副校长）

副主编：余小朋（学生工作部、人民武装部部长）

　　　　葛　明（学生工作部副部长、
　　　　　　　　大学生心理健康教育咨询中心主任）

目　录

党团建设篇

队伍建设篇

学生管理篇

工作案例篇

思想教育篇

当代大学生耻感教育的必要性及优化策略①

（党委办公室、学校办公室）

一、耻感教育的理论依据及其现实意义

耻感，是人们在社会生活中所产生的一种特殊情感体验。当某些特定的行为和现象与实践主体的内心之善相违背时，实践主体就会做出相应的否定性的评价，进而产生一种内疚自责、羞耻不安的情绪状态。探讨道德范围内的耻感有助于提升主体的思想道德素质，增强其责任意识，进而营造一种风清气正的社会氛围。耻感的生成是多方面因素共同促成的，不仅需要个人自身对善的坚持，也需要社会对善恶荣耻制定

①　本文系教育部示范马克思主义学院优秀教学科研团队建设重点项目"大学生思想政治理论课认同的影响因素研究"（16JDSZK034）的阶段性研究成果。

明确的评价标准以及营造良好的社会环境。而这些外在的标准与规范只有被主体自身所认可，并内化为行为准则，耻感才会产生。现实生活中很多人明知社会所推行的主流价值观是什么，却依然与之相违背，知行不一，毫无羞耻感可言，其原因就在于这些主流价值精神并没有真正内化于心、外化于行，这也是耻感教育的意义所在。耻感教育是道德教育中极其重要的一个部分，是社会成员依据一定的道德规范以及价值标准，按照计划和发展规律培养受教育者道德范畴内的耻感，以提升他们的道德素养，养成他们知耻知羞的良好行为习惯。

纵观中西方伦理思想史，无不蕴含着丰富的耻感思想。在中国，耻感思想早在殷商时期就已经开始萌芽，《礼记·表记》中就涉及了有关廉耻心的内容，"其民之敝，荡而不清，胜而无耻"，当时人们就已经认识到耻感能使人的内心感到羞愧，进而促进人积极向善。在周朝时期，人们认为耻是人存在的依据，是进行善恶评判的标准与尺度，同时也是惩恶的一种方式和手段。春秋战国时期，孔子认为"行己有耻"是第一要，有耻乃是儒家所推崇的优良道德品质。孟子也提出"无羞恶之心，非人也"，将耻感放到了十分重要的位置，认为人的羞耻之心必不可少。管仲更是在《管子·牧民》中将礼义廉耻视为国之四维，可见其重要程度。我国传统文化中有关耻感的相关思想逐渐从个人层面上升到了社会层面和国家层面，表明耻感不仅仅是关乎个人向善与否的重要条件，更是与国家发展与国家的前途命运密切相连。

羞耻感被马克思称为一种内向的愤怒，它是对自身所产生的可耻行为的一种追悔。柏拉图和亚里士多德对耻感也都作了相应的阐述，柏拉图认为道德高尚之人的行为准则即为趋荣避耻；亚里士多德则认为羞耻感的产生是因为一个人已经做了或者正在做一些损害自身名誉的事情，因而产生了苦恼以及焦虑不安的情绪。德国著名思想家舍勒将羞耻感视为一座桥梁，这座桥梁使人从动物的感觉成功过渡到人的感觉，它不仅是一种特殊的情感活动，还代表着一个人对某件事或者某个人的一种价值评判，因而羞耻感的丧失也就意味着价值体系的荡然无存。斯宾诺莎认为耻感是从我们所感知到的羞耻行为中产生的一种痛苦的情绪体验，是一个人内心道德良知的彰显，只有拥有一定道德感知力以及理性判断力的人才会产生这种道德上的羞耻感。美国文化人类学家鲁思·本尼迪克特将西方的罪感文化与日本的耻感文化相对比，认为二者是有所不同的，罪感文化的强制力在于人的内心，强调一种自律的力量，而耻感文化的强制力在于外部社会，认为他人的评价与目光是很重要的，重视的是他律，而只有知耻行善的人，才能够得到他人的尊重。

因此，高度重视耻感教育，培养当代大学生的责任意识和知耻意识具有十分重要的意义。

二、当代大学生耻感缺失的典型表现

（一）道德意识淡化，部分大学生对失范行为没有产生应有的羞耻感

从总体来看，当代大学生的道德发展现状是值得肯定的，但是仍然有部分大学生道德意识淡化，对自身或是他人的失范行为没有产生应有的羞耻感，表现为思想上的麻木以及见怪不怪的错误态度。这种"不知羞耻"的现象具体表现在社会生活中的方方面面。

部分大学生的个人道德素质不高，时常出现一些不文明的行为。例如，在公共场所大声喧哗、不遵守规则和纪律、不使用文明用语、浪费公共资源以及破坏自然环境等。在家庭生活中时常与父母争执、习惯向父母索取并提出无理要求，不懂得体恤父母，未常怀感恩之心。在学校中缺乏理性的消费观念，盲目与他人攀比，挥霍浪费等。在网络社交中，由于网络的隐蔽性以及匿名性特点，一些大学生利用网络散播谣言、对他人进行言语攻击、观看并传播非法图文视频。这些失范行为在大学生中并不是鲜有的，但无论是作为当事人还是作为旁观者，部分大学生都缺乏应有的羞耻感，因而对这些错误行为不以为意，持轻视或是漠视的态度。这些失范行为的产生就是由于部分大学生自身耻感不足，在具体事件中缺乏明耻辨耻的能力，因而也就无法萌生应有的耻感。

（二）道德判断力不足，部分大学生在日常生活中将荣与耻倒置

趋荣避耻、知耻尚荣都是推崇高尚品德以及道德规范的行为表现，与之相反的则是荣耻倒置。荣耻倒置是一种道德判断力不足、缺乏辨耻能力而导致的失范行为。大学生思想积极活跃，对新思想、新观念的接受与学习能力都较强，部分大学生对一些具有诱惑力的新潮思想无法做出准确的道德判断，认为它们可以体现主体、彰显自由个性，因此极易产生失德行为。例如，有些同学将注重个人与班级卫生的同学嘲讽为"洁癖患者"，将生活勤俭节约的同学视为"吝啬鬼"，认为刻苦学习的同学死板无趣，却将那些具有叛逆心理的同学视为有个性的代表。在社会生活中部分大学生以投机取巧为荣，以遵纪守法为耻；以慵懒懈怠为荣，以勤勉踏实为耻。他们将荣与耻倒置，将荣与耻混淆，沉浸和满足于这些盲目且错误的自我认知当中，却仍然沾沾自喜。这些扭曲的人生观和价值观对还处于青年期的大学生无疑会产生很大的负面影响，无论对个人还是集体来说都是隐患。

（三）道德意识不坚定，部分大学生在真实情境中易知耻而不退避

《礼记·中庸》提到，"知耻近乎勇"，意思是清楚和了解何为羞耻的言行并勇于去修正和改过。这是值得我们推崇以及夸耀的品德。但是部分大学生却恰好缺乏这种"知耻

近乎勇"的优秀品质，在一些真实的情境冲突之中表现为知耻却不退避，这在部分大学生的诚信状况中表现得尤为突出。

在学校的学习和交往过程中，部分大学生缺乏诚信意识和诚信观念。迟到早退、无故旷课、有偿代课的行为时常可见。在日常的课业任务完成及论文写作过程中存在着不少的抄袭现象，擅自将他人的思想与经验挪为己用。在学校的期中考试以及期末考试中，有部分大学生存在考场作弊行为，在考场中私自携带手机或是交头接耳，既失信于人又失信于己。作为当代大学生，明确这些令人羞耻的失信行为是提升诚信品质的基础。然而部分学生明知不可为却依旧为之，既是因为自身道德意识不坚定，也是因为侥幸心理作祟，因而"知耻而不退避"。这既不是有德者的行为，也不是勇者该有的表现。诚信难得却易失，正人先正己，立教先立德，有了坚定的道德信念，才能防止道德失范行为的产生。

三、当代大学生耻感教育的必要性

（一）加强大学生耻感教育，是提升高校立德树人实效性的需要

高校承担着立德树人、培养合格社会主义接班人的重要使命。社会所倡导的道德规范对行为主体产生的约束力是一种外在的力量，只有不断地使之转变为自身的力量，才能真正发挥其作用。部分学校往往走入重智育、轻德育的教育误区，

没有给予德育充分的重视，德育效果自然也不够显著，但头顶的灿烂星空与心底崇高的道德准则是同样重要的。通过耻感教育，可以让大学生对社会的道德规范有更加明确的认知，并将其内化为自身的精神追求和行为准则。孔子在《论语·为政》中言："道之以德，齐之以礼，有耻且格。"用道德去引导、教化民众会有很显著的效果，原因就在于它能发挥其导善功能和规范功能，使民众知晓何为耻，并不断完善自我。进行耻感教育，培养大学生的耻感，是高校落实立德树人根本任务的出发点和前提，是提升立德树人实效性的关键所在。大学生耻感的培养能够使高校道德教育建立稳固的根基，促进大学生思想道德素质的提升以及学校德育目标的实现。

（二）加强大学生耻感教育，是提高大学生道德判断力的需要

目前在校大学生大部分都是独生子女，是"95后""00后"的新时代青年，不免具有以自我为中心、叛逆张扬的鲜明个性特征。他们对新兴事物具有包容的心态，乐于尝试、乐于接受并乐于表现。新时代大学生与社会之间存在着密切的联系，个性自由化、社会化，且自身具备一定的道德价值观念，能根据自己所理解的标准对社会行为进行评价，但评价的主观性往往会导致荣耻不分，对无耻行为的理解度、包容度过高，以及自身道德信念不坚定等，这无疑会造成不良的影响。因此，耻感教育就必须发挥其纠偏和养成的重要作用，提升大学生

的道德判断力，纠正他们不正确的思想观念，如过于重视"面子"、不劳而获、见利忘义、缺乏诚信、贪赃枉法等，并逐步养成他们正确的价值观念和行为习惯，使他们在与自身相关的真实情境中做到知行统一，不被错误的思想观念所影响，并在能力范围之内及时制止不良道德行为，使社会所制定的道德规范不再是外在的一种命令，而是他们发自内心的需求。

（三）加强大学生耻感教育，是助推良好社会风气形成的需要

人与社会环境之间是一种双向互动的关系，一定的社会风气影响和塑造着人，处于环境之中的人也通过自身的言语及行为影响和改变着社会风气。礼义廉耻，国之四维，对当代大学生进行耻感教育不仅有利于其自身道德素养的提升，更有利于社会风气的净化与优化，而社会风气是与一个国家的兴衰荣辱直接相关的。当前网络上各种庸俗信息、暴力信息层出不穷，年轻人炫富、拜金等行为也屡见不鲜，部分大学生不知耻、明知是耻而为之，甚至拿出来炒作，对社会风气产生了不利的影响。顾炎武言："士人有廉耻，则天下有风俗。"大学生作为当代知识分子的代表，肩上承担着为国奉献的责任与使命，因此高校必须要重视起大学生的耻感教育，以净化社会风气，进而实现国家的繁荣富强。

四、当代大学生耻感教育的优化策略

（一）明确耻感教育的目标和内容

在耻感教育具体的推进过程中，首先应该重视和关注每个大学生道德素养发展的不同特性，并将这种不同作为耻感教育起点目标确立的依据。帮助大学生认清自身的角色，将遵守和履行学校的规章制度作为其耻感教育的基础，并不断培养其知耻意识，这样耻感教育就有了明确的方向。不同年级的大学生也应该对应不同阶段的耻感教育目标，因为道德情感的生成也是有关键时间段的，由培养大学生积极正向的道德情感逐渐向培养大学生的自豪感、自尊心和荣誉感过渡。其次，要将耻感教育的社会目标与个体的道德需要结合在一起，将社会所要求的优秀道德品质融入耻感教育之中，从而在目标的设定上形成一种正向的合力，激励学生主动思考自身的耻感现状，从日常生活和学习的思想和行为活动出发，积极主动地吸收教育内容，并内化为自身的道德品质，以促进耻感教育的有效开展。

耻感教育的有效开展不仅需要明确的教育目标，还需要将耻感教育的内容具体化、现实化。首先，要让大学生对荣辱观具备清晰的认知，不知耻为何物，何以谈荣辱。通过正确价值观念的树立，帮助学生协调与解决学习和生活中出现的各种矛盾，让其明白"该做什么""该怎样做"。其次，要激发学生自尊自爱的情感意识，当学生产生不正确的思想或行为时，这种情感意识会尽量修正与弥补不当思想、行为产生的负面影响。相反，如果主体的思想或者行为受到了他人的赞扬，这种情感意识将会更加督促其今后生活中的一言一行。最后，要树立学生的正义感。正义感的提升意味着学生辨别善恶是非的能力得到了增强，对社会中的可耻行为会有更加明确和坚定的判断，并以此约束自身，避免产生道德失范行为。通过激发学生的正义感来引导其尚荣知耻，不断完善其道德人格。

（二）完善和丰富耻感教育的方法

高校在进行耻感教育的时候要改变单一的、以教师为中心的教育方式，不断丰富和完善教育方法。注重学生主体性的发挥，让其对耻感教育的相关内容有一个自我消化和自我理解的过程，从而达到自愿理解、自愿接受的程度。首先，可以采取激励式的教育方法。一方面，教师在课堂中可以通过宣传学生身边典型人物的光荣事迹来培养其知耻尚荣的价值理念；还可以运用多媒体技术将耻感教育的相关内容更加直观地传达给学生，做到图文并茂；此外还应该鼓励大学生学思并用，通过启发式、设疑式的教学方法让学生对荣誉和耻感有更加精准的理解和判断，进而使其具备道德耻感。另一方面，高校可以对严格遵守学校规定、趋荣避耻的行为进行精神和物质方面的鼓励，对优秀的事迹多加宣传，既能加深优秀学生对光荣行为的情感体验，又能激励其他学生不断约束自身的行为，以此提升教育效果。其次，高校要重视将理论灌输与实践教育相结合，多多开展和组织社会志愿服务活动，引导学生积极主动地参与其中，让学生置身于真实的社会情境中去感受遵守和践行道德规范所带来的内心愉悦感；也通过这种方式让学生对以往自身的思想和行为进行反思和省察，进而唤醒内心潜在的优秀道德品质。

（三）创建和净化良好的耻感教育环境

良好的耻感教育环境是大学生耻感教育有效开展的重要外部因素。为了提升教育的实效性、巩固教育成果，必须从大学生所处的社会环境、校园环境以及家庭环境入手，助力学生正确价值观的形成。首先，要构建起和谐稳定的良性社会环境。在价值观念多元化和复杂化的趋势下，我们必须牢固树立社会主义荣辱观，让学生坚定信念并引导其自觉践行社会主义核心价值观以及正确道德观念的准则要求，形成良好的道德习惯。此外，还要营造良好的社会舆论氛围，加强管理和监督力度，纠正大众媒体低俗化、娱乐化的内容和倾向，增强其承担宣传正确价值观念的责任意识，让其努力传播社会正能量，对社会热点问题及时作出正确的判断和评价，以此让正确的社会评价标准深入人心。其次，要构建风清气正的校园文化氛围，将校园提供的多样化人文硬件设施与良好的校园软环境相结合，使学校蓬勃向上的精神以及高雅文明的风气深入人心，发挥学校精神文明强大的感染和熏陶作用，培养学生尚荣知耻的道德品质。另外，学校还应该开展趋荣避耻的校园文化活动，不断丰富学生的精神文化生活，沉淀优秀的校园人文精神。在校园实践活动中加强学生内在情感的培养，引导学生以诚实守信为荣、以严守法纪为荣、以勇敢进取为荣、以正直无私为荣的自豪感和满足感，激发学生的耻感意识并启迪其内心的道德良知。最后，要营造积极向上的家庭文化环境。一方面，要通过家庭教育使学生产生最基本的耻感观念。正确的家庭教育观念对学生道德观念的树立和培养是有重要作用的，让学生在日常的家庭生活中感受到荣耻所对应的不同情感体验，以此确立正确的耻感价值观，并约束自身行为。另一方面，家长也应该不断提升自身的道德修养以及文化品位，为学生树立文明礼貌、勤俭节约、正确看待金钱的良好榜样，让学生在积极向上的家庭文化环境中耳濡目染，培养耻感意识，养成良好的学习生活习惯。

参考文献

［1］乔建中. 论情绪体验在道德教育中的作用［A］. 朱小蔓主编. 道德教育论丛（第2辑）［C］. 南京：南京师范大学出版社，2003.

［2］汪凤炎，郑红. 荣耻心的心理学研究［M］. 北京：人民出版社，2010.

［3］杨峻岭. 道德耻感的科学内涵［J］. 中国伦理学会论文集，2008（11）：210-214.

［4］杨峻岭，任风彩. 道德耻感的基本样态分析［J］.
伦理学研究，2009（9）：56-59.

［5］罗诗钿. 耻感教育的涵义与途径探析［J］. 理论
月刊，2012（10）：160-164.

［6］章越松. 耻感伦理的涵义、属性与问题域［J］.
伦理学研究，2014（1）：12-16.

［7］姚震，孟庆旺. 以培养知耻感为先导加强荣辱观教
育［J］. 理论界，2006（9）：12-13.

"00 后"大学生思想行为特点
与引导对策研究 ①

李 鑫

（法学院）

一、问题提出

"00 后"主要指的是 2000 年 1 月 1 日到 2009 年 12 月 31 日出生的中国公民，大多数"00 后"为独生子女，其父母年龄段基本为"60 后"至"80 后"人群②。从 2018 年 9 月开始，大学新生群体已经从"95 后"转变成为"00 后"，"00 后"逐渐成为大学校园舞台上的主角。笔者在知网上检索了截至 2020 年 8 月所有主题为"00 后"大学生的文献，利用关键词

① 本文系 2020 年度中央高校基本科研业务费（三全育人）项目（编号 2722020SQY06）成果。

② 秦绍龙，鲁绵茸，刘征文."00 后"大学生思想行为特点与日常管理探析［J］.西部学刊，2019（12）85-88.

筛选出 326 篇文献。笔者通过使用知网的计量可视化工具分析筛选出来的文献，发现从 2016 年到 2020 年，国内学者对"00 后大学生"研究的广度和深度呈现出不断增加的趋势（如图 1）。时代背景的差异使每个时代的学生都有着自身的独特性，社会主义新时代背景下成长起来的"00 后"接触到的信息越来越多，受到的网络冲击越来越大；社会给当代"00 后"大学生绘制了个性鲜明、行为务实的画像，但同时也给"00 后"大学生贴上了"网络原住民""丧文化""捧着手机的草莓青年"的标签。为了真正了解当代"00 后"大学生的思想政治行为特点，填补新时代背景下"新鲜血液"的数据库，本文通过问卷调研、谈心谈话的形式对"00 后"大学生道德品质维度、理想信念维度、政治素养维度、网络依赖维度的思想行为特点进行了较为深入的研究，以期为未来高校开展教育引导工作提供更好的支持。

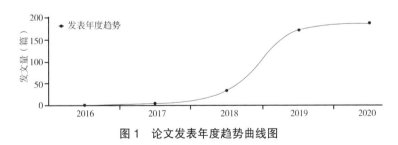

图 1　论文发表年度趋势曲线图

二、"00 后"大学生思想行为特点

"00 后"大学生生长在信息交叠、日新月异的新时代，

伴随着社会主义现代化的不断推进，"00后"大学生的思想行为在各方面都呈现出鲜明的特点。

（一）道德认同感易动摇，知行矛盾难以统一

此次问卷调研中有97%的学生认同"诚实守信是做人的基本道德要求"，但是对"考试中偶尔舞弊是可以理解的"这一内容，选择比较同意或非常同意的人数约占总人数的46%，同时有将近12%的学生选择"自己曾经考试作弊"。此项数据表明，当前"00后"大学生个人道德观念较强，有明辨是非曲直的能力，他们拥有较高的诚实守信道德观，但是却在知行统一的层面难以达成一致。当前，"00后"大学生面临着道德观念和道德行为的选择困境，他们一边接受着社会主义价值观潜移默化的熏陶，一边受到西方文化价值观强烈的冲击。夹杂在纷繁复杂的社会环境中，是坚守内心道德观念，还是在自我利益面前低头，"00后"大学生在道德知行选择层面处于迷茫彷徨的状态。[①] "00后"大学生清楚明晰社会主义所提倡的道德价值观念，他们内心也认同这些道德观念，但是在现实生活中他们却未必践行。与此同时，"同学考试作弊取得高分""奖学金材料作假被选上""搀扶摔倒老人反被诬陷"等社会情形都会动摇"00后"大学生的道德认同感。调研结果显示，仅有24%的同

[①] 王纪妹. "00后"大学生思想行为特点调查报告——以南通大学为例[J]. 广西青年干部学院学报，2019，29（3）：6-9.

学选择当任何情况发生在自己身上时都不会动摇自己观念，将近76%的同学选择了会动摇自身的观念。在现实生活的冲击下，"00后"大学生道德认同感不足，比较容易受到外界影响而产生动摇。当自身利益和道德认知产生冲突的时候，"00后"大学生会出现道德认同感动摇或者行为与道德认知相冲突的现象。

（二）思想乐观进取，理想信念模糊

从主流情况来看，"00后"大学生思想积极进取，并且都保持乐观向上的人生态度，在"今后的人生是否想要努力拼搏"这一选项上，有将近76%的学生选择了想要努力拼搏，有将近83%的学生认为自己今后的生活和工作会取得成功。由此可以看出，随着社会主义现代化的推进，我国政治、经济、文化越来越强大，给了新时代背景下成长起来的"00后"大学生充足的自信心，他们自信乐观，他们对未来充满向往和憧憬，他们坚信国家也坚信自己能够成功。但是由于网络信息的高速发展，"00后"大学生不断受到西方多元文化和资本主义思想的冲击，在看到主流群体积极向上的同时，也需要承认一些"00后"大学生思想观念上出现的问题：占总人数23%的学生对于"共产主义一定会实现"选择不清楚，占总人数6%的学生选择不同意。在与学生谈心谈话的过程中，有学生谈道：我热爱我的祖国，我也愿意努力奋斗，未来报效祖国，但我很困惑为什么要信仰马克思主义，我不愿意信仰这些虚无的东西，我只相信我自己。[①] 由此可见，部分"00后"大学生功利性、务实性强，忽视政治理论知识的学习，理想信念感极其淡薄，甚至出现理想信念迷失的现象，在意识形态和是否坚持走中国特色社会主义道路等问题上还存在的误区。[②]

（三）政治意识感强，入党积极性高

"00后"大学生的政治意识、国家意识普遍较强，他们积极参与到国家政治中去。"00后"大学生有强烈深厚的爱国情感，将近82%的学生表示自己偶尔会关注时政新闻，他们平时会通过网络关注国家大事。在"萨德事件""占中"等事件中都能摆正自身立场，表明"00后"大学生有着较强的政治意识以及深厚的爱国情感。调研数据显示，"00后"男性大学生通过各类网络渠道主动了解国家政治的人数占"00后"男性大学生调研总人数的73%，而"00后"女性大学生通过网络渠道了解国家政治的人数只占"00后"女性大学生调研总人数的28%，由此可见，"00后"男性大学生政治参与度和关注度高于"00后"女性大学生。调研对象当中，"00后"大学生属于团员、入党积极分子、党员的比例高达90%以上，由此可以看出当前"00后"大学生入党积极性较高。但是当

---

① 2020年7月27日下午，线上访谈对象：2019级本科生。

② 周巾裕.贵州省"00后"大学生思想行为特点研究报告［J］.福建茶叶，2020（4）：306-307.

前不少"00后"大学生申请入党的动机并不纯粹，有18%的大学生选择"看到其他同学申请所以申请入党"，有67%的大学生选择"对自己未来发展有帮助所以申请入党"，只有不到5%的同学选择"基于对中国共产党的信心"。此项数据可以表明，尽管当前"00后"大学生入党积极性高涨，但是入党动机功利性过强，更多考虑的是党员身份带给自己就业、升学的竞争力，个人政治信仰不足。

（四）网络自律性差，网络素质参差

"00后"大学生生长在信息化高速发展的互联网时代，可以说互联网已经渗透到他们学习、娱乐、生活的各个层面，不少"00后"大学生表示自己24小时无法离开手机，否则会感觉到焦虑。作为网络时代的新生群体，"00后"大学生网络操作技术水平高，喜欢借助网络来表达自我情感和观点。微博、抖音、快手等都是"00后"大学生常驻的平台，将近68%的"00后"选择"自己每天使用手机时间在10小时以上"。"00后"大学生沉浸在网络世界里，他们更倾向宅在宿舍或家中刷手机，不愿意出门参加社交活动。与学生谈心谈话的过程中，有学生曾表示：自己自控能力差，对于使用手机的时间总是无法自控，去学习时总会忍不住玩手机，随便看一看微博，刷一刷抖音，半天就过去了，自己也很想远离手机，但是手机不在身边就会非常焦虑。① 此外，"00后"大学生

---

① 2020年7月30日下午，线上访谈对象：2018级本科生。

自身网络素质参差不齐。厦门大学"洁洁良"事件需要引起反思，网络中存在不少这样的"双面人"。网络的匿名性会使一些"00后"大学生随意转发虚假信息，发布不当言论。网络环境复杂，网络信息良莠不齐，一些"00后"大学生对网络上各种信息的辨别能力不足，容易受到影响和诱惑，出现思想行为上的偏差。

三、"00后"大学生引导对策思考

"00后"大学生是未来社会的重要储备人才，是我国富强繁荣发展的人才保障。"00后"大学生思想行为上存在的问题需要引起教育者的重视与关注，只有把握好"00后"大学生思想行为特点，才能开展有效的教育引导工作（如图2）。

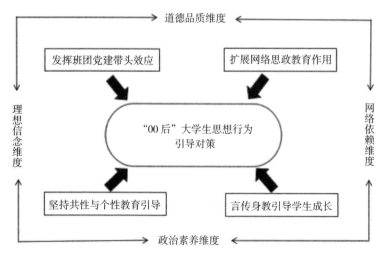

图2 "00后"大学生引导对策

（一）发挥班团党建带头效应

通过调研发现，"00后"大学生中学生干部、党员群体的政治素养和自控能力普遍更强，因此要充分发挥好班团党建学生干部在学习、生活、道德各个方面的带头示范作用。在学生管理工作中，要充分调动班长、团支书、学生干部的积极性，增强班干部的责任意识和集体意识，让班干部能够担负起学生管理者和组织者的职责。"00后"学生干部也能在工作中磨炼自己的工作能力和沟通能力，为班级其他同学树立起榜样形象，充分发挥示范作用。具体来说，可以建立长效机制，以宿舍或者班级为平台，让学生干部引领同学开展文明寝室、文明班级的建设。同时，在学生党员发展环节要严格把控入党门槛，对于入党动机不单纯的学生，要通过谈心谈话纠正其想法的局限性和片面性，引导此类学生端正入党动机，成为有理想信念的时代青年。面对踊跃申请入党的"00后"大学生，要高标准、严要求，保证党员发展的质量，而不能一味追求数量上的增加。要保证把真正优秀的"00后"大学生吸纳进中国共产党的队伍，培养一批政治素养高、有道德情操、有责任担当的"00后"学生党员。

（二）扩展网络思政教育作用

信息化时代的到来使"00后"大学生的生活方式和思想观念都在不断变化，因此辅导员在教育引导学生的过程中要与时俱进，占领好网络领地，扩展网络思政的教育作用。辅导员要学会使用新的技术、新的手段，利用网络打造学生喜闻乐见的内容，充分利用网络主阵地开展思政教育工作。一方面，高校需要加强网络思政队伍的建设，充分发挥思政教师团队的力量，同时也需要专业技术人才的支持。通过学生喜爱的微博、微信、网站平台来开展网络思政工作，加强校园文化建设。另一方面，还需要加强网络舆论的监督管理。西方资本主义价值观念通过网络不断冲击着我国"00后"大学生的思想，同时网络的隐匿性也让部分大学生在网络上肆无忌惮，因此要加强网络文化监管，坚持弘扬社会主义文化。辅导员需要紧跟时代的潮流，通过网上工作室、微信、微博等途径及时了解学生的思想动态。面对网络上良莠不齐的信息，加上自律性和辨别能力不足，"00后"大学生容易在网络中发表一些不恰当的言论。因此，高校要对"00后"大学生开展健康网络知识教育，让学生了解到网络的两面性，通过开设课程、举办公益讲座提高学生自身的网络信息辨别能力。

（三）坚持共性与个性教育引导

"00后"大学生有着共有的特点：他们积极自信、乐观进取；他们热爱祖国，但理想信念薄弱；他们强调个性，却又缺乏集体意识。辅导员在开展"00后"大学生教育引导工作的时候要考虑到"00后"大学生共有的特点，但同时也要关注到每个学生独特的个性，因材施教。不同性别、不同专业、不同家庭背景造就了每一个不同于他人的"00后"大学生。他们个性张扬，追求自我，这要求辅导员在教育管理的过程中加强与学生的沟通交流，了解每一个学生。面对"00后"大学生，辅导员开展工作要做到深入班级、深入宿舍、深入学生，具体可以通过每周查课、查寝的方式深入学生课堂和学生寝室，通过谈心谈话的方式加强与学生的深度交流。辅导员需要主动走进学生，了解每个学生的特点，寻找与"00后"大学生的共同话题。在坚持共性与个性教育引导的过程中，最重要的是尊重每一个学生的个性，和谐关系不是靠强制性达成的，而是需要双方互相尊重。辅导员要改变过去"一刀切"的管理模式，尝试走进每一个"00后"大学生的内心，结合他们的具体情况，为他们提供个性化的教育和管理，确保一把钥匙开一把锁，引导每一位"00后"大学生成长成才。

（四）言传身教引导学生成长

著名教育家、古典文献专家启功教授对教师提出的要求是"学为人师，行为世范"，指的是教师应该有充足的学识来教育引导学生，同时教师需要规范自己的言行举止，为学生做出典范。在高校，"00后"大学生接触最为密切的人群就是辅导员，辅导员就是大学生学习和模仿的对象。因此，辅导员需要在自己的知识储备、道德素养、为人处事、人格魅力等各个方面为学生保持模范形象。一方面，公平公正是辅导员需要坚持的原则，在与"00后"大学生相处的过程中，一定要以身作则，在学生中树立威信，保证各项工作开展公平公正。在涉及学生利益的相关评选活动中，一定要严格遵守规章制度。另一方面，辅导员除了服务、管理好学生，还需要在自己的专业领域有一定的知识积淀，用自己严谨笃学的态度、扎实深厚的学识感染学生，通过自己的言传身教，做好"00 后"大学生的引路人。

参考文献

［1］万美容. 当代青年发展研究［M］. 武汉：湖北人民出版社，2006.

［2］金国华. 青年学［M］. 北京：中国青年出版社，1999.

［3］秦绍龙，鲁绵茸，刘征文. "00 后"大学生思想行为特点与日常管理探析［J］. 西部学刊，2019（12）：85-88.

［4］王纪妹. "00 后"大学生思想行为特点调查报告——以南通大学为例［J］. 广西青年干部学院学报，2019，29（3）：6-9.

［5］周巾裕. 贵州省"00 后"大学生思想行为特点研究报告［J］. 福建茶叶，2020（4）：306-307.

［6］王辉，赵丽娜，姜铭奎. 新形势下大学生党建方法创新探析学校党建与思想教育，2012（3）：34-35.

［7］焦玉玲. 当代青年思想政治教育实效性的矛盾及对策探析［J］. 山西青年管理干部学院学报，2008，21（1）：

3-5.

［8］童建军，林晓娴. 当代大学生思想动态与行为倾向分析［J］. 思想理论教育，2019（4）：95-101.

［9］康蕾，王发程. 新时代大学生思想特点及行为规律研究［J］. 传播力研究，2018，37（25）：234.

［10］王会立，李文俊. 当代高校辅导员与大学生和谐关系的构建［J］. 社科纵横（新理论版），2012（4）：253-254.

［11］任姣丽. 新时代高校对"00后"大学生价值观的引导路径［J］. 花炮科技与市场，2020（3）：2.

［12］许大炜，段升财，程冬东. "00后"大学生入学教育问题探究［J］. 文学教育（下），2020（7）：3.

［13］葛田. "00后"大学生视阈下的大学辅导员思政教育创新分析［J］. 法制博览，2020（16）：231-232.

［14］沈千帆，付坤，马立民，黄荟宇. "00后"大学生的群体特征及教育策略［J］. 学校党建与思想教育，2019（24）：55-56.

大学生学习宣传习近平新时代中国特色社会主义思想路径与机制研究

刘　洁

（法学院）

自党的十八大以来，习近平新时代中国特色社会主义思想经历了初步建构、深化探索以及成熟稳定三个阶段，最终形成了与时代发展相适应的完整理论体系。习近平新时代中国特色社会主义思想以"四个全面"战略布局和"五大发展理念"作为中国特色社会主义的基本内容，以"五位一体"为主线回答了发展目标的实现路径问题，以"八个明确"和"十四个坚持"系统地回答了新时代坚持和发展什么样的中国特色社会主义、怎样坚持和发展中国特色社会主义的时代课题。[①]可以说，习近平新时代中国特色社会主义思想是全党

---

① 任晓伟.习近平新时代中国特色社会主义思想理论体系概括的主要阶段、基本逻辑与原创贡献［J］.中国浦东干部学院学报，2020，14（4）：13–20.

全国人民为实现中华民族伟大复兴而奋斗的行动指南，是党和国家的指导思想。对我国高等教育领域而言，它毫无疑问是大学生思想政治教育的主要内容，更是坚持中国特色社会主义教育发展道路、培养德智体美劳全面发展的社会主义建设者和接班人的重要指导思想。

一、新背景下牢抓习近平新时代中国特色社会主义思想学习与宣传工作的必要性

当代大学生对学习和宣传习近平新时代中国特色社会主义思想的实践活动参与度不高：就参与的广度而言，有很大一部分同学只参与过课堂学习，未参与过实践活动学习；就参与的深度而言，课后自主进行深度研究的同学只占很小一部分比例。同时，大学生学习重视度不高、实效性不强的问题也存在。因此，在我国新时代背景下，继续牢抓高校习近平新时代中国特色社会主义思想的学习与宣传工作是十分必要且紧要的。

（一）大学生是社会主义现代化建设的支柱力量

作为国家的希望与民族的未来，当代大学生的教育与培养一直以来都是党和国家高度重视的工作。在党的十九大报告中，习近平总书记用200余字的篇幅专门谈到青年，"青年兴则国家兴，青年强则国家强"，对青年大学生给予了高度期待。作为中国梦的实现者，最紧要的是用中国特色社会

主义思想理论武装头脑，因此，推进大学生学习宣传、贯彻新思想，对发展中国特色社会主义事业、巩固党的执政基础、促进青年自身发展都具有重要意义。

（二）国内外复杂形势影响大学生价值观念

新冠疫情的发生，给高校思想政治教育工作提出了新的挑战。首先，在全国居家隔离的大背景之下，常规的课堂面对面教学变成网络教学，给日常思想政治教学带来了极大不适应。[①] 这种不适应主要表现在两方面：一是学生不适应，在家缺乏学习氛围，且承受着较大的抗疫压力，学习状态不佳；二是老师不适应，老师由讲台教育者突然变换为"网络主播"，传统教学方式不再适用，给老师带来较大困惑。两者共同作用，导致思政教学效果大打折扣。其次，在新冠疫情爆发初期，由于抗疫经验缺乏、对疫情的重视程度不够，以及此次病毒传染性太强等，导致政府部门在抗疫工作上存在处置不及时、不妥当的行为，部分不良分子借机煽动人心，宣扬资本主义的优越性，而大学生处在世界观、人生观、价值观正在形成的阶段，极容易受到不良思想的影响，理想信念容易动摇。因此，如何在复杂的国内外背景下进一步教育引导学生牢固树立"四个意识"，增强"四个自信"，坚决做到"两个维护"，

---

① 于利. 突发公共卫生事件背景下大学生思想政治教育研究——以新冠肺炎疫情防控为例［J］.法制与社会，2020（16）：183-184.

切实增强民族自豪感和自信心，是我们需要思考的问题。

（三）高校课堂教学吸引力不足

大学生在学习和宣传习近平新时代中国特色社会主义思想的过程中，应既有以课堂教学为主的"第一课堂"，又有以实践活动为主的"第二课堂"。当前高校大学生对习近平新时代中国特色社会主义思想的学习主要来源于"第一课堂"，即开设的专业或通识课程。而传统的课程教育所达到的效果却不尽如人意，一方面，教学方法缺乏趣味性，以老师主动讲授、学生被动接受为主，学生的主体地位被忽视，导致学生感到课堂枯燥无味，提不起兴趣，对思想政治教育课的满意度和认可度不高；另一方面，在市场经济飞速发展与就业形势日趋严峻的今天，"唯分数论""知识无用论"等错误论调甚嚣尘上，学生以拿高分为上课和学习的目的，重视对专业技能有直接提升作用的课程，而忽视对思想道德修养的提高。

（四）党团组织主体价值削弱

除以课程为主的"第一课堂"外，以实践活动为主的"第二课堂"同样亟待完善。目前高校环境中，以学习和宣传习近平新时代中国特色社会主义思想为主题的实践活动主要是以党团组织为单位展开的，但学生党组织建设中存在的党员培养考察不规范、学生党员干部缺乏党团工作经验、党团活动形式单一、党员作用发挥不突出等问题，直接导致学生党组织难以以自身为原点将思想主张有效地扩散至大学生群体中。

二、以实践为导向构建研究性学习模式

（一）实践导向的效益与价值

确定学习与宣传新时代习近平中国特色社会主义思想的目标导向，是进行路径设计的前提。要先定好学习与宣传的"目的地"，才能选择最佳实践"路线"。学习与宣传习近平新时代中国特色社会主义思想的初衷，是为社会主义现代化建设服务，因此，应该将实践作为构建学习与宣传的路径。坚持社会实践育人，是高校思想政治理论课实践的重要形式之一，以实践为导向学习和宣传习近平新时代中国特色社会主义思想是符合思想政治教育理论与实践研究规律的。[①]

（二）以实践为导向的学习分两步走

以实践为导向学习和宣传习近平新时代中国特色社会主义思想，可以分为两个阶段：第一阶段，思想政治理论教育需要瞄准实践需求，指导解决实践中的问题，形成科学的理论体系；第二阶段，通过不断的实践来深化对理论知识的理解，学以致用，达到理论和实践相结合的效果。

---

① 吴长菲，魏彬，朱玲.大学生学习习近平新时代中国特色社会主义思想"学思践悟"工作路径的创新思考［J］.改革与开放，2020（Z4）：93-96.

1. 第一阶段：以实践为导向的理论学习

理论学习的终极目标是满足实践的需求。因此，对于习近平新时代中国特色社会主义思想的学习和宣传，不能仅仅停留于对思想的探讨，而忽略对实践的要求。所以，理论的学习，应基于对思想的理解，将其与大学生的社会实践相联系，拉近思想内容与学生生活的距离，从而增强课程的吸引力，增强思想理论的实用性。在这一阶段，可以通过将对习近平新时代中国特色社会主义思想的学习与就业、择业相结合。就业与择业是当代大学生心中的头等大事，将习近平新时代中国特色社会主义思想内容融入就业、择业中进行学习和宣传，无疑将会极大地提升大学生的竞争力。习近平新时代中国特色社会主义思想中关于"四个全面"战略布局和"五大发展理念"等的内容，对大学生树立正确的就业与择业观、选择适合自身发展与社会需要的就业领域起着至关重要的作用。因此，在课程设置上，应该将习近平新时代中国特色社会主义思想与就业、择业指导课相结合，增强课程的感召力，提升以学促用的效果，提升课程质量。

2. 第二阶段：以理论为指导的校园实践

大学生群体具有社会经验缺乏、实践机会欠缺的特点，因此很难广泛、深入地参与与习近平新时代中国特色社会主义直接相关的社会实践中去。但同时，大学生也享有丰富的校园实践活动机会，可以充分利用校园资源在校内开展实践活动，最大限度地实现实践育人。

学校可以开展的校园实践活动是非常多的。比如开展知识竞赛，调动学习积极性。在课程学习后，组织开展以学生为主体、以辅导员为组织者的学习与宣传习近平新时代中国特色社会主义思想的专题知识竞赛。在竞赛中充分体现学生的主体地位，让学生们自主命题，自行筹备知识竞赛的所有流程和各个环节，调动学生的积极性。开展主题辩论比赛。辩论赛是锻炼大学生的逻辑思维能力、语言表达能力、统筹分析能力的最佳手段。通过开展辩论赛，可以激发学生在案例中对所学知识进行再次思考、整合，提升学生的思辨能力和独立思考能力。开展主题志愿活动。开展志愿活动有利于增强大学生的服务意识，增强大学生对社会生活的认识，提高他们的实践能力。因此，高校可以依托校园志愿者协会，开展一系列公益志愿活动。志愿活动的选择可以与所学专业相联系，例如法学专业学生可以开展普法活动、法律援助活动等。同时，也要引导学生关注社会弱势群体，关注乡村教育，关注基层发展，切身体会党和国家的发展政策，在社会实践中培养择业观念；引导学生下基层，到祖国建设需要的地方去。

三、以新媒体为主阵地构建创新性宣传模式

对于习近平新时代中国特色社会主义思想的宣传，传统的广播、电视、报刊等媒体必不可少，但更需要关注新媒体

的传播作用。当今时代，信息技术迅速发展，信息交互变得简单、便捷，微信、微博、邮箱、QQ 等是大学生们获取信息的主要新媒体。因此，充分发挥新媒体的传播作用是这个时代推进宣传习近平新时代中国特色社会主义思想的题中之义。

（一）平台建设

建设思想理论学习的网络平台已成为一种新的学习样态和趋势。目前，全国 9000 多万名党员都以"学习强国"App 为平台进行学习，每日文章、视频以及答题等学习内容已经成为广大党员生活中不可缺少的部分。目前，各高校开发了"易班"等网络平台，但"易班"平台的功能以行政服务和学生生活管理为主，学习内容的呈现功能较低。各高校应该建设自己的网络学习平台，将党员的发展与培养融入网络平台，根据宣传的需要设置相应的功能模块，定期推送学习文章。[①]同时设置互动与讨论模块，给予大学生充分表达的平台，从而寓有效性和趣味性于一体，使习近平新时代中国特色社会主义思想的学习成为一种习惯，成为一种时尚，真正将习近平新时代中国特色社会主义思想融入大学生的生活中。

---

① 黄文明.推进大学生学习宣传习近平新时代中国特色社会主义思想研究［J］.教育现代化，2019，6（51）：175–177.

（二）内容创新

1. 增强内容的趣味性

现阶段，对于习近平新时代中国特色社会主义思想理论的宣传，多以文件精神为内容，以新闻稿、学习心得为形式，相对而言较为枯燥，欠缺对学生的吸引力。因此，创新宣传内容，提升内容的趣味性和吸引力是构建宣传新模式的重中之重。增强宣传内容的趣味性，可以采取图文、漫画、微电影、音频等方式，对习近平新时代社会主义思想进行讲解和宣传。同时，要提升宣传内容的质量，推送真正有思考、有启发、有观点的文章给大学生。为了提高学生的参与感，可以征集学生的高质量文章，鼓励学生们踊跃投稿。

2. 提升内容的实用性

提升宣传内容的实用性应该注重宣传效率与宣传效益，减少重复宣传与无用宣传。高校在确定宣传内容时，应该充分将习近平新时代中国特色社会主义思想与大学生的学习、生活与工作相联系。同时，宣传内容应该紧跟时代潮流，回应社会现实中遇到的热点问题，从大学生关心的热点事件入手，以解决实际问题为目标来确定宣传内容。

3. 增强内容的导向性

作为宣传对象的大学生，是我国社会主义现代化建设的主要力量，在宣传中增强内容的导向性，引导大学生关注我国的建设政策，关注教育、民生，关注弱势群体和欠发达区域，是习近平新时代中国特色社会主义思想宣传工作的题中之义。因此，要加强典型人物与典型事迹的报道，以先进榜样的故事感染人、鼓舞人、引导人，从而引导大学生树立正确的价值观、择业观，实现思想观念和专业素质的综合发展。

参考文献

［1］任晓伟. 习近平新时代中国特色社会主义思想理论体系概括的主要阶段、基本逻辑与原创贡献［J］. 中国浦东干部学院学报，2020，14（4）：13-20.

［2］于利. 突发公共卫生事件背景下大学生思想政治教育研究——以新冠肺炎疫情防控为例［J］. 法制与社会，2020（16）：183-184.

［3］吴长菲，魏彬，朱玲. 大学生学习习近平新时代中国特色社会主义思想"学思践悟"工作路径的创新思考［J］. 改革与开放，2020（Z4）：93-96.

［4］黄文明. 推进大学生学习宣传习近平新时代中国特色社会主义思想研究［J］. 教育现代化，2019，6（51）：175-177.

国家记忆类纪录片在大学生
爱国主义教育中的运用研究
——以新华社大型微纪录片《国家相册》为例

何　强

（工商管理学院）

爱国主义是中华民族精神的核心，"爱国主义是个人或集体对自身所属国家的一种积极认同和支持的态度，反映了个人对国家的依赖关系"[①]。爱国主义教育是大学生思想政治教育的重要内容，关系着新时代大学生的自我发展和社会进步。近年来，爱国主义教育在思想政治教育工作中的地位愈发凸显，这关系着大学生的固本培元、凝心铸魂，如何创新形式，开展好新时代大学生爱国主义教育是我们应该思考的课题。2019 年 11 月，中共中央国务院印发实施《新时代

----

① 李琼. 新形势下大学生爱国主义教育的有效路径 [J]. 思想理论教育导刊，2017（4）：143–147.

爱国主义教育实施纲要》，这为我们开展爱国主义教育提供了蓝图和指导。《纲要》提出要"丰富新时代爱国主义的实践载体，营造新时代爱国主义的浓厚氛围，唱响互联网的爱国主义主旋律"。运用纪录片等作品让爱国主义充盈网络空间，能使爱国主义教育"接地气、有生气、聚人气，有情感、有深度、有温度。"

纪录片一种以媒介打造记忆影像空间的传播形式，是运用讲故事的叙事手法来构建某一集体记忆的重要形式。近年来，新华社、中央电视台等重磅推出了《国家记忆》《国家相册》《大国工匠》《大国崛起》等国家记忆类纪录片，这些纪录片以构建国家记忆为基础，其承载的国家价值理念和社会理想正是爱国主义教育的核心内涵。其中，新华社推出的大型微纪录片《国家相册》依托中国照片档案馆馆藏照片，讲述国家历史、经济发展、文化传承、科技人文等多个领域的重大事件和精彩瞬间。第一季从 2016 年 9 月开播，每周播出 1 期，总计播出 100 集；第二季从 2019 年 4 月开播，总计播出 42 集；第三季从 2020 年 5 月开播，总计播出 40 集；第四季从 2021 年 6 月开播。该纪录片深受网民的喜爱与好评，第一季获得了 2017 年度"中国十大影响力纪录片"、第七届中国纪录片学院奖"最佳微纪录片奖"、第十四届文津图书奖等奖项。正如颁奖词所说，"以轻盈的体量，记录了这个国家厚重的历史"。

因此，本文将纪录片《国家相册》（第一季）作为爱国主义教育的创新形式，选取中南财经政法大学新闻与文化传播学院 2017 级双学位课堂中 81 名学生作为研究对象（他们来自武汉大学、华中科技大学、华中师范大学、华中农业大学、武汉理工大学、中国地质大学（武汉）、中南财经政法大学、中南民族大学、武汉工程大学、武汉纺织大学、湖北经济学院、湖北警官学院、武汉体育学院、湖北美术学院、湖北第二师范学院等武汉市 15 所高校），综合运用实验对照法、问卷调查法和访谈法等研究方法，对他们观看纪录片《国家相册》前后的认知、态度、行为进行对比分析，总结该纪录片在大学生爱国主义教育中的价值。

一、《国家相册》的爱国主义传播叙事

新华社精心打造的微纪录片《国家相册》一经上线，便成为"刷屏之作"。1000 万余张来自中国照片档案馆的珍贵影像资料，记录了中国人难忘的 40 年。通过新华社领衔编辑陈小波的讲述，对中国照片档案馆馆藏照片背后的故事进行再采访、再挖掘、再解读，并运用新的技术手段让这些静态的照片活起来、动起来、亮起来，以小故事讲述大历史，以小细节呈现大时代，让百年历史风云通过每期几分钟的微纪录片穿越时空，与当代人对话。

（一）扎根历史的内容选择

习近平总书记提出，"历史是最好的教科书，最好的清

醒剂"。他善于用历史语言资政育人，倡导我们永远不要遗忘历史，要铭记历史。纪录片是记录历史最好的工具和载体，"不失为记录历史、研究人类发展最生动、最真实的艺术表现形式之一"。[①]《国家相册》（第一季）每一集无不是对历史的记录与讲述，讲述人通过馆藏照片的介绍，讲述其背后的历史事件与历史故事。

历史与人类的生活息息相关，该纪录片扎根历史内容，涵盖人们的政治生活、经济生活、社会生活、文化生活、生态生活等各方面。

有关政治生活的共 14 集，具体内容涵盖国家重要政治事件、领导人形象塑造和国家政策解读等方面。例如，《胜利的日子》《血染的黎明》《翻身的日子》《人民的抗争》《共商国是》《侵略者的下场》《苦难与重生》《惊雷第一声》《历史的致敬》《心中的牵挂》《白洋淀纪事》《队伍向太阳》《大国强军梦》《信仰的力量》等。

有关经济生活的共 20 集，具体内容涵盖工程建设、劳动者、经济事件、经济政策、农业发展和金融行业六大板块。例如，《沧桑百年路》《长江第一桥》《身边劳动者》《风雪未归人》《修"天路"的人》《杀出血路来》《广交天下者》《中国寻油记》《香港大时代》《江上往来人》《车铃

---

① 樊华伟，张自如.试论历史类纪录片情景再现的技术与艺术形态［J］.电视研究，2013（5）：71-73.

响叮当》《远去的车站》《我为广告狂》《农村的买卖》《我是个体户》《大道之行》《耕耘下去吧》《麦田守望者》《"钱"世与今生》《与时代共舞》等。

有关社会生活的共 29 集，具体内容涵盖社会现象、社会活动、社会生活变迁、基础设施建设、行业模范等方面。例如，《外面的世界》《回首那时路》《儿时的游戏》《草原爱无疆》《恰同学少年》《千里牧歌行》《踏上回家路》《最美是家宴》《最难是离别》《消失的行当》《运动进行时》《今晚放电影》《冰雪不了情》《希望的种子》《朝气蓬勃时》《国运与奥运》《山就在那里》《我想对你说》《从头美起来》《那年流行色》《花开天下暖》《白菜的味道》《走，咱赶集去》《天下有情人》《家书抵万金》《迎新的日子》《不变的温暖》《三位大医生》《云端的传奇》《小处不随便》等。

有关文化生活的共 32 集，具体内容涵盖文化教育、习俗或现象、文艺创作、科技领域和历史文物等方面，是整部纪录片集数最多、内容最丰富的部分。例如，《一个不能少》《恋恋图书馆》《我爱你中国》《高考四十年》《我的第一课》《爱在启蒙时》《第一件好事》《负笈求学路》《少年大学生》《〈年画又一春〉小版》《花灯照元宵》《情满全家福》《追思在清明》《方寸大时代》《最盼是初一》《泥与火之歌》《对根的情意》《我的小人书》《大师的背影》《悟空现身记》《百年话剧魂》《前进！前进！进》《为生活起舞》《冰川的奥秘》《太空有多远》《天地英雄气》《黄河大合唱》《鲁艺的钟声》《国宝的沉浮》

《历史的叹号》《千年莫高窟》等。

有关生态生活的共 5 集，具体内容涵盖生物保护和生态建设两方面，是纪录片中所占比例最少的部分。例如，《熊猫回家路》《啊，可可西里》《生命的颜色》《沙漠的颜色》《悲欢母亲河》等。

从内容选择上，《国家相册》内容有所偏重，擅长从小处见大天地的表现方法，聚焦社会热点话题和社会生活的重要变迁，兼顾国家政策的介绍与解读，既取得了宣传效果，也引起了人们的情感共鸣，成为人民喜闻乐见的作品。这些政治、经济、文化、社会、生态的历史正是我们当代大学生应该了解的历史，大学生只有学习好这些历史，才能更好地服务于"五位一体"的社会建设和国家发展。

（二）基于情感的故事讲述

纪录片的天然使命在于讲故事，讲故事的叙事手法的关键在于制造情感。爱国主义情感是国家记忆类纪录片的第一情感，北京大学新闻与传播学院院长陆绍阳说，《国家相册》的独到之处便在于"宏大叙事，个人视角"，"用小人物的故事带出一个大时代"。

"小切入"让故事产生"情感共鸣"，这是《国家相册》的一个显著特征，从微观的点引申出宏大的历史，以小人物的故事反映时代与国家的变迁，以小人物的情感勾连普通百姓的观念，以英雄人物的故事反映国家的价值认同。例如，第二集《一个都不能少》讲述了我国"扫盲"时的情况，第一张照片拍摄于1952年全军运动会比赛现场，运动员在起跑线上埋头写字，写完规定的字才能起跑（因为当时很多运动员都是文盲），反映出当时扫盲是迫切需要，以此引出新中国成立之初5.5亿人口中80%是文盲。从一张赛场照片铺展出当时社会人们文化水平普遍较低的状况，从而引出中国教育事业的发展。这正是主讲人陈小波所说的，"要找到很小的点，讲很大的历史"，"大故事里套小故事"。①

《国家相册》中展示了平凡人的故事，这样的处理方式更能拉近与受众之间的距离，引发强烈的情感共鸣。共有的时代遭遇和相同的人生经验，是不同个体之间达成共识、获得共鸣的重要前提，这就使《国家相册》具有了"国家"所蕴含的公共性与集体性。②作为情感教育，爱国主义教育正是要激发这样一种情感共鸣，从而规约人们的爱国主义情感，引导人们的爱国行为。③该纪录片基于情感进行故事讲述，使故事中的情感与观众的情感形成交叉点，以点带面，形成爱

---

① 翟铮璇.从《红色气质》到《国家相册》：新华社领衔编辑陈小波讲述背后的故事［J］.中国记者，2016（12）：25-27.

② 李保森.《国家相册》与集体记忆的建构［J］.电视研究，2018（3）：47-49.

③ 刘建军.全面把握爱国主义教育的情感向度［J］.高校辅导员，2016（5）：3-6.

国主义的情感氛围。

二、《国家相册》在爱国主义教育中的实践考察

本文将《国家相册》（第一季）运用到大学生爱国主义教育之中，以来自武汉大学、中南财经政法大学等 15 所武汉市高校的 81 名学生为调研对象，于 2020 年 6 月 18 日通过问卷星平台，在线上课堂对这些同学进行问卷调查，以实验对照观测他们在观看《国家相册》前后爱国主义情感的变化，并结合访谈，以发现《国家相册》在爱国主义教育中的价值。

（一）调研结果分析

由于该调查来源于中南财经政法大学新闻与文化传播学院 2017 级《新闻摄影》辅修课堂，因此调研对象均为大三在读学生。从学校来源来看，他们分布于武汉大学、华中科技大学、华中师范大学、中南财经政法大学等 15 所高校。其中，中国地质大学（武汉）14 人、武汉理工大学 11 人、中南财经政法大学 10 人，其余学校均为 10 人以下。从学科门类来看，这些学生的主修专业所属学科门类主要集中于文学类、管理学类、法学类、艺术学类等，另外还有经济学类、教育学类、历史学类、理学类、工学类、农学类、医学类等少量学生。

1. 受访者观看《国家相册》的行为调查

从观看次数上看,80.25%的学生有过1次观看经历,9.88%的学生有过2次观看经历,9.88%的学生有过3次及以上的观看经历。从他们观看纪录片所用时长来看,41.98%的学生用1—2周的时间完成观看,27.16%的学生用3—4周的时间完成观看,22.22%的学生用1周以内的时间完成观看,只有8.64%的学生用4周以上的时间完成观看。因此可以看出,由于该纪录片的时长较长,学生们一般都是在一段时间内利用零散时间观看,并且大多数同学仅观看1次,这也符合当前大学生的碎片化阅读、图像化观看等行为特点。

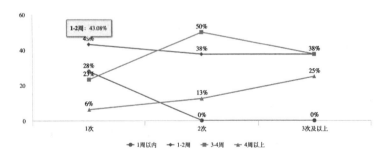

图1　大学生观看《国家相册》的次数和时长的交叉分析

从观看纪录片使用的媒介平台来看,54.32%的大学生通过手机等移动终端进行观看,44.44%的大学生通过电脑等PC端进行观看,仅有1.23%的大学生通过电视观看。而在观看纪录片时,学生们也用到倍速、弹幕等一些播放方式。这也符合当代大学生的媒介使用习惯。

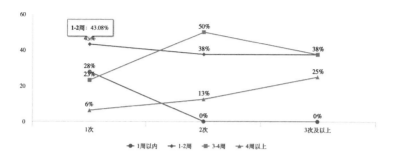

图 2　大学生观看《国家相册》的媒介平台和播放行为的交叉分析

从观看过程中是否与他人交流讨论来看，有 35.8% 的学生在观看时会与他人交流讨论；从发表评论来看，仅有 7.41% 的学生在观看时发表过评论；从是否愿意将纪录片向家人朋友推荐来看，67.9% 的同学乐于将纪录片推荐给他人。从学生们对自己观看纪录片时的认真度打分来看，35.57% 的学生打到 8 分的水平，超过 70% 的学生分数在 7—9 分之间，有 6.17% 的学生为自己打了满分。由此可见，学生们在观看时大多是沉默观看，但他们对纪录片总体是持肯定态度的，也愿意宣传该纪录片。

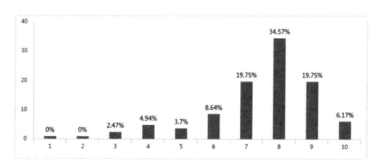

图 3　大学生观看《国家相册》时的认真度评分

2. 受访者观看纪录片的效果调查

在受访者中，100% 的受访者认为《国家相册》具有爱国主义教育的价值，他们之中超过 90% 的学生认为该纪录片具有"建构历史集体记忆""塑造国家影像记忆""引领国家价值认同""掀起爱国主义情感"等四个方面的价值。本调查从这四个方面对观看者观看纪录片前后的态度进行评分，得出如下变化。

建构历史集体记忆 塑造国家影像记忆 引领国家价值认同 掀起爱国主义情感

······ 观看纪录片前　——— 观看纪录片后

图 4　大学生观看《国家相册》后对爱国主义的态度变化评分

由此我们可以看出，学生在观看纪录片前后对爱国主义教育的认识发生了巨大的变化。在建构历史集体记忆方面，从 5.1 的平均分上升到 8；在塑造国家影像记忆方面，从 4.84 的平均分上升到 8.14；在引领国家价值认同方面，从 6.83 的平均分上升到 8.62；在掀起爱国主义情感方面，从 7.2 的平均分上升到 8.89。总体来看，学生对《国家相册》的爱国主义价值给出了平均 9.058 的高分。

从学生观看《国家相册》时的情感态度和心理感受来看，"热血澎湃""心生崇敬""内心认同""充满希望""记录回忆"等成为关键词，大多数学生与这些描述都是"比较符合""非常符合"的状态；从得分值来看，从高到低依次为"心生崇敬（4.31）""内心认同（4.22）""充满希望（4.11）""热血澎湃（3.84）""记录回忆（3.84）"。由此可见，学生对纪录片中所展示的国家政治生活、经济生活、社会生活、文化生活、生态生活等各个方面是持肯定态度的，也体现了大学生对人的全面发展、社会生活的美好、国家的强大等的向往和崇敬。

表1　大学生观看《国家相册》时的情感态度测量

题目/选项	非常不符合	有一点符合	一般符合	比较符合	非常符合	平均分
观看时我热血澎湃	2(2.47%)	5(6.17%)	14(17.28%)	43(53.09%)	17(20.99%)	3.84
观看时我心生崇敬	3(3.7%)	1(1.23%)	2(2.47%)	37(45.68%)	38(46.91%)	4.31
观看时我内心认同	2(2.47%)	3(3.7%)	3(3.7%)	40(49.36%)	33(40.74%)	4.22
观看时我充满希望	2(2.47%)	3(3.7%)	11(13.58%)	33(40.74%)	32(39.51%)	4.11
观看时我记录回忆	3(3.7%)	3(3.7%)	19(23.46%)	35(43.21%)	21(25.93%)	3.84
小计	12(2.96%)	15(3.7%)	49(12.1%)	188(46.42%)	141(34.81%)	4.06

从学生对纪录片制作的喜欢程度来看，大多数学生对纪录片的拍摄方式、创作结构、制作内容、制作主题、拍摄视角、讲述语言、讲述人、讲述故事等都是持肯定态度的，评分从

高到低依次为"讲述故事（4.32）""制作主题（4.28）""制作内容（4.17）""创作结构（4.02）""拍摄视角（3.94）""讲述语言（3.9）""拍摄方式（3.89）""讲述人（3.69）"。由此可见，纪录片最受学生欢迎的还是"故事"和"主题"，也就是该纪录片的成功之处——"扎根历史的内容选择""基于情感的故事叙事"。

表2   大学生对《国家相册》制作水平态度测量

题目/选项	非常不符合	有一点符合	一般符合	比较符合	非常符合	平均分
我喜欢纪录片的拍摄方式	1(1.23%)	5(6.17%)	12(14.81%)	47(58.02%)	16(19.75%)	3.89
我喜欢纪录片的创作结构	2(2.47%)	5(6.17%)	10(12.35%)	36(44.44%)	28(34.57%)	4.02
我喜欢纪录片的制作内容	3(3.7%)	1(1.23%)	4(4.94%)	44(54.32%)	29(35.8%)	4.17
我喜欢纪录片的制作主题	3(3.7%)	1(1.23%)	4(4.94%)	35(43.21%)	38(46.91%)	4.28
我喜欢纪录片的拍摄视角	3(3.7%)	2(2.47%)	15(18.52%)	38(46.91%)	23(28.4%)	3.94
我喜欢纪录片的讲述语言	3(3.7%)	7(8.64%)	9(11.11%)	38(46.91%)	24(29.63%)	3.9
我喜欢纪录片的讲述人	2(2.47%)	6(7.41%)	19(23.46%)	42(51.85%)	12(14.81%)	3.69
我喜欢纪录片的讲述故事	4(4.94%)	0(0%)	3(3.7%)	33(40.74%)	41(50.62%)	4.32
小计	21(3.24%)	27(4.17%)	76(11.73%)	313(48.3%)	211(32.56%)	4.03

（二）调查发现

通过调查我们发现，"历史故事"和"爱国情感"是《国家相册》成功的关键因素，大学生对该纪录片的爱国主义价值持肯定态度，该纪录片在培养大学生爱国主义情感方面发挥了较大的效果。具体来看：（1）大多数大学生都喜爱这部纪录片，对其中所呈现的内容和主题都比较赞同，但是在主动转发、评论等方面还不足；（2）大多数学生观看纪录片后态度都有较大变化，但如何将这种爱国主义的情感态度转化为爱国主义的行为是值得思考的；（3）观看纪录片是爱国主义教育的一种创新形式，但如何将这种形式运用到日常的大学生思想政治教育工作中，如何实现理论与现实的连接，是需要突破的；（4）如何创新微纪录片等大学生爱国主义教育的网络传播作品，将网上爱国空间与现实爱国空间融合起来，缩小两个空间的差距，是需要探索的。

三、《国家相册》在爱国主义教育中的运用价值

以新华社《国家相册》为代表的国家记忆类纪录片在爱国主义教育中具有较大的价值，其所传达的"历史故事"和"爱国情感"是我们思想政治教育的生动素材，其在内容选择、主题设置、叙事方式上都有较高的水平，深受当代大学生的喜爱。因此，如何运用其所具有的价值，推动形成学生的历史集体记忆、国家影像记忆、国家价值认同、爱国主义情感等，需要继续下功夫。

（一）构建历史集体记忆

集体记忆是社会记忆的一个重要部分，哈布瓦赫提出，

"集体记忆是记忆的社会框架以及群体积淀的品质和言语的习俗"①，集体记忆是可以建构社会框架、产生社会力的。纪录片《国家相册》给受众建构了中国社会近几十年发展的一个社会框架，并且将社会发展凝聚出的"社会力"展现出来，让人们形成对政治、经济、社会、文化、生态等领域的历史事件的社会记忆，其所具有的历史感和社会感正是构建历史集体记忆的重要因素。因此，在大学生爱国主义教育中，正需要这样的历史集体记忆和这样生动的历史课程让新时代的大学生可以"以史为镜、知史明史"，在"春风化雨、润物无声"的过程中潜移默化地建构其历史集体记忆，加强社会记忆，让他们对社会历史、国家历史有一个较为客观正面的认知，从而让这种认知转化为"社会力"。

（二）塑造国家影像记忆

国家记忆"作为记忆共同体，其核心是关于民族国家重大历史事件、政治事件以及社会事件的叙述"。②影像作为一种真实的记录，具有视觉的力度和情感的张度，因此关于国家的影像记忆能够打动人心。纪录片《国家相册》选取国家历史、经济发展、文化传承、科技人文等多个领域的重大事件和精彩

---

① 刘亚秋.记忆二重性和社会本体论——哈布瓦赫集体记忆的社会理论传统［J］.社会学研究，2017，32（1）：148-170，245.

② 陈林侠.面对民族国家记忆：电影"讲什么"与"如何讲"［J］.电影艺术，2019（6）：33-38.

瞬间，通过一张张照片的呈现，通过一个个照片背后的故事，通过讲述人陈小波极具感情的讲述，给受众留下了精彩的影像瞬间。纪录片所塑造的这样一种国家影像记忆，受到当代大学生的认可与欢迎，成为爱国主义教育的重要内容。因此我们可以尝试化"对空言说"为"耳濡目染"，让学生用眼睛去看、用心去倾听，将这种国家影像记忆外化于行、内化于心。

（三）引领国家认同观念

大学生的国家认同"包括祖国认同、道路认同、理论认同和制度认同"[①]。在全球化和国际关系复杂紧张的背景下，引领大学生的国家认同是极其重要的。大学生如何认知国家的道路、理论、制度、文化等，是增强"四个自信"和引领"国家认同"的关键。纪录片《国家相册》让受众看到了中国近几十年来的发展道路、科技教育、经济社会、生态保护等，也让受众了解了中国制度、中国理论、中国方案、中国智慧，受众在观看纪录片时会对国家产生"澎湃感""崇敬感""激动感"等一些情感感受，因此我们可以将这种情感认同上升到国家认同。共情是思想政治教育的一个重要方式，情感认同是思想政治教育效果的直接体现，而国家认同是大学生爱国主义教育最核心的价值所在，如何让大学生通过观看纪录

---

① 杜兰晓，房维维.大学生国家认同的实证研究——基于全国31个省区市普通高校的调查分析 [J].中国高教研究，2013（11）：79-84.

片来形成这种国家认同，如何通过影像传播来传达这种认同观念、激发学生的认同情感，是爱国主义教育需要完成的目标。

（四）掀起爱国主义情感

情感是维系大学生个人与国家命运的纽带，情感共鸣是大学生思想政治教育的重要途径。从情感认同上升到国家认同，最关键的就是要激发大学生的爱国主义情感。《新时代爱国主义教育实施纲要》也启示我们在爱国主义教育中要坚持情理交融，将情感培育与理性养成相结合。[①] 纪录片《国家相册》通过讲述人陈小波讲故事的方式，让听故事的人和讲故事的人联系在一起，让纪录片中的影像和故事成为情感连接的纽带，让受众心中激发起爱国主义情感。因此，将这样一个极具爱国主义情感的纪录片运用到爱国主义教育实践中，是具有重要的情感价值的。

四、结语

新时代的爱国主义教育重在让大学生在情感和理性的双重维度中浸润，通过多样化形式让爱国主义充盈网络空间和现实空间。在移动互联网时代，谁赢得了互联网，谁就赢得了青年，因此如何将爱国主义教育搬上屏幕，用活网络空间，

---

① 王易，王凡.《新时代爱国主义教育实施纲要》的理论创新与路径优化［J］. 思想理论教育导刊，2020（7）：57–63.

是我们应该思考的课题。以新华社大型纪录片《国家相册》为代表的国家记忆类纪录片在爱国主义教育实践中具有较大的运用价值，其拓展了爱国主义教育的维度和广度，发挥了建构历史集体记忆、塑造国家影像记忆、引领国家认同观念、掀起爱国主义情感等的价值，让爱国主义教育扎根青年网络，扎根中国大地。

参考文献

［1］李琼. 新形势下大学生爱国主义教育的有效路径［J］. 思想理论教育导刊，2017（4）：143-147.

［2］樊华伟，张自如. 试论历史类纪录片情景再现的技术与艺术形态［J］. 电视研究，2013（5）：71-73.

［3］翟铮璇. 从《红色气质》到《国家相册》：新华社领衔编辑陈小波讲述背后的故事［J］. 中国记者，2016（12）：25-27.

［4］李保森.《国家相册》与集体记忆的建构［J］. 电视研究，2018（3）：47-49.

［5］刘建军. 全面把握爱国主义教育的情感向度［J］. 高校辅导员，2016（5）：3-6.

［6］刘亚秋. 记忆二重性和社会本体论——哈布瓦赫集体记忆的社会理论传统［J］. 社会学研究，2017，32（1）：148-170，245.

［7］陈林侠. 面对民族国家记忆：电影"讲什么"与

"如何讲" ［J］. 电影艺术，2019（6）：33-38.

　　［8］杜兰晓，房维维. 大学生国家认同的实证研究——基于全国 31 个省区市普通高校的调查分析［J］. 中国高教研究，2013（11）：79-84.

　　［9］王易，王凡. 《新时代爱国主义教育实施纲要》的理论创新与路径优化［J］. 思想理论教育导刊，2020（7）：57-63.

浅析新时代高校大学生法律素养提升 ①

尼加提·艾买提

（工商管理学院）

中国自古以来是重视法律的国家，法律是治理国家的重要利器，是保障人民生活安定、实现国家安全和繁荣发展的重要保障。习近平总书记在党的十九大报告中提出要"坚持全面依法治国"，这是从党和国家的最高站位给予全国人民的庄严承诺，也是最强大和坚决的声音。在中华民族历史的长河中，国家的治理始终注重法的因素。法律是中华民族伟大复兴的重要保障，应当在全社会中把守法作为一种习惯，作为全社会最大的认同，这就需要全中国人民的积极拥护和参与，将法律内化为人的自觉。新时代的高校大学生是国家

① 本文系中南财经政法大学 2019 年度中央高校基本科研业务费（三全育人）项目"以'LPL'模式培养大学生中华民族共同体意识机制研究——以中南财经政法大学新时代丝路青年成长社为例"的研究成果。

的未来、民族的希望，只有在全社会弘扬法律精神和法律文化，筑牢法律意识，提升法律素养，才可以更好地培养我们国家的未来，才能让他们在未来的发展中更好地服务国家、善待人民、保护自己，并且在实现中华民族伟大复兴的征程中贡献他们的力量。

一、高校大学生法律素养的意义

高校大学生作为我们国家未来建设的储备力量，事关国家的命运和人民的幸福，因此大学生的法律意识十分重要。大学生的法律意识是否明晰，法制观念是否淡薄都会影响我们国家的法制建设和社会主义建设。我们从近些年高校发生的一些违法犯罪事件当中，也可以感受到大学生的法律教育十分重要，提升大学生的法律意识迫在眉睫。应当在高校的教育中贯穿法律意识，使青年大学生的法律意识形成一种行动上的自觉，融入他们的生活、工作和学习中。这是从我们党和国家的建设和发展角度出发，事关我们党和国家的建设事业。

著名哲学家弗洛姆说过，人与其说有信仰，不如说在信仰中生活。[①] 全社会都应当崇尚法律、信仰法律。生活在这片热土的中国人民都渴望生活安定和谐，渴望处在一个践行社

---

① 胡丹琪. 浅谈新时代高校学生法律素养提升［J］. 江汉师范学院学报，2018，38（3）：30-32.

会主义核心价值观的社会。实现国家和社会的这种美好愿景，需要有人们的呵护和捍卫，需要有坚定的法律信仰作为重要的保障。因此，对法律应当具有敬畏心，应当把法律作为一种信仰，发自内心地崇敬和认同法律。

二、高校大学生法律素养培养存在的问题

我国高校的课程中基本都有法律基础和思想道德修养的课程，作为必修课程，是大学生在读期间必须修读合格的重要通识课程。要在课程中加强大学生的道德素质和法律意识教育。在日常的教育教学中，理论知识的学习较为完善，但实践过程还是较为欠缺的。高校大学生的法律素养的培养，在很大程度上集中于课堂理论教学，与实践的结合还不够，学生的法律实践教育相对匮乏。

中央非常重视大学生法律素养的教育。有关部委也下发重要文件，强调要加强高校青年大学生的思想政治理论学习，其中就涉及有关法律素养教育的内容要求，并强调了实践教学的重要性。但在各个高校的具体设计中，如何开展法律素养教育，如何进行课程设计，如何让学生更易于接受，都是在具体的教学设计过程当中需要加以重视的。然而，高校在具体的操作过程中，也存在着经费不足、制度设计欠缺等因素的干扰和影响，导致相关的实践教育环节没有跟上理论教学的脚步，致使法律素养教育存在欠缺和不足。

　　当前，高校大学生违法犯罪的情况屡见不鲜，这主要是由于大学生的法律意识淡薄。正如某高校多名在校大学生五一休假期间夜不归宿在酒吧喝酒聚会时，与社会人员发生口角，社会人员首先动手扇了某学生一耳光，但之后学生共同殴打社会人员导致其鼻梁骨折，事后学生被警方拘留。学生认为："我们就是到酒吧喝酒，看社会人员不顺眼，发生了口角，当时被其他同学拉开避免了纷争。但当我们在凌晨离开酒吧时，社会人员拦住我们，扇我们耳光。然后我们就集体殴打了他，想给他一点教训。毕竟是社会人员先动手的，我们没有责任。"从这段话当中，我们能够感受到高校大学生对校纪校规的漠视。夜不归宿是众多高校校纪校规中的内容，然而这些大学生却违反了校纪校规，不按时回校，在酒吧聚会喝酒。虽然从法律层面来说，他们已满 18 周岁，可以自由进出酒吧等场所；但作为一名大学生，漠视校纪校规，进出并不适合大学生身份的场所饮酒作乐，说明学生自我道德意识淡薄；而且，学生们坚持认为是不首先动手是对的，忽略了法律层面的责任追究。何为防卫，何为正当防卫，何为防卫过当，学生并没有正确的理解和认识。这说明我们的法律教育是欠缺的，学生的法律意识是不明确的。

　　大学生作为未来社会的治理者和建设者，是承担使命和担当的角色，国家等待着他们成长做贡献。作为祖国的未来，如果法律意识淡薄，如何建设国家，如何服务和保护人民呢？无论是从个人的角度出发，还是从国家的层面展望，每一个人都不可以藐视法律和道德权威，否则很有可能会发生遗憾终身的错误。

　　家庭教育是学生成长的重要基础，良好的家庭教育会影响学生的思想、言语、兴趣、行为、性格等。青年大学生法律素养的培育，家庭教育是第一关。健全和谐的家庭给学生带来的是积极的教育，这样学生就能充满阳光和正能量，能积极发现社会中美好的事物，能自觉抵御消极因素的干扰。如果家庭不和谐、不完整，对学生的影响则是负面的，在学生违法乱纪行为的影响因素中，就有家庭环境的因素。同时，健康的心理因素也十分重要。学生对社会的认知、对问题的认知，是非能力的强弱，思维方式的左右，都会影响对事物的判断。人在不同的成长环境和时期，其心理状态是不同而且变化着的，心理状态的好坏取决于压力承载能力的大小，不良心理状态会诱发严重问题，甚至是违法乱纪行为。

三、提升高校大学生法律素养的对策

　　高校大学生是中华民族伟大复兴的未来，应当在高校教育中全面加强法律知识的普及教育。在进行理论教育的同时，还需要加强实践教育。高校层面应当加强相应的智力和财力支持，开展生动的教学活动。把法治教育和国家意识的培育紧密联系起来，特别是要将爱国主义教育深入学生教育的方方面面，把热爱国家、热爱人民的意识贯穿于学生教育的始终。耳濡目染的教育对学生终身受用，它能早早在学生的内心种下一颗法律自觉的种子，因而时时刻刻能想到国家、想到人民，带着同情心和善心看待社会，学生的心中自然而然会有一种守护国家的法律自觉意识。

中华民族伟大复兴的中国梦，是每一个中华儿女的至高追求，因此，我们要在全社会弘扬和传递法治精神，在全社会崇尚法治精神，特别是在大学生群体中加大宣传和教育，开展形式多样的普法主题教育活动。积极开展普法类志愿服务活动，让大学生志愿者在学习理论知识的基础上，多利用课余时间，在基层政府的指导下，到社区开展普法宣传和义务帮扶活动。提升社会责任感和担当意识。

加强中华民族传统文化中的道德意识培养，要充分挖掘中华文化中的精髓，为国家现代教育补充"营养"，助力高校大学生法律素养提升。

参考文献

［1］胡丹琪. 浅谈新时代高校学生法律素养提升［J］. 江汉师范学院学报，2018，38（3）：30-32.

［2］李永洪，周丽莉. 用法治思维推进我国公民文化教育［J］. 西华师范大学学报（哲学社会科学版），2015（5）：88-98.

［3］王庆才，陈建伟，齐宪磊，等. 高校提升大学生法律素养路径规划研究［J］. 学理论，2017（5）：251-252.

基于微博社交平台的青年大学生网络话语体系调查研究 [①]
——以中南财经政法大学为例

水晶晶　曾臆宇　张宏博　殷智航　张书瑜　杨梦雅
（工商管理学院）

一、问题提出

所谓话语体系，是指思想理论体系和知识体系的外在表达形式。新媒体时代的到来，使传统话语体系借助互联网的普及衍生出一片新的态势，也就是网络话语体系。据中国互联网络信息中心统计，截至 2020 年 3 月，初中、高中 / 中专 / 技校学历的网民群体占比分别为 41.1%、22.2%，受过大

① 本文系 2019 年度湖北省教育厅哲学社会科学研究项目"高校网络舆情管理体系研究"（项目编号 19G012）、中南财经政法大学"读懂中国"2020 年暑期社会实践校级立项"基于微博社交平台的青年大学生话语体系调查研究"阶段性成果。

学专科及以上教育的网民群体占比为 19.5%。^①与此同时，青年大学生作为当代互联网使用人群的主力军，在社会文化变迁的过程中起着重要作用，其网络话语不仅映射了群体精神风貌以及社会心态，同时也是传统话语体系更新的体现。近年来，国家多次强调高校思想政治教育工作的重要性，其根本目的是大力弘扬社会主义核心价值观，削弱网络信息时代对大学生群体造成的思想文化与价值观冲击，坚定新时代大学生对中国特色社会主义的道路自信、理论自信、制度自信和文化自信。因此，青年大学生网络话语体系是其思想道德体系与群体精神风貌的直接体现，不论是从政策背景还是从现实背景来看，都具有重要的研究意义。^②

二、研究设计

（一）研究方法

研究采用内容分析法，收集中南财经政法大学学生的微博网络话语并进行整合分析，得出青年大学生网络话语体系的特点，从主题策略、词语策略、陈述策略以及内容组成特

---

① 中国互联网络信息中心.第 45 次中国互联网络发展状况统计报告［EB/OL］.［2020-04-28］.http://www.cac.gov.cn/2020-04/27/c_1589535470378587.htm.

② 范征宇，高成.高校思想政治教育工作的网络话语权与话语体系研究［J］.农家参谋，2019（1）：297.

点四个方面剖析青年大学生群体的思想道德建设等深层内容。在此基础上，对高校思想政治教育工作的完善方向提出建议。

（二）研究过程

本研究将青年大学生网络话语体系划分为四个方面，分别为主题策略、词语策略、陈述策略以及内容组成特点。[①] 通过两次问卷调查，获得了超过 600 份样本。对每份样本进行分析、筛选以及分类，最终获得有效样本 660 份，并在此基础之上展开后续分析研究。

三、研究结果

（一）微博上大学生话语的主题策略

在此次线上调研过程中，主题策略指所收集到的中南财经政法大学学生在微博平台上发布信息、关注信息的话语主题选择。这是表达者在网络上所呈现出的话语核心所在，能够直观反映出表达者本身的兴趣爱好、性格特质、网络上的关注焦点，并在一定程度上反映出表达者对微博平台用途的界定。

---

① 王国华，汪恒，李慧芳，王戈.重大社会热点事件在青年学生群体中的多元话语建构研究——以高校研究生自杀为例［J］.情报杂志，2018，37（9）：100-105.

1. 数据综述

在此次线上调研过程中，本文团队前后两次对中南财经政法大学学生在微博平台上话语体系所使用的主题策略情况进行了收集。在首次收集过程中，对样本微博内容进行了整体分析，形成一套主题分类并依照该分类对数据进行整理。统计结果如表 1。

表 1　主题策略分类

主题分类	数量	占比	主题分类	数量	占比
日常生活	199	39%	情感	14	3%
明星	44	9%	时事热点	24	5%
人生感悟	50	10%	吐槽	19	4%
体育	10	2%	音乐	8	2%
学习	51	10%	游戏	17	3%
影视	22	4%	动漫	5	1%
综艺	25	5%	时政	15	3%

在二次收集过程中，对首次收集到的数据进行了简单分析，并在问卷制作过程中加入了在微博上主要发布和关注的内容主题的询问。统计结果如图 1。

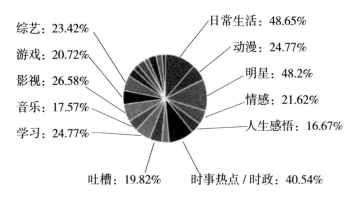

图 1　微博内容主题分类

2. 数据分析

综合两次收集到的数据，不难看出：微博平台对大学生而言更多是一个查看内容、获取信息的平台，这些信息来自各种官方账号、知名博主等，同时也来自生活中的一般人（包括普通大学生）。作为兴趣的集散地，大学生在微博平台上可以跟随自己的想法查看或者发布不同主题的内容，而在这些主题之中，日常生活、明星八卦、时事及时政热点类排在关注的前三位，在其他类别的内容中，也有不少是与娱乐相关的。据此可以得出，微博平台对大学生而言，主要用途是放松与休闲娱乐；但大学生们并不排斥从微博平台上关注时事热点和时政相关内容，甚至会主动寻求对这部分内容的关注。

（二）微博上大学生话语的词语策略

词语策略也就是词语的选用，指的是在一定的语言环境中，表达者根据主题、情景，将不同的词语加以比较，然后选择最恰当的词语来表达语意。衡量语义的轻重、用词恰如其分对于准确表达人们的思想感情、增强语言的表现张力有着很大的作用。词语除了表示一定的词汇意义外，还往往附带着某种感情色彩、语体色彩和情景色彩。通过分析词语的感情、语体、情景色彩，能够归纳总结出大学生普遍拥有的话语体系特点及其背后体现出的大学生普遍思想状态。

基于对前期数据的整理，本文研究选取了权重前十的词语进行分析。按照权重由高到低的顺序，分别为人生、加油、论文、考研、快乐、可爱、法学、数学和失眠。首先对词语的感情色彩进行分析。在样本总量为300份的数据中，"快乐""可爱"等具有明显积极色彩的词语一共出现了49次。"批评""失望"等具有明显消极色彩的词语一共出现了23次。剩下228个词语是不具有明显感情色彩的中性词语或专有名词。

表2　词语策略分类

关键词	词频	权重
人生	15	1
加油	9	0.951
论文	10	0.9476
考研	8	0.9345
快乐	9	0.9284
可爱	7	0.9093
法学	6	0.9046
数学	6	0.8787
失眠	5	0.8748
失望	5	0.8719

总体而言，大学生在网络中既分享积极情绪也发泄消极情绪，整体呈现积极向上的心态。其次对词语的内容进行分析。大学生的校园日常生活较为简单，这决定了大学生在网络中发表的话语内容也较为集中。通过观察前期数据，我们发现青年大学生网络话语内容主要集中在学习、日常生活及娱乐这几个方面。再分析大学生网络用语的语体色彩。在所有的样本中，只有5%左右的用词为口头语，95%的词语为书面语。

综上所述，在词语策略方面，大学生网络话语体系的普遍特点为：

（1）表达上总体积极向上；

（2）词语的内容集中在学习、日常生活及娱乐这几个主题，较为简单；

（3）词语选择上书面语体占绝大多数。

（三）微博上大学生话语的陈述策略

受语境、个体内在因素的影响，话语者选用的陈述策略会有所不同，包括陈述语气以及陈述结构。陈述语气通常能够直接形象地表达话语者的情绪，间接反映话语者对事物的看法。陈述结构则是话语者语言喜好、表达逻辑的输出表现。不同学科的青年大学生的语言喜好、陈述逻辑因其掌握知识体系的不同、思维模式的差异，表现出明显的学科特色。不同性别的青年大学生的思维逻辑、语言习惯存在着明显的性别差异，因此其语言习惯、陈述逻辑也表现出性别特色。本文在基于微博研究中南财经政法大学青年大学生话语体系的陈述策略时，总结出青年大学生话语体系中陈述策略的普遍性，并结合学生的学科、性别特点分析陈述策略在不同学科、性别间的特殊性。

经过对样本陈述策略的分析归纳，我们将陈述策略分为陈述语气策略、陈述结构策略。陈述语气策略以话语者陈述语气的情绪作为划分依据，分为积极模式（轻松愉快、励志热血）、发泄模式（悲伤抑郁、愤怒不满）、平和模式（平淡日常）。陈述结构策略以陈述结构的主体、客体关系作为划分依据，分为认知模式（单纯描述人事物型）、表达模式（基于某事发表想法感受型）、认知表达混合模式（描述经历＋感受型）。

1. 陈述策略的普遍性

样本数据统计如表3显示。从表中数据可知，在陈述语气策略中，大学生多采用平和模式、积极模式。由此可知，大多数大学生在微博发表言论时并不会过于情绪化，置身网络世界时不会失去理智。

陈述结构策略中，大学生多选用表达模式（基于某事发表想法感受型），表明大学生使用微博时多偏好表达想法。

表3 陈述策略分类

学科	陈述语气			陈述结构		
	积极模式	发泄模式	平和模式	认知模式	表达模式	认知表达混合模式
哲学	27.7%	30.6%	41.7%	44.4%	55.6%	0%
理学	29%	24.6%	46.4%	41.7%	6.25%	52.05%
管理学	38.9%	22.1%	39%	4.35%	50%	45.65%
法学	37.6%	14.9%	47.5%	19.8%	39.6%	40.6%
经济学	35%	20%	45%	5%	50%	45%
文学	23.3%	20.5%	56.2%	23.3%	68.9%	7.8%

综上所述，在陈述策略方面青年大学生网络话语体系的普遍特点为：

（1）采用以平和模式、积极模式为主的陈述语气策略和以表达模式（基于某事发表想法感受型）为主的陈述结构策略是青年大学生话语体系陈述策略的普遍特点；

（2）大多数大学生在微博平台发表言论时，陈述语气不会过激过悲，多以平淡、冷静为主。这反映出我校大多数大学生使用网络时较为冷静自持、积极阳光；

（3）大学生偏好在微博平台发表自身对事物的看法，陈述逻辑多为直接输出型，即看到某事后在脑海中形成相关认识，再输出认识。

2. 陈述策略的特殊性

（1）数据统计显示法学大学生陈述语气策略中的发泄模式是六类学科中占比最高的，约为 20.3%。法学学生的法律思维较为突出，主要表现为追求公平、公正，因此当现实生活或网络生活中的事情与他们脑中的真理相矛盾时，他们大多会采用发泄模式的陈述语气策略来维护真理或获得真相。

（2）在陈述结构策略中，认识模式（单纯描述人事物）的男女比例相差较大，女生占比是男生占比的 3—9 倍。一般而言，女生的语言思维强于男生，在表达时运用的语言通常较多且细腻。因此在陈述结构策略中，女大学生采用认识模式（单纯描述人事物）的占比远高于男大学生。

（四）微博上大学生话语的内容组成特点

内容组成特点在本文中特指中南财经政法大学学生在微博平台发布的内容的组成特点。在当今社会的发展中，网络传媒系统已与人们的生活、工作密不可分，也成为当代大学生宣泄情绪、分享生活以及获取信息的重要来源。基于微博平台的特殊性，其内容组成已不再局限于单纯的文字表达，而是出现了"文字＋表情""文字＋图片"等的特殊形式；当代大学生乐于接受新事物，他们发布的内容中往往会出现网络流行语、网络文案等新兴的表达方式。通过分析中南财经政法大学学生发布微博的内容组成，我们归纳总结出大学生普遍的微博内容组成特点；通过对比不同学科、不同性别学生的内容组成特点，分析不同学科、不同性别对学生微博内容组成的影响，进而展现大学生思想的特殊性。

1. 微博话语内容的普遍性

基于前期数据的整理，我们选出使用频次前三的内容形式进行分析。按照使用频次由高到低的排序，分别是文字＋图片（54.4%），文字＋表情（26.7%），网络流行语（21.4%）。首先，从数据中可以直观地了解到，我校有超过半数的学生在发布微博时会采用"文字＋图片"的内容组成方式，通过图文并附的方式表达所要传递的信息；其次，基于微博平台提供"文字＋表情"的内容组成方式，有26.7%的大学生乐于在文字中插入对应情绪的表情，以更加生动的方式抒发自己的情感；最后，网络世界瞬息万变，流行语的更替一直处于循环状态。大学生作为网络世界和新兴事物的最强接纳者，有21.4%的大学生会在发布的内容中采用网络流行语，彰显属于年轻一代的鲜明个性。

综上所述，在内容组成特点方面，我校大学生网络话语体系的普遍特点是：

（1）超过 50% 的大学生会使用"文字＋图片"的内容组成方式；

（2）接近 30% 的大学生会在文字中加入表情包；

（3）接近 22% 的大学生会在发布的内容中使用"网络流行语"。

2. 微博话语内容的特殊性

本文分析了中南财经政法大学不同学科、不同性别的大学生网络话语体系内容组成特点，根据前期收集及整理的数据，可以从学科和性别两个维度得出大学生网络话语体系内容组成的特殊性。

（1）不同学科大学生的微博话语内容

在"纯文字"的内容组成方式中，哲学院的大学生占比为 67.9%，而经济学院、金融学院等经济学学生的占比几乎为 0。这可能与哲学学科的专业学习要求有关，哲学作为一门对基本和普遍问题进行研究的学科，要求学生勤于思考、具备分析判断问题的能力，从而导致哲学生在日常发布内容时也更加善于运用"纯文字"的内容组成方式。

（2）不同性别大学生的微博话语内容

以"夸张语气词""配有网络表情包"为例。从"夸张语气词"来看，男女比例为 1∶10（样本的男女比为

110：309），可见女生相较于男生更喜欢在发布的内容中用夸张的语气词；从"配有网络表情包"来看，男女比例为8：33（样本的男女比为110：309），可见女生相较于男生更喜欢"配有网络表情包"的内容组成方式。通过对比不同性别的大学生的微博内容相关数据，可以看出在部分内容组成上不同性别之间的明显差异。

四、讨论与思考

本文对中南财经政法大学青年大学生微博网络话语体系进行了全面分析，得出了有效结论。因此，在贴合分析结果与实际的前提下，本文针对高校思想政治教育工作的完善提出如下建议。

（1）高校在保证线下实体课堂教学的同时，应拓展网络思想政治教育宣传阵地，选择青年大学生较为活跃的网络平台作为切入点，引导学生将网络话语关注点转移到学习、生活、国家等积极向上的主题上来，培养有世界眼光、有家国情怀的新一代大学生。

（2）从词语策略的分析中可以看出，目前青年大学生网络话语体系呈现出的整体态势是积极向上的，部分学生偏向于在网络虚拟环境中发泄消极情绪。辅导员要积极关注大学生的"网言网语"，及时察觉大学生的负面心理，鼓励大学生养成积极乐观的学习、生活态度。

（3）从陈述语气策略与陈述结构策略的分析中可以看

出，青年大学生的网络话语普遍较理智，说明青年大学的网络用语规范是可调可控、能够积极引导的，并且可以根据学科的特性预测学生的网络话语状态，从而加以干预或控制。同时，大多数大学生网络话语的表达逻辑多为直接输出型，展现了男女生在网络语言表达上的思维差异。这为学生网络用语体系的研究以及高校思政教育提供了更多思考维度。

（4）从内容组成特点的分析中可以看出，高校要准确把握并发挥新媒体在思想政治教育过程中的积极效应，用青年大学生乐于传播以及接受的方式开展青年思想政治教育工作。运用图像、视频、音频，以及生动形象的漫画、表情包等体现思政教育内容，不仅有助于形成视觉图像记忆，还便于在网络平台传播，进一步加强青年大学生对思政教育内容的理解与实践。

以十九大精神为指导
提升大学生文化自信

赵元元

（工商管理学院）

习近平总书记在十九大报告中提出，要坚定文化自信，推动社会主义文化繁荣兴盛。没有高度的文化自信，没有文化的繁荣兴盛，就没有中华民族伟大复兴。从党的十九大报告中我们可以看到，当前，文化建设已经被提到一个重要高度，我们要做到经济繁荣、政治文明和文化繁荣协调发展。文化作为国家的重要软实力，其发展同样不能忽视。大学生是中华文化的接班人，是传承和发扬中华文化的重要使者，增强大学生的文化自信和民族认同感十分重要。一个民族的希望在于青年学生，一个民族如果没有信仰则难以在世界民族之林中立足，因此大学生树立自身的理想信念十分重要。在这样的背景下，高校应当注重培养大学生对本民族文化的自信心和认同感，增强文化自信，道路自信。习近平在全国高校思想政治工作会议上提出了"文化育人"的理念；教育部也同样提出构建科研文化等十大育人体系，帮助大学生树立正确对待中国优秀文化的观念。

一、中国优秀文化的内涵

中国优秀文化是历经五千年的历史而不衰竭，并且能不断发展和完善，具有顽强生命力的中华文化。在当前主要体现为我国社会主义先进文化，是马克思主义思想与我国实际结合的产物。文化自信是在文化发展和形成过程中逐渐形成的对文化的认同和坚定信念。对当代大学生来说，文化自信就是对中华民族五千多年优秀传统文化的肯定，在与世界其他民族文化比较中认同当代中国的先进文化，并对中华文化的未来发展充满信心。我们的中华文化之所以是优秀的文化，不仅因为其是绵延五千年而从不中断的文化，而且因为我们的传统文化在历史的不断发展过程中善于批判、继承并吸收外来的优秀文化，从而保持着自身顽强的生命力。正是这一点，就已经值得当代大学生对它有充分的信任。我们的优秀传统文化在不同时期形成了不同特色的先进文化，例如抗日战争时期的抗战精神、新中国建立时的大庆精神，以及在经济发展新时期的航天精神，这些都是我们优秀传统文化的体现。新时代的大学生不能在文化碰撞、信息爆炸的时代里迷失了自己，要在信任中国传统文化、先进文化的基础上批判看待外来文化，做有思想、有信仰的新一代中国大学生。

二、大学生加强文化自信的重要性与现状

改革开放以来，我们国家与世界的交流日益加深，在这样的政治经济背景之下，文化的交流也日益频繁，大众文化的发展也日益繁荣，人民群众的精神文化需求得到一定程度的满足。但随着市场经济的深入发展，一些"低俗"文化和西方思想也开始蔓延，大学生的思想受到西方文化的冲击。美国大片、日本动漫中包含的西方文化对我国大学生影响较大，部分大学生在多元文化信息选择的过程中丧失了辨别能力，出现了对西方文化的盲目崇拜、对民族文化的冷落与信仰危机，这在一定程度上削弱了我国大学生对优秀传统文化和当代中国主流文化的自信。《中国大学生思想政治教育发展报告》中的数据显示，近半数的大学生更加喜欢西方影视作品，过半数的大学生认为"应当警惕西方文化的价值渗透"。因此，在这样的大背景下，增强大学生的文化自信具有十分重要的现实意义。

（一）提升大学生文化自信是大学生思想政治教育的重要组成部分

高等院校作为传播文化知识的主战场，肩负着培养大学生、增强大学生文化自信的重要任务。大学不仅是培养专业技能的场所，也是帮助大学生树立理想信念的场所。当代大学生不仅要学习一技之长，更要学习如何树立理想信念，从而成为一名合格的社会主义接班人。思想政治教育是高等教

育的重中之重，而提升大学生的文化自信则是其中不可忽视的重要部分。高等教育不能忽视人文素养的培育，尤其是当下来自各方面的诱惑不断增加，而增强对中华文化的自信无疑是抵御外来诱惑的强有力工具，也是提升大学生文化素养的重要途径。因此，增强大学生文化自信是大学生思想政治教育的重要组成部分。

（二）提升大学生文化自信是我国文化事业蓬勃发展的推力

大学生作为社会主义文化的接班人，是未来建设社会主义优秀文化的重要力量。当代大学生既是中华优秀传统文化的继承人，也是发扬并为中华优秀传统文化注入新鲜血液的中坚力量。因此，增强对大学生文化素质的教育和培养，提升大学生对本民族文化的自信以及认同感，才能让当代大学生更好地理解中华优秀文化，为今后更好地建设中华文化做出重要贡献。文化作为一个国家软实力的重要体现，也是一个国家在国际舞台上话语权的重要体现，提升大学生对本民族文化的自信能使高校大学生成为我国文化事业蓬勃发展的重要推力，成为发展和发扬我国优秀传统文化的重要使者和接班人。

（三）提升大学生文化自信有助于激发爱国主义精神，实现"中国梦"

加强对大学生的文化培育能够提升大学生的文化素养，

从而增强大学生对民族文化的认同感，让大学生更好地理解爱国主义精神、爱国主义的信念和理想。当下各种西方文化冲击我国，部分大学生可能会存在难以抵制诱惑的情况，因此树立大学生的文化信仰十分重要。一个人如果缺乏信仰，就难以有动力去努力奋斗，因此提升大学生的文化自信可以帮助大学生树立理想信念，使大学生有为之奋斗的信仰，从而有助于激发他们的爱国主义精神，实现"中国梦"。

三、如何实现大学生文化自信

（一）加强校园文化活动建设，大力开展校园网络文化建设

随着互联网技术的深入发展和互联网的广泛普及，高级基础设施建设日益巩固，高校的校园网建设也逐渐普及甚至全覆盖。现代大学生的学习和生活中，互联网已经成为不可或缺的一部分。互联网信息中不乏"低俗"文化，大学生在面对互联网信息时要善于分辨和抵制不良诱惑。

文化自信是一种理性对待文化的态度和热情。网络作为文化传播的重要载体，有助于培养大学生对待文化的理性态度。高校应当开展符合当下时代主题的各种活动，引导大学生关注时事热点，关注我们国家经济、政治发展变化，避免"一心只读圣贤书"。通过开展各项主题活动，激发大学生文化参与和文化创造的热情，例如"三行情书""摄影比赛"

等主题活动让大学生能够回归生活、回归社会做一个社会人。在网络文化教育上，可以通过开展"校院网络环保"文化周等活动来净化校园网络环境；也可以通过学院乃至学校的官方网站、官方微信公众号和微博传播乐观积极向上的文化，引导大学生享受主流健康网络文化，使大学生逐渐形成文化自信。

（二）开设优秀传统文化课程，唤醒大学生对传统文化的认知

在国外大学的课程设置中，通识教育和专业教育处于同等重要的位置；在国外的办学理念中，通识教育与专业教育并不是分道扬镳而是相辅相成的，并且国外通识教育十分注重对名著课程的研读。而在国内大学的教学中，虽然同样开设了通识课程，但是通识课程相较于专业课程来说，定位不明确。高校应当开设优秀的传统文化课程、名著研读课程以及中西方文化对比研究课程，从书籍、文物、音乐和影视片等多方面来传播我们国家的传统文化，并将之与同时期的西方文化进行对比，让大学生明确我们的中华传统文化是优秀的文化，是经得起历史锤炼和敲打的传统文化，以唤醒大学生对传统文化的兴趣、认知和信任。注重大学生科学教育和人文精神教育的统一，使大学生能够认同自己的文化根基，在坚信自己本民族文化的基础上走向世界，批判地看待和吸收来自其他国家的文化，自觉地走向文化自信和自强，自信

地走向国际。

（三）从高等学校的思想政治课入手，培养大学生对文化的认同感

培养一批能广泛开展文化课讲授的思想政治工作者。要培养学生的文化自信，先培养思政工作者的文化自信。从当前中国大学生文化自信的现状来看，部分大学生对中华文化仍然较质疑，他们不能够充分信任本民族的优秀文化。因此，高等学校应当从思想政治课着手，通过丰富多样的课程引导大学生对中华文化的认同。

帮助大学生增强文化自信的过程，也是助其树立正确价值观的过程。价值观的核心即为文化。高等院校基本都设置了较为系统的思想政治课程，思想政治课的教学无疑要以主流文化为核心，但是高校的思想政治课也存在教学形式单一的问题。因此，从高校的思想政治课入手，不仅要注重以当前主流文化为核心教学内容，还应当采取多样化的形式使课程教学更加有趣，从而使大学生能够更好地理解本民族的优秀文化。采用案例教学、课后实践教学等方式，例如参观省市的博物馆、历史纪念馆，以及通过体验式教学，让当代大学生能够近距离了解我们的优秀中华文化，而不拘泥于课本让学生产生精神上的震撼。同时，可以对高校的思想政治课程建立相应的评价体系，通过教师考核等多种措施让高校的思政课在提升大学生文化自信方面能够落到实处，培养大学

生对民族文化的认同，让新时期的大学生可以成为未来社会主义文化建设的中流砥柱。

当前，世界文化呈现出多元化的发展态势，各个国家、各个民族都有自己独特的文化，我们新时代的大学生不能在文化碰撞、信息爆炸的时代里迷失了自己，要在信任中国传统文化、先进文化的基础上批判看待外来文化，做有思想、有信仰的新一代中国大学生。同时，高校要引导大学生深刻领悟社会主义先进文化的时代内涵，增强鉴别先进文化与落后腐朽文化的能力，不仅要提高大学生的文化消费能力，而且要提升他们的精神生活质量，增强大学生的文化自信。

参考文献

［1］孙明霞. 大学生文化自信培育研究［J］. 教育现代化，2017（18）：32-33.

［2］蒋晓东，阳桂红. 多元文化背景下大学生文化自信培育的实践路径［J］. 当代教育理论与实践，2015，7（4）：125-127.

［3］张科，罗琴. 大学生文化自信培育的逻辑进路［J］. 中共山西省委党校学报，2017，40（3）：118-121.

［4］许筱靖. 大学生文化自信的生成机理及涵育路径［J］. 教育评论，2017，20（9）：104-108.

［5］栗奇丹. "中国梦"视阈下大学生文化自信的现状研究及培养策略［J］. 中国市场，2017，2（28）：238-239.

［6］刘振平. 大学生文化自信培育研究综述［J］. 赤峰学院学报（自然科学版），2017，33（10）：164-165.

［7］韩路. 大学生文化自信缺失的影响因素分析［J］. 淮海工学院学报（人文社会科学版），2017，15（6）：132-135.

［8］邵献平，詹鹏. 文化自信：大学生思想政治教育的重要向度［J］. 中共山西委党校学报，2017，40（2）：117-120.

［9］赵亚飞，宁德业. 大众文化视阈下大学生文化自信的弱化与应对［J］. 教育与教学研究，2016，30（6）：46-52.

［10］张鹏. 高校图书馆在增强大学生文化自信中的引领作用［J］. 河南科技学院学报，2017，37（6）：65-67.

大数据在大学生精准思政工作中的应用研究

穆　帆

（金融学院）

思想政治工作是学校各项工作的生命线。做好高校思想政治工作，要因事而化、因时而进、因势而新。[①] 这要求高校紧贴时代发展脉搏，瞄准时代发展特点，根据时代新形势、社会发展大趋势、教育新态势，不断创新思想政治工作理念与方式方法。做好高校思想政治工作，要运用新媒体新技术使工作活起来，推动思想政治工作传统优势同信息技术高度融合，增强时代感和吸引力。[②] 大数据技术作为当今先进生产

---

① 习近平在全国高校思想政治工作会议上强调：把思想政治工作贯穿教育教学全过程　开创我国高等教育事业发展新局面［N］.人民日报，2016–12–09（01）.

② 习近平在全国高校思想政治工作会议上强调：把思想政治工作贯穿教育教学全过程　开创我国高等教育事业发展新局面［N］.人民日报，2016–12–09（01）.

力的代表，深刻地影响着社会的生产关系，进而对社会经济基础产生重大影响，同时也引发了人们在认识论、方法论、价值论和实践论等方面的变革，因此思想政治教育面临的局面更为复杂了，要解决的问题更多了。精准思政是基于大数据、人工智能等前沿技术，在精准思维和理念的引导下，实现思想政治教育的精准育人活动。研究大数据在大学生精准思政工作中的应用，对促进思想政治教育传统优势与大数据技术高度融合，从而更高质量地完成"培养什么人、如何培养人、为谁培养人"这一根本任务具有重要意义。

一、大数据在大学生精准思政工作中的应用前提

思政工作主要包括收集教育对象的信息，发现问题并做出决策，进而运用针对性的方法，实施针对性的教育，最后对教育效果进行评估与反馈。大学生精准思政工作是新时代高校围绕立德树人根本任务，利用物联网、大数据、云计算等现代信息技术，对学生群体和个体的思想、心理、学习、生活等状况进行精准识别、分析、决策、预测、追踪，实现对大学生的精准教育、管理和服务，并对实施效果进行精准评估的教育实践活动。大数据时代，万物皆可数据化，应用大数据开展大学生精准思政工作，离不开如下前提。

（一）建立大数据管理中心

大数据管理中心是大数据在大学生精准思政工作中应用

的数据基础。高校信息化建设不仅要解决学生大数据的来源问题，还要解决数据的应用问题。学生大数据管理中心的核心职能是对学生大数据进行处理，包括数据采集、数据预处理、数据存储与管理、数据分析、数据展示等环节。一是数据采集。通过系统日志、网络数据、数据库采集学生在校网上、网下的学习行为数据和学校各个信息化平台的静态数据。二是数据预处理。通过数据清理、集成、变换和归约等对数据进行处理。三是数据存储与管理。包括分布式文件系统、文档存储、列式存储、键值存储、图形数据库、关系数据库、内存存储等多种存储介质和组织管理形式。四是数据分析。包括已有数据信息的分布式统计分析，以及未知数据信息的分布式挖掘和深度学习。五是数据展示。通过数据信息的符号表达、数据渲染、数据交互、数据表达模型等技术将大数据分析与预测结果以计算机图形或图像的方式展示给用户。成立学生大数据管理中心将有效解决高校学生数据资源存储分散、开放共享不够、开发应用不足等问题，是将学生大数据资源转化为大数据应用的前提。

（二）组建大数据分析团队

大数据分析团队是大数据在大学生精准思政工作中应用的价值基础，决定着学生大数据管理中心的数据如何呈现、如何应用。大学生精准思政工作的核心是精准，精准的实现就是要运用大数据技术"让数据说话"，而"让数据说话"

的重要前提是不仅要有数据，还要有模型和算法。数据本身是客观的，只有被处理才能成为有效数据；只有运用算法对有效数据加以分析才能产生信息，信息被加以应用才能产生价值。高校思想政治工作队伍有自身的专业局限，如何利用已有的大数据方法来增强思想政治教育的数据挖掘与利用，如何解决从"源数据"到"行为数据""思想数据"的采集、存储、分析和挖掘技术问题，如何以思想政治教育的学科视野对大数据方法进行改造，均离不开大数据分析团队。大数据分析团队可以利用各种分析软件和方法，对数目海量、规模浩大、类型多样、内容丰富的学生大数据进行挖掘分析，揭示客观数据背后反映的学生思想问题、行为特征、发展趋势等价值信息，并提供针对性的教育引导。

（三）制定大数据应用规范

大数据应用规范是大数据在大学生精准思政工作中应用的安全基础和标准化基础，用于规范大数据系统所有者、建设者、运营者对大数据平台和应用的研发、运维。党中央、国务院高度重视大数据应用规范，先后出台了《促进大数据发展行动纲要》、《国务院办公厅关于促进和规范健康医疗大数据应用发展的指导意见》（国办发〔2016〕47号）、《中华人民共和国网络安全法》、《国家网络空间安全战略》、《大数据标准化白皮书》（2018版）、《大数据安全白皮书》（2018版）等法规制度和标准体系，鼓励开发网络数据安全保护和利用技术，保证在大数据应用过程中数据采集规范、平台开发规范、应用安全规范。一是保证数据采集不侵犯隐私，实施批量数据接口规范，如接口服务命名要遵循一致的服务命名规范、统一的报文规范等。还包括数据传输格式，表命名、项目命名、作业命名等命名规范，以方便后续数据开发及管理。二是保证在大数据平台开发过程中，脚本、目录、开发标准、数据类型、作业调度、权限管理等遵循行业统一的数据技术、管理标准。三是遵从学生信息分级保护标准、大数据共享开发安全标准，通过建立大数据平台运维机制，重视安全检查，运用大数据脱敏、数据加密等方式，降低学生隐私泄露、数据缺失、数据难以整合共享等安全管理风险。

二、大数据在大学生精准思政工作中的应用方法

技术的价值体现为应用技术来挖掘更大的价值。大数据在大学生精准思政工作中能不能用、如何用，是直接关系到大学生思政工作的精准开展与高校思想政治教育创新能否实现的关键环节。大数据技术的发展，使思想工作者可以通过大学生思想政治教育海量数据的收集和分析、处理和运用，更精准地开展大学生思想政治工作。大学生思想政治工作通过借鉴与利用其它学科的大数据方法，逐步发展和形成了符合自身需要的新的大数据方法。

（一）思想行为信息的大数据采集方法

大学生的数据源是大学生思想行为的客观记录和生动体现，包括网上、网下学习和生活行为动态数据，学校信息平台数据库中的静态数据。类型包括文本、音频、视频、点击量、文件记录、电子邮件、地理方位信息等，具有异源性与异构性特点。运用大数据采集方法可以及时、动态、全貌地采集学生在不同场合、不同载体的数据，从而精准地把握大学生的思想行为信息。一是系统日志采集方法。一方面，可以在浏览器页面上植入标准的统计 JS 代码，收集学生网络页面的浏览日志和交互操作日志。收集起来的日志在服务端进行预处理后，供分析使用。另一方面，对重点关注的学生以及网络学习 App 等确实需要采集数据的对象，按照规范调用 SDK 接口，有选择、有针对性地采集相关 App 客户端日志。很多互联网企业都有自己的海量数据采集工具，如 Hadoop 平台开发的 Chukwa，Cloudera 公司的 Flume，Facebook 的 Scribe 等。二是网络数据采集方法。运用 API 和网络爬虫等网络数据采集方法，采集学生微博、微信、QQ 等社交平台信息，京东、淘宝等网购平台信息，以及视频、音乐、游戏等娱乐休闲平台的数据。三是数据库采集方法。在信息化和智慧校园背景下，学校大都建立了信息数据库，使得高校通过开放数据库采集学生大数据成为可能。开放数据库可以直接从目标数据库中获取需要的数据，准确性很高，是最直接、便捷的一种方式，同时实时性也有保证。通过数据库采集方法，可以直接精准采集到学校学工、教务、招生、就业、团委、后勤、资助等各部门教学管理信息化平台中记录的数据，包括被动生成的业务数据和感知生成的机器数据。

（二）决策实施过程的大数据分析方法

大数据分析是数据处理的关键环节，决定着数据价值的产生与否以及价值量大与小的问题。大数据分析方法是运用设备对大数据进行分析，提取有用信息形成结论的方法。一是大数据特征描述，即通过分析历史和实时数据，建立模型或线形图等直观形象的图表来探索和描述客体已呈现的特征。通过对大学生群体或个体全过程、全方位的日常数据收集与分析，可以描绘其思想状况与行为方式所特有的模式或特征。二是大数据趋势预测，即通过大数据技术探寻思想政治教育各要素发展变化的内在逻辑，对学生行为进行预测和预警。一方面，通过规律探索，展望未来发展状态，预测未来变化趋势；另一方面，通过掌握关键节点等重要数据信息，及时发现思想政治教育中的潜在问题，从而建构有效的思想政治教育预警机制。三是大数据可视化传播。通过图形、图像、多元素关联图表等大数据可视化方法，展示教育对象数据的分析结果，既能够一目了然地展示结果，又能展示数据中复杂的信息；既能从时间维度对分析结果进行动态化呈现，又能从空间维度对分析结果进行立体化呈现，从而使分析结果所呈现的对比性、变化性、关联性等特征更加突出，将难以直接呈现或不可量化描述的结果化为可直观感知的图形、符号、数字等，使精准描述与认知成为可能。

（三）思政工作效果的大数据评价方法

传统的思政工作评价以抽样分析为主，难以实现对大学生思想与行为发展状况的全面化、全过程、全要素把握。科学、全面、客观、动态的大数据评价方法将定性评价与定量评价相结合，结果评价与过程评价相结合，整体性评价与个性化评价相结合，增强了思想政治教育评价的科学性与实效性。一是整体性评价。海量数据的出现突破了传统基于小样本分析评价的局限性，全样本数据分析使推理与实际经验的"断链"得以弥合，为大学生思想与行为状况的精准且客观评价提供了可能。二是动态化评价。传感仪器、移动设备等大数据获取技术为全天候、全过程地动态追踪与记录大学生大数据信息提供了支持。通过动态比较与分析，既能为学生的自我评价提供有效的参照依据，又能帮助学生了解自身与他人的不同。三是个性化评价。对大学生个体多模态数据信息的获取及专属数据资源库的创建，使为大学生量身打造个性化数字评价方案成为可能，提高了评价的针对性。大数据评价方法通过技术的灵活应用及多功能数据模型的创建，突破了传统写评语、总结鉴定等经验式评价主观随意性大、模糊性较强、代表性较弱等缺点，增强了思想政治教育评价的客观性与科学性。

三、大数据在大学生精准思政工作中应用的主要模式

教育大数据应用的根本模式是通过大数据技术采集海量教育元数据，经过抽取、转换、加载、联机分析处理等过程，转变为教育信息，再经过数据可视化将教育信息呈现出来，最后形成教育决策来指导教育者和学习者。大数据完成了从学生数据到信息、知识和智慧的演变。当前，大数据在大学生精准思政工作中的应用有主要有以下三种模式。

（一）智慧教学

信息化的深入发展，使传统的思政课堂教学逐步走向信息化和智能化，智慧思政课教学应运而生。智慧思政课堂利用大数据技术实现对动态学习数据的分析和"云＋端"的运用，实现了评价反馈即时化、交流互动立体化、资源推送智能化。课前阶段，思政教师可以通过"云课堂智慧教育""蓝墨云班课"等平台，精确掌握学生学情资料，预设教学目标，并向学生推送教学资源、发布预习测试；教师根据学情分析结果和学生预习检测统计反馈的情况，优化教学方案设计。课中阶段，可以通过预习反馈、测评练习和创设情境等多种方式导入新课程，同时利用智慧教室实现无障碍、及时性、立体化的交流和互动。课后阶段，用直观的数据精准掌握学

生知识学习情况，发布个性化的课后作业，并可以在线讨论交流、即时反馈作业结果、进行个性化辅导。如基于 App 的翻转课堂、全国高校思想政治理论课智慧教学的"思政云"、北京思想政治理论课教学"高精尖"中心（人民大学）利用大数据直播技术持续开展的"青椒论坛"、北京工业大学沈震研发的"中成智慧思政课堂"等，均是运用大数据技术开展智慧思政课教学的范例。

（二）精细管理

大数据技术的应用，改变了传统思政工作粗放式的管理，实现了精细化的管理，助力大学生思政工作"减负""提质""增效"，推动了大学生思政工作的精准性。当前一些高校在画像分析、隐性资助、学业预警等方面取得了显著成果。如北京工业大学对学生基本信息库、一卡通数据库等与学校管理工作息息相关的一系列数据库进行全面的分析和挖掘，建立了一套学生智能管理系统，主要包含安全预警系统、学业预警系统、精准资助系统、网络预警系统和学风诊断系统等五个模块。华中师范大学通过构建"学生晚归、未归预警模型""低消费和困难指数预警模型""人物关系图谱分类模型"等模型，对学生一卡通大数据进行分析，发现"校园孤独者""校园恋人"。电子科技大学创建了"学生画像""教师画像""精准扶贫""精准就业""网络文化产品影响力评估"等大数据应用系统。北京航空航天大学学生大数据中心的分析团队通过分析挖掘、研究展示学生的状态、需求和个性，每年刻画各年级学生画像，揭示学生在校行为特点和规律。

（三）精准服务

精准服务是高校治理理念由"管理学生"向"服务学生"转变的体现。精准服务主要体现为智能化服务终端的推广使用。将传统费时、复杂、折腾的事务性工作变成便捷化、高效化、个性化的服务性工作，提升学生满意度。一是通过线下自助服务终端设备，提供自助式服务。如通过校园一卡通终端，实现学生校园卡充值、查询、领取补助等；通过学生自助打印服务终端，自主打印在读证明、荣誉证书、无犯罪记录、成绩单等。二是建设业务集成式平台，提供集成式服务。如通过一键式网上事务大厅，办理学生请销假、奖助学金、评奖评优、调宿、场地申请；依托智慧教室、云课堂、微助教等实现学生一键式网上学习。三是研发移动式的线上服务平台，提供伴随式服务。使过去需要辅导员代学生办理的事务，由学生通过移动终端自己办理，如学生各类缴费、申请后勤服务等。如可以研发 OA 办公系统和对应的微信小程序，实现学生水电费、学费即时充值，寝室维修即时报修，会议室、自习室预约以及快递代取等。

四、大数据在大学生精准思政工作中应用的路径

当前大数据在大学生精准思政工作的应用中存在着实践

创新"理念化"、数据来源"孤岛化"、数据利用"碎片化"、数据素养"片面化"、数据价值"风险化"等问题。推动大数据在大学生精准思政工作中的应用，需要着力解决靠什么推动、怎么推动、谁来推动的问题，以创新思路和举措解决其存在的具体问题。

（一）着力提升思政队伍的大数据素养

大数据素养是指关于大数据的科学认知和运用能力，包括树立大数据思维、掌握大数据知识、运用大数据技术、扩大大数据运用、规范大数据伦理等。实现大数据在大学生精准思政工作中的应用，最根本就是要大学生思政工作者在工作实践中真正地运用大数据的思维、方法、平台、技术，实现思政工作的精准性，将大数据这一变量转化为思政工作的增量。这必然要求辅导员具备较高的大数据素养。一是要对接国家大数据战略，自上而下推动大数据发展应用。在国家层面，做好顶层设计，制定高校大数据发展应用的政策制度；在地方层面，建设区域大数据应用的资源中心，组建大数据技术人才队伍；在学校层面，构建具体的大数据应用实施体系，通过项目招标与立项，有计划地研发大数据产品，并在思政工作中推广使用。二是要研制出台思政工作者大数据素养的职业标准，将大数据知识内容结构、能力要求等纳入职业能力标准体系中，加以培训和评价考核。三是要着力构建大数据应用的工作体系。促进高校大数据应用成果的转化，丰富完善思政工作相关的大数据分析模型，加强思想政治工作大数据产品的研发等。

（二）推动大数据应用产品研发落地

学生大数据用于何处，能不能实现大学生思政工作的精准性，助力其质量的提升，是大数据在大学生精准思政工作中的创新应用由理论向实践转化的落脚点。

只有作为平台或载体的大数据，才能使主客体及思想行为的交互发生根本变革。大数据在大学生精准思政工作中的应用，应由关注"生产数据"向关注"挖掘数据"转变，推动大数据应用产品研发落地。一是要落实消息层的数据采集平台。除了集成"智慧校园"建设的信息化平台外，还需要新建基于行为感知的隐性数据采集平台。如学生宿舍门禁系统、网格中心，校园网、校园监控，智慧教室等。二是要落实工作层的数据中心。大数据挖掘与利用，既是资源开发，也是资源的重新整合。需要成立学校大数据中心，对全校信息化平台的学生学习生活的行为数据进行整合、清洗、集成、管理与标准化处理，破除数据"孤岛""碎片化"难题，为大数据在大学生精准思政工作中的应用做好数据准备。三是要搭建应用层的大数据工作平台。一方面，将"学生画像""智慧班团""云教辅平台""校园预警系统"资源库、主题教育网站等智能化应用集成到精准思政资源平台；另一方面，以精准思政工作开展的需求为导向，加强大数据智能产品的研发，推动其在思政工作中的运用。同时，配备专门的大数据技术团队，为思政工作者提供技术支持与培训。

（三）促进形成大数据应用协同机制

大数据在大学生精准思政工作的应用，不是大数据与大学生思政工作的简单相加，而是一项复杂的系统工程，是为了实现思政工作精准性的深度融合。需要促进形成大数据应用协同机制，确保其融合过程中系统各要素协同发力。一是队伍协同。强化高校党委领导机制，促进各二级单位协同落实，将大数据作为学校发展战略。解决当前大数据应用过程中出现的平台建设项目无法获批、经费不到位、跨部门数据无法共享等问题。二是平台协同。即要研究如何通过与国家及各地方大数据中心相对接、与各部门及单位的大数据资源平台相联通等，建设既统一、又分层分类的思想政治教育大数据协同平台。三是机制协同。即围绕大数据挖掘与利用，形成有利于规范化管理和防范数据风险的保障机制，如条件保障机制、人员保障机制、制度保障机制等，促进形成大数据运用考评机制，通过完善制度，确保目标与任务协同，需求与供给协同，不同思政工作者个体及团队之间协同，将大数据在大学生精准思政工作中的应用由理念变成现实。

参考文献

［1］吴满意，景星维. 精准思政：内涵生成与结构演化

〔J〕．学术论坛，2019（5）：133-139.

〔2〕周远．精准思政：新时代高校思想政治工作的新理念与新模式〔J〕．思想理论教育，2020（8）：100-105.

〔3〕孙曙辉，刘邦奇，李新义．大数据时代智慧课堂的构建与应用〔J〕．中国信息技术教育，2015（Z1）：112-114.

〔4〕北京工业大学学生大数据中心建设〔J〕．思想教育研究，2018（11）：146.

〔5〕覃红，许亨洪．试论大数据在高校思想政治工作质量评价体系中的运用〔J〕．学校党建与思想教育，2018（13）：19-23.

〔6〕李怀杰．思想政治教育大数据评价及其实践路径〔J〕．思想理论教育，2017（6）：82-86.

〔7〕刘宏达，穆帆．提升高校辅导员大数据素养的时代价值与实施策略〔J〕．思想理论教育，2019（10）：97-102.

"三全育人"理念下推进新形势下就业工作的思考①

黄小妹　赵长越

（金融学院）

就业是民生之本，也是"六稳""六保"之首。受新冠疫情、中美贸易摩擦不断加剧，以及经济下行压力等诸多不利因素的影响，现阶段高校毕业生就业工作面临重大的考验。习近平总书记在全国高校思想政治工作会议上指出，要坚持把立德树人作为中心环节，把思想政治工作贯穿教育教学全过程，实现全程育人、全方位育人，努力开创我国高等教育事业发展新局面。高校毕业生就业指导教育也是育人过程中的关键一环，是高校学生培养工作的最后一步。因此，探讨如何紧紧围绕"三全育人"的工作理念，结合现阶段的就业工作情况，

①　本项目受2019年度中央高校基本科研业务费（三全育人）立项项目"'三全育人'院系微观实践路径研究"（2722019SQZ03）资助。

更好、更稳地推进高校毕业生就业工作具有重要的指导意义。

一、当前高校毕业生就业指导工作面临的新形势、新问题

（一）就业环境日趋恶劣

1. 就业人数激增

随着我国高等教育的普及，高校学生数量增长迅速。据教育部相关统计数据显示，2020年我国高校毕业生规模创历史新高，共计874万人，相较于2019年毕业生人数增加了40万人；[①] 湖北省应届毕业生人数也高达44万人，同比增长了2万人。求职毕业生人数的激增使学生在众多求职者中脱颖而出的难度加大，毕业生的职位竞争压力也随之增大。

2. 企业缩招

受新冠疫情、中美贸易摩擦不断加剧，以及经济下行压力等诸多不利因素的影响，大部分用人单位出现招聘规模缩小、招聘节奏放缓、招聘周期延长等现象，招聘市场出现"僧多粥少"的局面。中小微企业是就业市场上吸纳高校毕业生的主力军，但在此次新冠疫情中，中小微企业面临着巨大的经营困难甚至破产的风险，不得不通过缩减

---

① 游钧.2020届全国普通高校毕业生就业创业工作网络视频会议召开［EB/OL］.［2019-10-31］. http://www.gov.cn/xinwen/2019-10/31/content_5447275.htm.

招聘人数、降薪、甚至是裁员等手段来降低成本、维持企业正常运转，因此，面向高校毕业生的合适岗位数目大幅度减少。此外，受企业复工复产进度的影响，绝大部分企业的招聘进程按下了"暂停键"；招聘进度的推迟影响了高校毕业生的求职进度，部分高校毕业生临近毕业仍未确定就业去向。据中国人民大学中国就业研究所联合智联招聘公司发布的《大学生就业力报告》显示，与2019年同期相比，2020年第一季度各类企业在高校毕业生中的招聘需求总数减少了16.77%；与此同时，高校毕业生求职申请人数增加了69.82%①。毕业生就业市场出现的供需失衡现象，使高校毕业生的就业形势更加不乐观。

3. 求职渠道受限

就目前的就业方向而言，高校毕业生就业主要选择入职企业、出国深造、继续升学（考研）、报考公务员或者入职事业单位等较稳定的单位，但这些就业方向无一不受新冠疫情影响。

首先，线下招聘会、宣讲会和双选会的减少使用人单位不得不转向线上招聘模式，但一方面，线上招聘模式使用人单位接收到的网申简历数量显著增加，学生脱颖而出的难度

① 中国人民大学就业研究所. 2020年大学生就业力报告［EB/OL］.［2020-07-19］. http://www.199it.com/archives/1086655.html.

加大；另一方面，线上视频面试的方式也影响了应聘者的发挥，让考官的观察受到干扰。最重要的是，一小部分企业在招聘时进行虚假宣传，由于无法现场感受，导致高校毕业生入职后发现巨大的现实偏差而离职。其次，就出国深造而言，国外新冠肺炎疫情较严重，部分国家应对疫情的态度不积极，疫情扩散情况未能得到有效控制，这些外部因素很大程度上影响了高校毕业生出国深造的积极性，他们或是选择推迟出国计划，或是选择在国内就业或深造。此外，对选择通过考研来进行"慢就业"的高校毕业生而言，虽然教育部扩大了研究生招生规模，增加了高校毕业生升学深造的机会，但仍有占比颇大的"二战"考研群体，其后续就业问题若得不到有效缓解，那么高校毕业生的就业形势依然严峻。最后，就选择公务员或事业单位的高校毕业生而言，尽管政府部门公务员招聘和国有企业招聘适当扩大了招聘规模，但"铁饭碗"的扩招空间毕竟有限，能够吸纳的毕业生人数也只占高校毕业生求职总人数的少部分。

4. 女生求职压力较大

受传统观念和性别分工等因素的影响，女大学生的就业状况一直不容乐观。用人单位出于成本与效益的考虑，在招聘时会偏向于招聘男生。此外，在专业分布上，热门学科或专业中女生的占比较大，这也加剧了女生在就业市场中面临的困境。据国务院发展研究中心、中国发展研究基金会和智联招聘组成的"大学生就业问题研究"课题组发布的《就业困难大学生群体研究报告》显示,截至 2020 年 6 月,仍在智联招聘平台求职的应届大学生中,女大学生的比重(58.5%)比男大学生(41.5%)高 17%;而过去一年通过智联招聘平台投递简历的应届大学生中,有 27.7% 的女大学生仍处于求职状态,其就业难度系数要比男大学生(25.5%)高出 2.2 个百分点。①

(二)高校毕业生自身问题

1. 毕业生心理压力增大

面对严峻的就业形势及未来诸多的不确定因素,高校毕业生普遍表现焦虑,他们或是担心因新冠疫情造成的经济困难导致企业缩招,难以找到工作;或是担心线下实习的中断或无法实现而影响到用人单位对自己的评价;或是担心缺乏线上面试经验而影响面试表现,造成"毕业即失业"的局面。迷茫、焦虑甚至是抑郁,这些在以往就业求职季中高校毕业生普遍存在的心理问题,在疫情的影响下呈现出加重的趋势。

2. 毕业生职业规划不清晰

对大部分高校毕业生而言,尽管经历了四年专业知识的

---

① 中国发展研究基金会. 就业困难大学生群体研究报告[EB/OL].[2020-07-18]. http://edu.ynet.com/2020/12/18/3052074t3294.html.

学习，但他们对自身所学专业的认识仍不到位，对专业前景、就业方向以及招聘需求的认识存在一定的偏差。具体表现在：部分大学生未能提前明确自己的职业规划，持"走一步，看一步"的心态，甚至选择通过考研"慢就业"方式逃避进入职场；部分高校毕业生在求职过程中没有明确的方向，大面积撒网，毫无针对性可言，不仅增加了就业难度，也在一次次失败中丢失了信心；部分高校毕业生的职业选择由父母确定，未能根据自身兴趣和特长选择合适自身的工作，从而导致入职后频繁跳槽、就业难度加大。不清晰的职业规划、不充分的求职准备使部分高校毕业生在求职过程中屡次碰壁，增加了他们的求职难度，降低了求职自信心。

3. 毕业生期望值过高

随着市场环境的变化和就业选择的多元化，相较于以往毕业生的求职意向，现阶段高校毕业生的期望行业、岗位、工作地点等都发生了改变。高校毕业生对社会现实、就业环境缺乏足够的认识，对薪酬福利、工作环境等的要求反而逐步提高，部分高校毕业生在求职过程中过于理想化，期望毕业后马上能够收获工资高、付出低、福利好的理想职位。怀有过高期望值的高校毕业生在求职时容易面临"高不成，低不就"的境况，难以获得心仪的岗位。

4. 毕业生就业选择存在偏好性

高校毕业生在择业过程中表现出极强的偏好性。在就业行业的选择上，绝大部分高校毕业生偏向于稳定性强、市场压力略小的行业，例如教育培训行业、咨询行业。在就业企业的选择上，高校毕业生更偏向就职于国企，而提供更多就业岗位需求的民营企业则门可罗雀。在就业地域的选择上，大部分高校毕业生倾向于经济发达的一线城市和二线城市，这一选择会导致地域性人才供需失衡，经济发达地区求职人数众多、求职困难，而经济欠发达地区求职人数少，企业招不到人。

二、"三全育人"理念下高校就业指导工作的实施举措

（一）打造全员就业格局

就业工作的开展与推进是一项系统性的工作，单靠思政教育工作者的努力是难以取得突出成果的，因此，积极整合校内、校外的多方资源与力量，形成育德、育心、育能融为一体的育人机制，共同形成就业工作合力是解决高校毕业生就业难题的有效途径。

1. 充分发挥教师队伍的作用

专业教师队伍在学生培养的过程中肩负着重要的使命，是学生成长成才道路上的"引路人"，只有全体教师始终坚持把立德树人的根本任务融入学生的培养过程中，才能培育出符合社会需求的人才。就专任教师而言，要将就业工作与

教学工作有机结合，充分了解企业的人才需求行情，以课堂教学为主、实践教学为辅，将就业知识、就业技能的培养潜移默化地融入学生培养的各个阶段。开展职业生涯规划课程，结合学生实际情况，有针对性地帮助学生进行职业定位，奠定学生就业、择业、创业的基础。

就高校思政教育工作者而言，做好就业指导服务是高校思政教育工作者的重要职责之一，特别是毕业班辅导员，要发挥积极性、主动性、创造性，把毕业生就业工作摆在更加突出的位置。为应对新形势下高校毕业生的就业难题，高校思政教育工作者要进一步提高政治站位，切实增强责任感、使命感和紧迫感，与专业教师、导师等密切配合，细化就业工作安排，精心组织就业活动，及时掌握毕业生求职心态和进展，帮助毕业生解决就业中面临的困难和问题，充分体现对毕业生的关心、关爱。

就高校其他部门尤其是心理健康教育和就业管理部门工作人员而言，要积极疏导毕业生的就业焦虑情绪，缓解他们的就业心理压力。密切关注毕业生就业舆情动态，主动发布正能量声音，及时回应学生关切，在毕业生中营造就业创业相关的正能量。在当前疫情常态化防控的形势下，建设和完善学生职业发展网络平台，切实做好管理育人、服务育人。

2. 充分调动社会各界的参与

高校毕业生的就业问题不是学校单方面的工作，而是一件需要社会企业、政府部门等广泛参与的大事。为此，各高校应积极与社会力量进行联动，广泛开展就业相关的企业专家讲座、校企交流活动、优秀校友分享会等活动；在高校毕业生求职阶段，要加强与用人单位、校企单位和校友的联系，主动出击收集就业资源和招聘信息，有针对性地推荐、促进毕业生就业。

3. 家校联合营造良好就业氛围

家庭教育是学生迈向社会的一座桥梁，承担着引领学生个性和品质形成的重要职责，是社会和学校教育的基础、补充和延伸。家长的认知及观念对学生有着极大的影响。因此，在新形势下、在高校毕业生择业就业的关键时期，良好的家校互动有助于高校毕业生健康择业观的形成。一方面，通过家长的协助，帮助学生树立正确的世界观、人生观、价值观，使学生在求职过程中尽量做到不攀比、不虚荣；另一方面，通过家庭的参与，构建良好的家庭氛围，疏导学生在求职过程中的心理压力，引导学生积极就业、自信就业。

（二）打通全过程"就业链"

高校毕业生就业工作的开展与推进不是一朝一夕的事情，而是一项长期任务，高校需要牢固树立以学生为中心的培养理念，将就业工作贯穿学生成长的全过程，针对不同阶段的学生制定不同层次的就业工作指导方案。

对低年级的学生而言，他们尚处于对学校、专业、自身发展方向的了解、熟悉阶段，需帮助他们增强对自我的认知。通过开展新生教育、校友领航、生涯规划教育、经验交流分享会等活动，引导和帮助学生全面了解、正确判断就业形势，协助学生制定并落实生涯规划，培养学生可持续发展的终身就业能力。

对二三年级的高校学生而言，经历过一年专业知识的学习，他们对事物的认知与思考逐渐趋于成熟，在这一时期，社会实践教育和就业实习教育等"第二课堂"的开展，可以使学生的专业知识与实践相结合，提升育人效果，从而多层次、全方位拓展学生视野，培养学生独立思考与自主选择的能力。

对面临就业压力的大四学生而言，一方面，需从学生的实际需求出发，针对学生在考研形势、出国流程、就业选择等方面的诸多问题，有针对性的组织开展各种专题讲座和交流会，分析就业形势、求职技巧，分享就业心得及经验，帮助学生适应并熟悉线上求职方式，使其从容应对就业；另一方面，整合多方资源，积极扩宽学生就业渠道，充分利用网络平台发掘更多优质就业信息，为学生推送校园招聘、线上宣讲会、就业能力培训讲座等信息，为高校毕业生顺利就业、尽早就业提供服务与保障。最后，对大四学生在就业过程中出现的焦虑心理，应及时予以疏导，在就业、创业指导上"扶上马送一程"。

（三）打响全方位"就业战"

"全方位"育人旨在立足高校实际情况，整合校内外多方资源与力量，各个部门、各个环节协同发力，培养知、情、意、行有机统一的时代新人。就全方位育人在高校毕业生就业工作过程中的实施而言，要充分把握习近平总书记的讲话精神，"统筹做好毕业、招聘、考录等相关工作，让他们顺利毕业、尽早就业"。

在高校毕业生的就业工作中，一是发挥校、院两级优势，转变就业工作观念，在"引进来"的基础上，主动"走出去"，推动就业工作的观念转变，主动对接用人单位，畅通信息渠道，确保人才供需"不掉线"；二是延伸市场"前端"，面对疫情影响下的就业工作推进，高校相关部门应提前、主动发布疫情防控期间校园线上、线下招聘流程，保障用人单位招聘过程的顺利进行，吸引用人单位前来招聘；三是深挖资源"后端"，各高校就业部门应对各类资源进行深入挖掘，密切联系合作企业、校友企业、兄弟院校、优秀毕业生，摸清人才需求，精准做好招聘信息推送、求职简历收转、人才精准推荐。此外，根据国家政策及要求，各高校可以充分发挥一流学科建设和各类科研创新平台建设优势，做好科研助理岗位吸纳毕业生就业工作，做好第二学士学位教育招收本科应届毕业生工作，努力打造高校毕业生培养、就业的"内循环"。

新时代大学生思想特点与
成长规律研究 ①

孟庆红

（经济学院）

青年大学生是国家和民族的宝贵人才，促进大学生健康发展是时代赋予高校教育工作者的责任与使命。如果要找到优良的教育与培育大学生的方式与手段，就必须对大学生的思想特点与成长规律进行系统而全面的研究。因为只有了解了大学生的思想状况与成长过程的规律，才能更好地服务青年大学生的成长与成才，才能让大学生在大学阶段身心健康发展。大学校园是大学生最主要的生活场所，是塑造大学生世界观、人生观和价值观最重要的地方。研究新时代大学生思想特点与成长规律，大学生辅导员可以更好地从学生的视

①　本文为中央高校基本科研业务费（三全育人）项目"大学生思想变化特点和规律研究"（项目编号：2722019SQY11）阶段性成果。

角来辅导学生。在先进理论的指导下，辅导员能够有效地减少与学生之间的代沟；学生也能够更好地感受到大学、辅导员带给自己的温暖，以积极乐观的心态来面对生活中的困难与挫折，从而更高质高效地完成自己的学业，成人成才。

一、文献综述

关于大学生的思想特点与成长规律的研究，基本上是相对独立的两个方面，但也有交叉之处。在大学生的思想特点研究方面，早年有学者研究了大学生的政治观、价值观和道德观，并总结出大学生以上三观总体呈现出健康向上的特点；但由于受到社会转型和国内外复杂环境的影响，大学生以上三观也呈现出复杂性、差异性的特点（张绍平，2006）。也有学者（王玺威，2005）从高等教育"大众化"这一视角出发，总结了大学生思想特点的变化趋势。此外，苏明和陈华（2008）从知识结构和自主意识等几个方面分析了当代高校学生的思想现状，并总结了以上思想现状的成因。随着时代的发展与变化，关于大学生思想特点的研究也逐渐增多，以万美容（2012，2013）等为代表的学者，对当代大学生思想行为的特点、发展变化的主要因素、影响因素和引导策略进行了系统而全面的总结，同时还对以上观点进行了实证分析。近年来，相关研究的数量持续增加，有代表性的如马立新（2012）研究了新疆少数民族大学生思想行为特点与教育对策；史向军和张琼（2013）研究了"90后"大学生思想行为特点与高校思想政治教育方法；王达品等（2016）研究了首都大学生的思想特点；王海建（2016）研究了"00后"大学生的群体特点与思想政治教育策略；王帅（2018）总结了改革开放以来大学生思想变化的特点与规律。

在大学生成长规律研究方面，早期学者陈国祥（2009）基于双螺旋理论，总结了大学生成长规律中"修身、学业、就业"这个第一阶段和"学历、能力、人品"这个第二阶段。在这之后，卢黎歌等（2012）从推动马克思主义大众化的视角总结了大学生的思想规律。随着相关研究逐渐得到重视，文献的数量也不断增加，有代表性的如孙志德（2016）从马克思主义人学视域下探究了大学生的人格成长规律，并总结出两方面的特征。此外，曾淑文（2016）以评书的方式，就当代大学生在人生观、婚恋观和就业观上的成长规律进行了梳理；朱洪革等（2016）探究了农林经济管理专业的大学生成长规律；林伯海等（2017）总结了大学生五大成长规律；陈洪尧（2018）论述了当代大学生成长规律的理论来源、时代内涵、现实意义以及时代价值；张建（2018）则从加强高校思想政治工作的角度说明了遵循学生成长规律的重要性。

总的来看，以上研究从不同角度探讨了大学生思想特点的成长规律，丰富了相关理论与知识框架，但仍存在以下几点问题：一是各研究整体上较为零碎、不够系统；二是成长规律与思想特点的研究还较为孤立；三是研究多为定性分析，定量分析或实证研究还较为匮乏。

二、新时代大学生思想特点

1. 认同主流价值，但价值观也呈现出多元、小众化趋势

在党和国家的大力宣传及浓厚的社会氛围的影响下，新时代大学生对主流价值观总体表现出高度认可的态度，尤其是对社会主义核心价值观在从国家、社会和个人三个层面的要求表现出支持和倡导，这也是我国社会凝聚力的表现。但也要看到，由于近年来对外交流的发展，世界各国文化在国内的传播使得新时代大学生的思想与价值取向呈现出多元化、小众化的趋势，有代表性的如欧美的自由婚恋、"腐"文化，日韩的"宅""中二"文化。一方面，需要鼓励多元文化的交流；但另一方面，要警惕西方文化中腐朽、糟粕的传播，加强对主流文化与价值的宣传与弘扬。

2. 知识广博、储备量大，但动手实践与独立自理能力相对较弱

由于互联网和信息技术的发展，尤其是近年来慕课等网络课程的火爆，相比于传统的知识获取途径，新时代大学生学习的方式更加多样化，这使他们的知识储备量相比老一辈更加庞大，涉及面更加广泛。但是尽管他们的知识面十分广阔，

但由于父母的照顾和机器智能化、自动化的发展，新时代大学生动手实践、独立自理的机会大大减少，这使他们缺乏相应的锻炼机会。据相关调查显示，接近六成大学生从未做过家务，在学校的寝室也多是混乱的，很少去清扫，这显示新时代大学生亟需加强自理与实践能力。

3. 对网络新媒体等掌握熟练，但容易沉迷

由于时代的发展，新时代大学生对网络新媒体十分熟悉，掌握程度高。他们擅长利用 QQ 空间、微信公众号等公共社交平台撰写推文、编辑图片；擅长利用 Office 办公软件绘图制表。但互联网是一把双刃剑，新时代大学生对网络的沉迷程度也在加深，部分大学生沉迷于网络游戏之中。尤其是智能手机普及之后，手机游戏对新时代大学生的影响加剧，少数学生上课也玩手机，忽视并荒废了学业。

4. 自我意识强、有独立见解，但团队意识有待加强

新时代的大学生受社会发展和时代背景的影响，自我意识较强，且由于接受了大量的知识，在许多问题的看法上都能够不盲从、不随波逐流，通过自己独立思考得出自己的观点，与同学的讨论或开展头脑风暴进行思想与观点的交锋与碰撞。但存在的问题是，他们的团队合作意识不强，在集体讨论与决策中难以高效地形成统一的观点并加以执行。这一点也体现在一些低效和混乱的学生工作和组织活动中。

5. 爱国意识强、认可集体主义，但功利心态也有所增强

新时代大学生是接受了大量爱国主义教育的学生，他们的爱国意识强，都能发自内心地为祖国的发展而自豪。同时，他们也认可社会所提倡的集体主义，认为"有国才有家"，并愿意为集体的荣誉而付出与拼搏。但是，经济快速发展带来的浮躁社会氛围也使更多的学生功利心增强，他们以权衡利弊的方式来参与活动、衡量自己做事的价值与意义，而不是出于对社会和集体的真诚与热情。所以他们在很多事情上表现出急功近利的心态。

6. 接受面广、勇于尝试新鲜事物，但吃苦耐劳精神不足

时代的进步带来了信息的多样化，新时代大学生接受的信息较为广泛，他们的接受面更广，对新事物的态度也更为开放，能以好奇、尊重和勇于尝试的态度参与其中。但是，新时代大学生又普遍表现出抗打击、应对挫折能力不足，对很多事情浅尝辄止，不能深入探究。同时，由于物质生活条件的改善和生活水平的进步，新时代大学生没有经历过物质贫乏的年代，对艰苦生活条件的认知较少，因此，面对困难也更容易抱怨而不是主动克服。

7. 短期目标明确，但长远理想信念和社会责任感不足

新时代大学生的短期目标是明确的，这体现在他们一进

入大学校园就主动地参与各种各样的社团组织，有意识地参与各种各样的学科竞赛、科研活动，他们十分清楚自己在这周、下周要做些什么，要完成什么任务，并会为之努力奋斗。但存在的问题是，他们长远的规划有所欠缺，对自己的使命、社会责任感知之甚少。他们很少思考自己现在或今天所做的事的意义是什么，也较难站在国家、社会这样宏大的视角去树立长远的理想信念并为之奋斗，因此他们的奋斗目标更具有短期性和不连续性。

三、新时代大学生成长规律

大学生成长规律即是大学生成长过程中体现的内在的、必然的、本质的现象。结合新时代的背景和特点，我们发现新时代大学生有以下几点成长规律。

1. 螺旋上升规律

马克思主义哲学强调事物发展的前途是光明的，但道路是曲折的。也就是事情的发展都要遵循螺旋式上升的规律，那么新时代大学生的成长也毫无疑问要遵循这一规律。总体来看，大学生在大学期间取得的进步是显著的，无论是在学科知识层面、综合素质层面、道德修养层面还是人际关系层面，都相比于高中应试教育阶段得到了更好的训练与培养。但是从过程上看，大学生的成长并不是直线上升的，而是充满了暂时性的挫折与失败。

2. 成长的普遍性与特殊性相统一规律

新时代大学生的成长一方面遵循着普遍的一般性规律，表现为大学生在大学期间随着年级的上升，会对未来的发展方向如考研、就业或者出国有更加清晰的认识；随着年级的上升，学生的专业相关知识素养会有本质的提升。另一方面，新时代大学生的成长也遵循着一定的特殊性，这表现为不同的学生对自我、专业、课程认知的快慢、深浅程度均有差别，这是学生的基础、努力程度、天资和家庭等多方面因素影响的结果。

3. 内外因共同作用的规律

大学生的成长是受到内外因共同作用的，一方面，学生的行为受到个人心理状况的影响；另一方面，也受到家庭、学校、社会等外部环境的影响。在多方面因素中，内因又起主导作用，外因起辅助作用；内外因的共同作用影响着学生的发展与成长。

4. 意识与实践的对立统一规律

实践与行动决定意识与思想，意识与思想也能影响和指导实践与行动的开展。新时代的大学生往往是具备优良的素质与思想品德的，但同时，一方面，大学生需要用正确的世界观、人生观来武装自己的头脑，需要通过不断的思想道德学习来提升自己素质；另一方面，大学生在实际生活中的行为与举止，是否能真正符合大学生的素质与身份，是否做到了言行一致也是十分重要的。好的修养既能促成好的行为，也可能与不好的行为同时存在，二者是对立统一的。

5. 理性与感性的统一规律

大学生既然称之为学生，说明其距离真正步入社会的成年人仍有不成熟、不理智的一面。很多时候他们考虑问题存在不足，这需要我们用善意和理解的眼光去看待，而非戏谑和嘲讽。大学生的感性与热血是学生本应具备的，没有激情与热血的青年不能称之为青年；但是，若感性和热情被利用和诱导，就会产生负面的影响。

6. 个体与集体的对立统一规律

新时代的大学生是独立的个体，受益于时代的影响，他们关注自我意识的觉醒与个体的发展；新时代的大学生是热爱他们的集体的，也会为集体荣誉感去拼搏和奋斗。但这两者也存在矛盾之处，许多大学生认为关注集体会牺牲个体的时间，也有许多大学生认为不能过于关注个体的发展而忽视了集体的建设。

四、推进大学生成长成才的对策建议

基于以上对新时代大学生思想特点和成长规律的研究，本文从社会、学校和家庭等角度出发，提出塑造新时代大学生正确思想特点的对策与建议。

第一，对于螺旋上升规律，要坚信新时代大学生的光明前途。对于在教导学生过程中出现的困难要努力加以克服，并以良好的态度予以鼓励和规正。不能因为学生暂时在某些方面陷入了误区、出现了一些退步，就对学生加以否定，而是要看到其在成长过程中螺旋式上升的规律，用正确、合理的方式加以劝诫与辅导，促进学生及时走向正轨，继续发展。

第二，对于成长的普遍性与特殊性相统一规律，高校教育工作者要以具体问题具体分析、独特的眼光去看待每一位学生。因为对每一个学生来说，他们的成长轨迹不同、人生经历不同、教育基础不同，所以不能指望每一位学生都有着一模一样的成人成才速度、程度，也不能因为哪一位学生暂时落后、掉队就进行指责，而是要更多地理解和尊重学生。

第三，对于内外因共同作用的规律，在培养新时代大学生的过程中要关注大学生的心理健康，同时也不能忽视良好的外部环境的建设。家庭、学校和社会等需要共同努力。当然，在这其中，大学生的心理健康与自我品行、道德修养的培养，也是当今时代亟需给予高度关注的。

第四，对于意识和实践的对立统一规律，我们在培养新时代大学生的过程中不能仅仅停留在喊口号、交思想汇报等层面，而是真正地要从实际生活中考察一个学生是否优秀，是否真正做到了言行一致、以行立言。当然，我们也不能忽视思想道德建设的重要性，要发挥良好的意识促进实践发展的作用，培养出品学兼有、言行一致的新时代优秀大学生。

第五，对于感性和理性统一的规律，我们要理解并体谅大学生在生活中一些不理性、冲动的行为，给予更多的包容而非批评、更多的关爱而非指责。让大学生拥有更多的热血与初心，保持本真与善意。而且我们一定要对大学生进行理性的教诲与引导，使大学生以更加成熟的观点看待这个世界，增强自我的辨别能力，做到不盲从、不丧失自我判断力。

第六，对于个体与集体对立统一的规律，我们要鼓励大学生拥有自我意识、独立思考的能力，同时也要更多地弘扬集体主义精神，让个体的创造力和独立精神服务于团队的建设与创新，让团队的力量与凝聚力为个体创造出更广阔的平台与发展空间，使两者相互补充、相互完善，消除对立与冲突。

参考文献

［1］陈洪尧. 学生成长规律及其遵循对策研究［J］. 思想理论教育导刊，2018（4）：151-154.

［2］陈国祥. 大学生成长成才规律探索：双螺旋理论［J］. 黑龙江高教研究，2009（9）：37-39.

［3］刘湘顺，李梅. 大学生思想变化的新特点及教育对策［J］. 学校党建与思想教育，2018（22）：66-68.

［4］林伯海，张军琪. 当代大学生成长规律探究［J］. 思想教育研究，2017（8）：43-48.

［5］卢黎歌，王福益，周辉. 遵循大学生思想成长规律推进高校马克思主义大众化［J］. 思想教育研究，2012（1）：54–58.

［6］马立新. 新疆少数民族大学生思想行为特点及教育对策［J］. 东北师大学报（哲学社会科学版），2012（5）：260–262.

［7］史向军，张琼. "90后"大学生思想行为特点与高校思想政治教育方法［J］. 重庆理工大学学报（社会科学版），2013（1）：72–75.

［8］苏明，陈华. 当代大学生的思想特点及教育对策初探［J］. 技术与创新管理，2008（6）：643–645.

［9］孙志德. 马克思主义人学视域下大学生人格成长规律探析［J］. 中国成人教育，2016（24）：37–39.

［10］万美容，曾兰. "90后"大学生思想行为特点及其引导策略［J］. 学校党建与思想教育，2012（22）：10–13.

［11］万美容，胡咚，曾兰. 湖北省"90后"大学生思想行为特点实证分析报告［J］. 学校党建与思想教育，2013（24）：20–24.

［12］万美容，夏博艺，曾兰. "90后"大学生思想行为特点及其影响因素—— 一项基于"90后"大学生视角的质性研究［J］. 思想教育研究，2013（10）：52–56.

［13］万美容，胡咚，叶雷，曾兰．湖北省"90后"大学生思想行为特点实证分析报告［J］．学校党建与思想教育，2013（22）：15–18.

［14］王达品，寇红江，马驰知．当前首都大学生的思想特点及分析［J］．中国高等教育，2016（12）：35–38.

［15］王海建．"00后"大学生的群体特点与思想政治教育策略［J］．思想理论教育，2016（10）：90–94.

［16］王帅．改革开放以来大学生思想热点变化的特点与规律［J］．思想理论教育，2018（9）：102–107.

［17］王玺威．高等教育"大众化"背景下大学生思想特点及教育对策［J］．四川师范大学学报（社会科学版），2005（1）：243–244.

［18］曾淑文．探寻当代青年的思想特点与成长规律——评《90后大学生的价值观》［J］．当代教育科学，2016（19）：66.

［19］张绍平．当代大学生的思想特点及成因透析［J］．毛泽东思想研究，2006（5）：145–147.

［20］张建．遵循学生成长规律加强高校思想政治工作的若干思考［J］．思想理论教育导刊，2018（5）：153–156.

［21］朱洪革，曹玉昆，李微．大学生成长规律及创新人才成长特征的调查与分析——以农林经济管理专业为例［J］．黑龙江高教研究，2016（5）：25–28.

大学生思想变化轨迹探究[①]
——从"70后"到"00后"

周　琼

（经济学院）

青年大学生是社会中最活跃、最敏感的群体，大学生的思想是社会的风向标、晴雨表，他们的思想变化源于社会的变化，同样也影响到社会的变化。伴随着经济全球化以及改革开放的深入发展，大学生思想在不同历史时期呈现出不同的特点，探索大学生思想变化特点和规律，有利于增强高校思想政治工作的针对性和实效性，帮助大学生树立正确的世界观、人生观、价值观，促进大学生成长成才。

---

①　本文为中央高校基本科研业务费（三全育人）项目"大学生思想变化特点和规律研究"（项目编号：2722019SQY11）阶段性成果。

一、大学生思想的内涵及影响因素

（一）思想的基本内涵及特征

从字面意义上理解："思"字上为"田"，下为"心"，"心之田"；"想"字上为"相"，下为"心"，"心之相"。思想是人们内心想法的体现，代表了人们对事物的判断。在学界，不同的领域对"思想"的界定也不一样。在心理学领域，"思想"是心理活动的结果，包括了认知、情感、性格等心理特征。在思想政治教育领域，思想是人们对客观世界的认识，不仅包括理性认识，还包括感性认识，包括了一切对人的行为起支配作用的观念、意识等。综合思想的内涵和外延，我们可以将"思想"界定为人们在社会实践的过程中通过大脑对输入的外部客观世界的信息进行整合（汇总、分析、判断）后的产物。这个过程既包括了思维活动的过程，又包括了思维活动的结果，既有感性认识，又有理性认识。

从思想的定义可以看出以下特征。第一，思想具有主观能动性。思想能够指导人们的社会实践，在社会实践的过程中认识和改造世界。第二，思想具有现实可塑性。一方面，思想的形成过程受多种因素的影响；另一方面，面对同样的客观存在，人们在头脑中进行不同的加工就会形成不同的思想。第三，思想具有可预测性。客观存在的变化会引起思想的变化，因此可以通过客观存在的变化规律来研究思想的变化规律，进而对思想的发展做出预测。第四，思想具有阶段性。

思想的阶段性是由人生的阶段性和改造事物的阶段性决定的。人在不同的历史阶段会产生和形成不同的和具有历史特点的思想。第五，思想具有传承性。虽然思想的形成是一个发展变化的过程，但是人们在长期的反复的社会实践过程中验证并积累了正确的思想，这些正确的思想观念经过不断的吸收与转化，逐步形成了稳定的价值取向。

本文选取认识论作为大学生思想研究的核心内容，即主要从世界观、人生观、价值观、政治观、道德观五个方面分析大学生思想变化的特点与规律。

（二）大学生思想变化的影响因素

大学生的思想特点与社会是相适应的、统一的，他们的思想、意识体现着时代的特点。因此，研究大学生的思想特点，一定要坚持用辩证的历史观点进行分析，把他们放在特定的社会历史人背景中考察分析。总的来说，形成大学生思想特点的原因既有外部因素（经济、政治、文化、环境等），也有内部因素（生理、心理、年龄等）。

1. 外部因素

经济因素，具体包括经济基础、经济制度、经济政策、经济发展趋势等，经济基础决定上层建筑，经济发展直接影响大学生的思想变化；政治因素指宏观政策及相关政治运动的影响，包括政治事件、政治制度、政治文明程度、执政党威信等方面，政治因素对大学生的政治态度、政治立场和政治生活方式等具有重大影响；文化因素指文化环境及相关活动对大学生思想变化的影响，包括中国传统文化和国际外来文化等方面，文化因素对大学生的人生理念、世界认知、道德品质等方面具有重大影响；环境因素指家庭、学校等成长环境对大学生思想变化的影响，具体包括家庭环境因素和学校环境因素等方面，环境因素主要通过教育方式影响大学生的世界观、人生观、价值观、道德观等意识形态。总的来说，环境因素能与政治、经济、文化三方面因素形成合力，发挥协同性作用。

2. 内部因素

生理因素指大学生自身的生理构成等内部条件对思想变化的影响，具体包括观察力、记忆力、思维力和想象力等。生理因素对大学生的世界观、人生观、价值观、道德观、政治观发挥着持续性影响，是大学生思想变化的必要条件；心理因素指大学生自身的心理状态等内部状况对思想变化的影响，具体包括认知、情感和意志等方面，心理因素在大学生的心理动机需要、社会角色、责任心、自信心、事业心等方面起到重要作用。

二、大学生的思想变化轨迹

（一）"70 后"大学生成长背景及思想特点

"70 后"大学生指出生于 1970 年 1 月 1 日至 1979 年 12

月 31 日，普遍在 20 世纪 90 年代进入大学的大学生。他们的成长伴随着改革开放和中国社会体制转型，见证了改革开放过程中的重大转折。独特的成长背景形成了"70 后"大学生独特的思想特点和性格特征。

1. "70 后"大学生成长背景分析

从大环境来讲，1992 年邓小平南方谈话和"十四大"提出了社会主义市场经济理论，将对改革开放的讨论推上新的高度，中国初步确立了社会主义市场经济体制，国内生产总值从改革开放前的 15180.4 亿元上升到 100280.1 亿元，经济增速快，改革开放初见成效。同时，这一时期国际政治局势发生一系列变化：东欧剧变，苏联解体，西方掀起反共潮流。旧的世界战略格局被打破，新的世界政治局势开始形成。

同时，"供需见面，双向选择"的大学毕业生就业政策开始实施。政府也开始重视高校思想政治教育工作。思想政治教育工作者队伍建设不断加强，先后颁布了《关于加强高等学校辅导员、班主任队伍建设的意见》《普通高等学校辅导员队伍建设规定》等。

从家庭环境来讲，"70 后"大学生多数出生于多子女家庭，在家中受关注程度不高，兄弟姊妹关系影响了"70 后"大学生的情感体验和思维方式。在思维方式上，他们更重视集体利益。在情感体验上，他们更懂得与同龄人相处，擅长交往。在处事态度上，他们更独立自主，自理能力和责任感较强。

2. "70 后" 大学生的思想特点

世界观方面："70 后" 大学生普遍对马克思列宁主义、毛泽东思想持坚定态度，认为实践是检验认识正确与否的唯一标准。同时，社会竞争增大也使大学生中的宗教信仰现象呈波动上升趋势。

人生观方面：随着社会主义市场经济体制的确立和"供需见面，双向选择"就业政策的推行，大学生既追求理想，也考虑现实，既崇尚奉献，也关注个人利益。在人生态度方面，大学生表现出积极健康的人生态度，拥有崇高的人生理想。

价值观方面：价值取向由单一型向多元化发展，价值标准从以社会利益优先转向兼顾社会利益和个人利益。他们的人生理想趋向从崇尚螺丝钉精神、雷锋精神到同时注重他人和个人利益，将己身需求作为价值取向的一部分；职业选择上逐渐注重功利和实用。

道德观方面：具有爱国主义与集体主义精神，以及社会责任感和历史使命感，道德状况良好。不空谈理想，对道德的评判掺入具体利益标准。对社会的认识更为冷静，对私人领域道德观念的要求更为宽容。

政治观方面：具有坚定的政治立场、强烈的民族自豪感和较强的政治敏感度。他们对政治行为的思考更为冷静严谨，在政治参与中表现出积极参与、理智务实的特点。

（二）"80后"大学生成长背景及思想特点

"80后"大学生是指出生于1980年至1989年、普遍于1998年之后就读大学的人群。"80后"大学生视野开阔，思维活跃，家国情怀显著提高，对中国特色社会主义道路的自信心倍增，同时积极参与各项政治事务。但受多元文化的冲击，价值观呈现多元化趋势。

1."80后"大学生成长背景分析

从大环境来讲，这一时期我国改革开放愈加深入，经济发展成果显著，人民生活水平由温饱过渡到小康。全球化进程加快，互联网发展迅速，对社会发展产生了巨大影响。1994年，我国开始试行高等教育"并轨"招生，1999年高校扩招，中国高等教育由精英型逐步实现向大众化转变。作为高层次文化聚集地，大学汇集国内外历史上优秀文化思想，并被大学生所共享。当代社会中现代文化交流越发开放，很多西方学术著作被翻译到国内，生活在文化前沿阵地的大学生会第一时间接触到这些优秀文化精华。当西方多元思想开始冲击大学校园时，对传统文化观念的冲击极为明显，极大影响了大学生人生观、价值观。

独生子女政策的实施使20世纪80年代出生的人成为真正的"独一代"。"4—2—1"的家庭模式让他们从小就得到大人无微不至的关心和爱护，过着衣食无忧的生活。虽然拥有比父辈更多、更好的物质条件，但因为没有兄弟姊妹而普遍精神孤独。良好的家庭生活条件和教育条件使他们不需要承担学习以外的责任，但由于父母关注的目光以及全部的希望都投向他们，也让他们也有了前所未有的压力。

2."80后"大学生的思想特点

世界观方面：对马克思主义以及中国特色社会主义道路的前景有着明确而坚定的信仰。大学生重实践，重科学方法论，相信机遇与风险并存，勇于尝试高风险、高收益的活动。

人生观方面：对人生有着积极的规划，更加关注精神领域的满足，呈现出健康的心理状态。但由于经济全球化迅速发展，各种社会思潮碰撞，部分大学生的人生观出现偏离，沉迷于低俗文化，幸福认知严重偏移。

价值观方面：视努力学习为个人使命，能够将个人的发展目标与社会价值、政治价值、道德价值结合起来，体现出强烈的家国情怀，努力寻找个人成长诉求与社会发展需要的平衡点。

道德观方面：中华民族的传统美德、无私的集体主义精神在他们身上得到了很好的体现，但也呈现出鲜明的时代特点，他们更加关注发展现代文明的道德观念，社会公德认知水平呈现出分化和互利化倾向。

政治观方面：整体较为稳定，且呈现积极向上的态势，但也呈现出不同的特点。一是对于政治较为敏感，但不愿意关注或投入政治生活；二是对于一些敏感政治话题，往往保持克制，不盲目投入政治活动，不容易被煽动；三是在政治观念上呈现出务实色彩，不再热衷政治理想，而是权衡个人得失。

（三）"90后"大学生成长背景及思想特点

"90后"大学生是指在1990年至1999年出生，在2008年之后就读大学的人群。这一时期的大学生，自我实现意识强，社会责任感与使命感较弱，出现实用主义、个人主义的苗头。价值观愈发多元，在传统文化与流行文化之中偏向选择流行文化。

1. "90后"大学生成长背景分析

从社会大环境来看，改革开放的洪流、市场经济的建立和巩固、信息化潮流以及全球化浪潮等构成了"90后"的经济成长背景。中国经济表现出自由、开放、可持续发展的态势，社会经济环境活跃，经济高速度增长，国际地位不断提高。

同时，随着改革开放的深入和经济全球化的发展，大量外国文化传到中国，多元文化使"90后"大学生个性张扬、开放和独立。他们独立自主、不轻易苟同，乐于用充满个性色彩的"非主流"来昭示自我、博取社会关注。此外，"90后"大学生还创造了众多网络流行语来刻画、描摹他们的内心，并出现了"网络红人"等。

从家庭环境来看，"90后"大学生大多家庭富裕，缺少经济独立意识。且"90后"大学生家庭普遍为独生子女家庭，没有物质压力，缺少自力更生的能力。

2. "90后"大学生的思想特点

世界观方面：大多数"90后"大学生的主流世界观仍然是积极的、唯物的，坚持唯物主义的立场，表现为崇尚理性，勤于思考，不迷信、不盲从，但也表现出矛盾、困惑甚至激烈的冲突。

人生观方面：务实而理性。成长在物质生活优渥的时代，有更多的机会和更高的平台挖掘自身潜力，发展个人能力及爱好特长。但受经济发展和外来思潮的影响，实用主义、权势主义、拜金主义、过分强调自我中心等消极倾向也出现在了部分大学生当中。

价值观方面：中国经济转型使"90后"大学生具有竞争、效率、自由等市场经济观念，主体意识和竞争意识显著增强。择业时更强调自我价值，重视自我发展。他们既不反对传统文化，也不排斥外来文化，倡导"古今中外"文化大交融。"消费应有计划"仍为主流消费观念，但有部分"90后"大学生将消费程度与个人身份地位的彰显挂钩。这反映出不少"90后"大学生认可"负债消费"或"超前消费"。

道德观方面：自我实现意识强、社会责任感弱，维权意识过强使其个人责任感缺失；过度强调权力获得，往往忽略义务履行。

政治观方面：能够保持与我国主流意识形态一致，拥护中国共产党领导，支持党的基本路线、方针和政策。但部分人崇拜权力，在大学生就业的选择上把公务员作为首选。

（四）"00 后"大学生成长背景及思想特点

"00 后"大学生是指在 2000 年之后出生，在 2018 年之后就读大学的人群。他们思想开放度与包容度高，对精神的个性化需求强烈，具有旺盛的爱国热情及强烈的社会使命感，务实与理想并存，个人主义倾向明显。

1. "00 后"大学生成长背景分析

从社会大环境来看，这一时期中国特色社会主义市场经济蓬勃发展，物质生活极大丰富。"00 后"大学生在衣食住行之上更个性化，对中国的经济发展抱有强大信心。国内政治环境清明稳定，政治事务透明度、公开度较高。中国在国际事务中话语权逐渐加重。传统文化有复苏趋势，流行文化被商业化过度包装呈现出世俗化倾向，如选秀、综艺等。但这些流行文化中的相当一部分不为年长者所理解，使 00 后大学生与之前的世代存在一定隔阂与矛盾。

从家庭环境来看，"00 后"大学生多出生于"4+2+1"家庭，多为独生子女，饱受溺爱，缺少兄弟姐妹的陪伴，社会化与群体化过程较慢；且带有明显的个人主义倾向，认为自我成长才是奉献自我以服务社会宏伟目标的基础。在处事态度上，他们独立能力较差，心理抗压能力较弱。"00 后"大学生童年课业负担较重，从小埋下了实用化教育的种子，综合技能素质有所提高。

2."00后"大学生的思想特点

世界观方面：对党和国家的信仰，对中国特色社会主义道路的认知立场较为坚定。但部分大学生受互联网时代不良信息影响，出现文化认同感较弱及西方主义崇拜的现象。

人生观方面：有着务实而明确的目标，奋斗意识、拼搏意识强，把体面的工作生活视为理想，在挫折面前选择现实的一面，同时又具有极强的个性化与叛逆性。

价值观方面：多元化的价值观成为"00后"大学生的标签。在公共与个人价值观方面，带有较强的个人利益优先情结。在职业价值观角度，实用化与功利化成为职业价值观的明显特征。在婚恋价值观方面，恋爱观念开放，思想包容度高。

道德观方面：具有良好的社会历史使命感与社会责任感。对道德低下、破坏社会公德的行为更难容忍，对法律的改进渴求尤为显著，具有较强的理想化的正义感。

政治观方面：爱国热情旺盛，民族自豪感强烈，政治立场坚定。积极参与政治，具有较强的主人翁意识，政治素养与政治敏锐度达到各个时代的顶峰。

三、把握大学生思想变化特点，提高高校思政教育实效性

习近平总书记提出，青年的价值取向，决定了未来整个

社会的价值取向，而青年又处在价值观形成和确立的时期，抓好这一时期的价值观养成十分重要。高校思想政治教育作为培养、引导青年价值取向的重要手段，进入自媒体时代后遭受巨大挑战，急需转换思维，探索新方法。

（一）将学生个性差异作为高校思政教育因材施教的依据

要始终遵循一般规律与个体差异相结合的教育原则。高校思想政治教育不仅要遵循大学生成长和发展的一般规律，而且要针对不同大学生群体的不同情况进行针对性教育。通过调整思想政治理论课课程设置，优化师资队伍，创新教学形式，运用现代载体，激发和增强思想政治教育的活力。注重大学生在思想政治教育过程中的主体性，可以提高思想政治理论课和日常思想政治教育的针对性和有效性。

（二）将榜样教育作为高校思政教育的新核心

首先，内化榜样精神，变理解为认同。学校要通过班会、板报、橱窗、网络、影视、广播、节庆会演等多种途径持续性地开展常态化、普及化的榜样教育工作，不断发现榜样、宣传榜样，形成人人争当榜样的良性循环。其次，践行榜样精神，变认同为行动。学校要鼓励广大学生对榜样行为进行常态化模仿，普及各种志愿活动，将大学生对榜样的简单模仿进一步转化为较为复杂的实践活动，例如文明礼仪活动、保护环境活动、爱粮节水活动、公共秩序维护活动、送温暖献爱心活动、特殊群体帮扶活动、"三下乡"社会实践活动等，促使广大学生运用榜样精神指导实践活动，通过常态化、普及化的实践活动进一步巩固榜样精神。最后，外化榜样精神，变行动为习惯。学校在持续性地开展各类榜样教育活动的同时，要时刻关注学习者的思想动态，及时肯定学习者的先进行为，广泛发现学习者中涌现出的新榜样，通过学榜样活动的常态化、普及化，使大学生真正成为中华民族传统美德的传承者、社会主义道德规范的实践者、良好社会风尚的创造者。

（三）将"三微一端"微媒体作为高校思政教育新载体

首先，正视微媒体，认可大学生个性发展新载体。微媒体对当代大学生来说是一把双刃剑，一方面，它的确给当代大学生提供了一个全方位、多层次的知识交流平台和情感交流空间，不少大学生利用微媒体获取了课堂上和书本上学不到的知识和宝贵的人生经验，并且建立了广泛的人际关系和社会关系网络，实现了自身修养的提升和社交能力的增强；另一方面，微媒体中五花八门、良莠不齐的讯息，自由随意、主观臆断的评论，脱离现实、易于成瘾的沟通方式也使部分大学生沉溺其中、价值扭曲、萎靡消沉。处在成长期的当代大学生追求时尚、彰显个性是符合他们身心需求和个性特征的，不必将微媒体看成洪水猛兽而围追堵截，对于长时间沉溺网络、热衷于发表消极言论的大学生要化堵为疏，积极教育，加强引导。

其次，监管微媒体，净化大学生个性发展新环境。一方面，政府、学校及相关部门要对微博、微信进行严格监督和规范管理，对发送和传播不良或有害信息的行为要坚决查处，净化大学生的微媒体使用环境。另一方面，发掘和培养一批政治可靠、学习优秀的大学生骨干担任微博、微信意见领袖。通过对骨干领袖进行正确引导，让他们用自己的价值观念和思维方式去影响周围的大学生，起到正面的舆论引导作用，营造有利于大学生健康发展的博文环境。

最后，巧用微媒体，拓展大学生个性发展新途径。一方面，高校要开通官方微博平台，定期发布国家时政要闻、社会突发事件和学校热门话题，发挥"微博议政"的作用，鼓励大学生和教职工踊跃发表观点见解，并进行正面的舆论引导，加强学校、教师和学生之间的交流与沟通。另一方面，要建立班级微博、微信群，由辅导员担任管理员，及时关注大学生的微博、微信朋友圈，迅速了解当下大学生的兴趣爱好和思想动态，有针对性地进行正面引导和教育。同时，还可以围绕社会、学校及大学生自身发展的热点问题举办微博大赛，征集微小说、微电影、微访谈等各类微媒体作品，以作品的粉丝数目、评价次数、转发频率等为评价指标，结合学校综合审核，评定奖项，引导大学生健康使用微媒体，促进个性发展。

参考文献

［1］余双好. 当代社会思潮对高校师生的影响及对策研究［M］. 北京：中央编译局出版社，2012.

［2］宣兆凯. 中国社会价值观现状及演变趋势［M］. 北京：人民出版社，2011.

［3］梅萍. 当代大学生生命价值观教育研究［M］. 北京：中国社会科学出版社，2009.

［4］杨业华. 当代中国大学生核心价值观研究［M］. 北京：人民出版社，2011.

［5］王建华，柯杨. 未成长的世界——当代大学生思想状况调查分析［J］. 社会，1985（1）：11-18.

［6］共青团江苏省委. 学潮以来大学生思想的演变［J］. 青年研究，1988（4）：15-17.

［7］于双祥，刘元璋. 当代大学生政治观中立现象的成因［J］. 青年研究，1992（5）：42-44.

［8］孙爱春. 在历史的转折点上——当代大学生思想状况、特点和变化规律研究［J］. 山东农业大学学报（社会科学版），2001，3（4）：106-110.

［9］徐德斌，公桂芬. 试析当代大学生思想变化的特点［J］. 长春大学学报，2003，13（2）：69-70.

［10］武艳萍. 影响当代大学生思想状况的原因探析［J］. 中北大学学报（社会科学版），2005（4）：10-13.

［11］万美容等．湖北省"90 后"大学生思想行为特点实证分析报告［J］．学校党建与思想教育，2013（10）：15–18.

［12］沈壮海，肖洋．2016 年度大学生思想政治状况调查分析［J］．思想理论教育导刊，2017（1）：108–113.

开启"立德树人"户外运动体育思政教育课程课外锻炼实践新模式

张　杰

（体育部）

高校体育"立德树人"思想政治教育，承担着培养合格建设者和可靠接班人的重大使命。

党的十八大以来，以习近平同志为核心的党中央高度重视高校人才培养工作，反复强调高校要把"立德树人"作为根本任务，紧紧围绕"立德树人"这个根本任务深化高等教育改革创新，不断提高人才培养质量。

2002 年教育部印发的《全国普通高等学校体育课程教学指导纲要》指出，要因地制宜开发利用各种课程资源，充分利用江、河、湖、海、沙滩、田野、森林、山地、草原、雪原、荒野等条件，开展野外生存、生活方面的教学与训练。教育部于 2019 年颁发的《加快推进教育现代化实施方案（2018—2022 年）》指出，大力加强体育美育劳动教育。加强劳动和实践育人，构建学科教学和校园文化相融合、家庭和社会相衔接的综合劳动、实践育人机制。2020年5月，教育部印发了《高等学校课程思政建设指导纲要》的通知文件。

针对"立德树人"户外运动思政教育课程，我们开展了一系列富有挑战且具有艰险性和困难性的运动技术项目，包括岩降、山涧溜索、搭建帐篷营地、夜晚宿营、野炊生火做饭、山涧徒步和负重行军、急救知识运用，以及走访大别山红色纪念地"武汉抗战第一村"——姚家山，参观新四军、八路军红色纪念地博物馆，体验当地民俗民风；升国旗、唱国歌、党员面对党旗重温入党誓词；篝火晚会唱红歌、校歌；讲、听革命前辈战斗故事、看红军战斗电影及跳民族舞蹈等。以"爱国心、报国情、强国志"为主题，弘扬老一辈革命家的吃苦耐劳、不屈不挠、志同道合的革命精神，积极培养学生践行社会主义核心价值观，坚定民族自信，团结协作、勇往直前、拼搏向上的精神斗志。

多年来，在校际、校地联合和与兄弟院校（中国地质大学、湖北大学）探索与组织实施"体育思政户外运动教学模式"上积累、交流、分享了一些经验。与中国地质大学（武汉）"户外运动"专业教师、教练团队协作，共享教学资源和教学基地，结合党支部书记"双带头人"工作室和校"一院一品"党建品牌工作的开展，充分发挥了高校与地方（乡村、红色纪念地、革命老区、乡村党组织）的桥梁纽带作用，把党的教育方针、政策、精神实质和红色革命老区、乡村政治面貌讲出来、用出来，传播给身边的学生，真正做到体育"立德树人"思政精准实践育人，得到教育部巡视组和校领导的肯定，受到学生追捧。

一、创新思政教育形式，提升思政教育实效

（1）聚焦"一流大学体育"教育、教学质量，坚持"立德树人"根本任务，着眼把"户外运动"课程和学生思想政治教育有机融合。通过把户外运动教学与传承"爱党、爱国、红色教育、革命传统教育"相融合，白天进行户外运动技能教学，晚上开篝火晚会、讲故事。如讲"红色故事"中体现的中国共产党人的初心和本色，当年红军在缺吃少穿、生死攸关的时候，还想着老百姓的冷暖，不畏艰险，由此使学生理解什么是中国共产党领导的人民军队。今天，我们重温这些故事，仍然倍受感动。要用好这样的红色资源，讲好红色故事，唱好革命歌曲，搞好红色教育，让红色基因代代相传。

（2）深入挖掘体育户外育人课程和教学中蕴含的思想政治教育资源，打造一批有体育特色的思政美育类、劳动类课程，帮助学生在体育锻炼中享受乐趣、增强体质、健全人格、锤炼意志，在美育、劳动、思政教学中提升审美素养、陶冶革命情操、温润心灵、激发创造与创新活力，全面提高高等学校体育教学质量和人才培养质量。"让莘莘学子合着时代节拍在党旗下成长"的主题舞蹈、啦啦操展演活动表明，思政教育无不体现在户外体育锻炼活动、体育赛事与生活点滴上，

体育老师用体育元素为党旗增辉、为国旗增色。

（3）把理想信念与专业、职业素养相结合。创新开展教师党支部或学生党小组"户外运动"红色教育主题实践，结合民族复兴、国家富强、新时代新作为的思想政治教育要求，充分发挥教师、教练、学生党员和入党积极分子的引领带头作用，延伸扩展"户外运动"课程的组织、方法、内容以及形式的政治性、知识性、趣味性。打造协同育人平台。依托课外实践教学平台，培养学生的"双创"能力。把社会主义法治国家建设实践的最新经验和生动案例带进校园学习和体育课堂教学中；积极探索"政、产、学、研、用"五位一体协同创新发展模式。

（4）把专业领域与社会需要相结合。工商旅游管理专业研究生发起"新时代·中国说和户外运动大学生心得说"比赛，选拔大学生走上"形势政策"的讲台，讲述所学专业、所在领域的发展动向和自身专业为社会进步、国家发展所能带来的贡献；推出"体育强国"课、"国球思政课"和"中华武德""华夏体育文化精髓"课，开讲示范微党课"国乒奋进路、体育强国梦"，引导学生从自我价值实现的"小我"向为国家和人民服务的"大我"转变。

（5）建设高等学校高水平的校际、校地联合的"体育育人和育才"人才培养体系，联合校学工部、校团委等部门，将优良教师团队的思想政治工作建设贯通其中，抓好体育实践课程思政育人鲜活案例的融通建设，发挥好各高校专业教育和思政教育"两张皮"的作用。全面提升广大体育教师开展课程思政建设的意识和能力。以爱党、爱国、爱社会主义、爱人民、爱集体为主线，围绕政治认同、家国情怀、文化素养、宪法法治意识、道德修养等，重点优化课程思政内容供给，系统对学生进行中国特色社会主义和中国梦教育、社会主义核心价值观教育、法治教育、劳动教育、心理健康教育、中华优秀传统文化教育。坚持不懈用习近平新时代中国特色社会主义思想铸魂育人，引导学生了解世情、国情、党情、民情，增强对党的创新理论的政治认同、思想认同、情感认同，坚定中国特色社会主义道路自信、理论自信、制度自信、文化自信。

二、教学模式探索创新，实地情景教育加实践体会

教学采用理论与实践相结合，分批次、分班、分团建小组的方式依实际计划进行，运用相关多媒体影像资料辅助教学。

案例一：探访革命圣地　筑牢灵魂根基——参观姚家山"武汉抗战第一村"红色教育基地。

"我志愿加入中国共产党……为共产主义奋斗终生，随时准备为党和人民牺牲一切，永不叛党。"在一排革命先辈群雕前，面对鲜艳的党旗，党员骨干同志再次重温入党誓词，齐声向党表达自己由衷的敬意。参观新四军第五师陈列馆，真实感受了革命先烈当年坚持革命斗争的氛围。同学们在大

量历史图片和珍贵文物前驻足，仔细聆听每一个感人而悲壮的战斗故事，通过展室里的文字、图片、实物样品等了解了新四军第五师在抗战时期百折不挠、骁勇善战的光辉历史。

姚家山被称为武汉抗战第一村，曾经是一个贫穷的偏远老区。如今这里已经成为远近闻名的红色教育基地，在政府的大力扶持和帮助下，村民们生活富足，家家住新楼，走出了贫穷，再不是昔日的旧模样。

案例二：在前往黄陂杨树堰户外教学基地的校车上，教练和同学们在党员教师带领下唱红歌及我校校歌；晚上篝火晚会观看《上甘岭》《不能忘却的伟大胜利》《钢铁是怎样炼成的》等电影。

案例三：带领学生分班、分组负重行军（走小红军路）和山涧徒步；体验岩降、山涧溜索、搭建帐篷营地、夜晚宿营、生火做饭等，培养学生不屈不挠、克服困难艰险、团结协作、勇往直前、拼搏向上的精神斗志。同学们深切感受到互助友爱、帮扶济困的力量，无论是对自然环境的认识，还是人与自然的关系、人与人的关系、人与社会的价值关系，以及学生理想信念的形成，都彰显了体育"立德树人"户外运动教育党建引领实践改革具有非常现实的意义。

案例四：利用微信平台传授红色正能量。开展师生线上线下思想交流活动，播放一分钟自我介绍和学习心得体验视频，通过谈学业、谈生活、谈思想、谈未来，引导学生表达对抗疫英雄、红色纪念地的崇敬；通过了解民俗民风、人物访谈等形式开展"牢记校史校训，传承红色基因"教育活动，提升知校、爱校、荣校意识，培养主人翁精神，坚定理想信念，站稳人民立场，练就户外、野外生存的过硬本领和身体素质，提高思想境界，在祖国最需要的地方书写新时代人生华章，投身强国伟业，以"牢记使命，爱国力行"。

三、"红色思政综合训练与体会分享"纳入评价体系

"立德树人"体育思政教育课程实践新模式的教学实践育人项目，以习近平新时代中国特色社会主义思想为指导，以体育思政协同育人为平台，依托校地、校际专业课外实践教学平台，大力培养学生的"双创"能力。如政法系、公安刑侦专业、工商旅游管理专业、马克思学院等与有关国家机关密切实践合作，通过"法律助理""体育法实践"直击观摩、"铁人班""星火班"进校园、"疫情防控对话校园体育"等实践项目，把社会主义法治国家建设实践的最新经验和生动案例带进校园学习和体育课堂教学中；积极探索"政、产、学、研、用"五位一体协同创新发展模式，推进"户外体育思政运动锻炼"拓展、协同、创新，以改进体育课外教育、教学模式，调整课程难度，增加育人实效与思想性、趣味性，打造"户外运动思政"精品案例课程。

"户外运动"课程结业考核安排了"不忘初心跟党走，青春筑梦新时代"学习感言和主题发言等活动内容，把思想

政治教育参与度、红色教育参与分享情况纳入评分体系。这是对教师思政教学能力和学生学习效果及综合素质的全面考核、评分。

本项目课题组 2018 年获中南财经政法大学教师党支部书记"双带头人"工作室授牌建设，2020 年参加中央高校教育教学改革和中南财经政法大学特色党建品牌建设立项，2020年 11 月获得中南财经政法大学课程思政优秀案例一等奖。

目前，"户外运动及野外生存锻炼"课程思政及特色党建品牌活动与中国地质大学（武汉）户外运动专业教师、教练团队协作、共享教学资源，并结合党支部书记"双带头人"工作室开展工作，在大别山、黄陂等革命老区建有教学实践基地。三年多来，"户外运动"课程思政与特色党建品牌活动融合创新主题教学实践模式，发展成为体育课中"立德树人"教育的好平台，有近 1000 名本科生、研究生、4 名博士生和 60 名党员参加课程学习。学校从党委组织部、教务部门和体育部门对本课题研究给予政策、经费及管理保障等支持。体育部"双带头人"教师党支部书记工作室和校学工部、辅导员工作站、团委积极合作，初步建设并开拓了"思政引领"课程创新工作意识平台，积极沿着正确的思想政治教育方向，踏实践行教育改革举措，得到学校多方面的大力指导与鼓励。

四、结论与建议

（1）开启"立德树人"户外运动体育思政教育课程课外

锻炼实践新模式的教学实践育人，是高校学生"立德树人"教育的好平台、好形式，受到学生追捧、学校鼓励。

（2）红色资源蕴含着革命历史、革命精神、革命文化，大力整合挖掘、运用红色资源开展户外运动，把思想政治教育和身体教育结合在一起，实现互补，是大学生德育和体育工作融合的有效途径。而且二者在培养大学生良好意志品质方面有相通之处，红色资源所蕴含和弘扬的大别山精神、红军精神等优秀民族精神，也是户外运动、野外生存所需要的。湖北大别山区革命旧址、战斗遗址、红军小道等丰富的红色资源，又有户外运动所必须的崇山峻岭、森林、河流、湖泊等，为运用红色资源开展户外运动教学提供了得天独厚的条件。

（3）统筹构建和完善体育课程"立德树人""红色元素"传承的全面覆盖、类型丰富、层次递进、相互支撑的课程思政教改方案、教学大纲、教学案例、教学课件等内容。

（4）加强教师团队建设，打造高水平的校际、校地联合"体育育人和育才"人才培养体系，联合校学工部、校团委等部门，将优良教师团队的思想政治工作建设贯通其中，抓好体育实践课程思政育人鲜活案例的融通建设。

（5）保证户外训练器材与场地、人员配套完善，及时对户外运动器材进行维修保养，杜绝安全事故发生概率，加强安全责任监督检查，使户外运动教学安全得到最好的保障。同时，应有各种应急处理解决方案，建立相应的户外运动保障体系，完善户外运动教学的规则和措施。

今后还将召开"立德树人"体育思政课程和体育教育教学主题研讨会，与其他兄弟院校及我校学科学院（工商旅游管理学院、马克思主义学院、公安刑事侦查学院等）一起，推动高校新时代人才培养工作协同发展，发挥体育思政的教育作用，培养德智体美劳全面发展的新时代人才。

参考文献

［1］教育部关于印发《高等学校课程思政建设指导纲要》的通知教高〔2020〕3号［Z］. 2020-05-28.

［2］胡达道，阳芸. 优秀红色教育资源在大学生户外运动中的运用研究——以井冈山为例［J］. 广州体育学院学报，2019，39（6）：30-33.

［3］李志双，吴国峰. 户外教育理念下高校体育课程构建的研究［J］. 当代体育科技，2015，5（30）：106-107.

［4］秦文佳，吴明星. 以党建引领立德树人根本任务［J］. 党政论坛，2020（1）：62-64.

"三全育人"视域下研究生思想政治工作协同育人机制研究[①]

——以中南财经政法大学为例

李　颖　陈长军

（外国语学院）

习近平总书记提出，要坚持把立德树人作为中心环节，把思想政治工作贯穿教育教学全过程，实现全程育人、全方位育人。[②]党的十九大以来，各大高校都聚焦于实现"三全育人"。研究生思想政治教育是大学生思政工作中的短板，属于研究生教育中亟待加强的薄弱环节，研究生导师、辅导员育人功能的发挥都受到不同程度的制约，构建新时代研究生导师与辅导员协同育人的新机制还任重而道远。如何让二者更好地发挥协同

---

① 本文系 2020 年度中央高校基本科研业务（三全育人）项目（编号 2722020SQY16、2722020SQY22）成果。

② 习近平总书记在全国高校思想政治工作会议重要讲话［EB/OL］．［2016–12–18］．http：//www.xiahuanet.com/politics/2016–12/08/c–1120083340.htm.

作用，共同促进人才培养，是提升研究生教育质量，深化研究生教育改革，落实立德树人任务的基本途径。

一、研究生思想政治工作现状及问题探析

最新统计的相关数据显示，2016 年至今，我国硕士研究生报考人数持续增长，每年增幅近 20%，2020 年硕士研究生报考人数已经达到了史无前例的 300 余万人，招生人数增加 18.9 万，招生规模超过 110 万。可以预计，在接下来的若干年内，研究生招生规模还会持续扩大，研究生的培养工作，尤其是思想政治工作会成为高校面临的重大难题。现阶段各高校虽设立了研究生辅导员岗位专职管理研究生，但辅导员德育工作重说理轻体验，往往流于形式，内容单一，学生接受度较低，教育效果具有局限性，成为目前研究生思想政治教育工作的瓶颈问题。

为了更好地掌握现阶段高校研究生导师与辅导员对研究生的思想政治教育情况，笔者以中南财经政法大学外国语学院、法学院、统计与数学学院、工商管理学院等学院的研究生及导师为调查对象，通过问卷、电话咨询以及网上查询等方式进行了调研，总结如下。

（一）调查对象

本次调研主要针对外国语学院、法学院、统计与数学学院、工商管理学院等学院的研究生及导师群体，共发出了 1000 份调

查问卷，回收有效问卷 832 份，有效率达 83%。在调查对象中，硕士研究生共 719 人，女生 452 人，男生 267 人；硕士生导师113 人。样本在年龄、年级、性别、专业等方面分布均匀、比例适当。

（二）问题分析

在对回收的数据进行汇总、整理的基础上，笔者对研究生思想政治教育工作现状进行了分析，主要存在以下几个方面的问题。

1. 辅导员对研究生思想政治教育影响力欠缺

在此次调查中，118 位研究生在遇到学习或者生活上的困难后倾向于求助朋友，102 位选择找家人倾诉，分别有 302 位和 197 位倾向于求助导师和辅导员。从调查结果来看，研究生往往更重视专业技能和学术能力的提高，除了朋友、家人以外，跟导师的联系较辅导员更为密切，辅导员对研究生思想政治教育的影响力不足。目前多数研究生辅导员来源于高校毕业的硕士研究生，且相当一部分辅导员不是本专业背景，这就间接造成了研究生对辅导员的认同感较低，信任度不高。

2. 导师对研究生思政工作重要性认识不足

调查结果显示，67% 的导师认为其主要职责是指导研究生学习、科研；23% 的导师认为思想政治教育跟自己关系不大，应归属于辅导员职责范围，只有 10% 的导师认为导师也应担负学生思想政治教育的责任。导师在对自己研究生进行培养的过程中，侧重于学生科研能力和学习实践能力的培养，或多或少会忽略学生的思想政治教育。另外，由于研究生招生人数逐年增加，研究生导师负责的学生人数越来越多，同时导师还要兼顾自身的教学、科研等任务，在研究生的思想政治方面缺乏系统性教育和引导，实际工作中容易引起学生的曲解，导致研究生思想政治教育滞后。

3. 导师与辅导员合力育人意识缺失

调查数据显示，正常情况下，每学期内研究生导师与辅导员之间从未就学生思想政治教育进行沟通交流的高达64%，仅沟通过一次的占33%，沟通过2次的仅占3%，沟通2次以上的基本不存在。由于导师与辅导员的工作性质与岗位职能不同，研究生对两者的认同感也不同，这导致导师与辅导员之间缺乏共同育人意识。有些导师对辅导员的工作认可度不高，而辅导员觉得导师难以沟通，长此以往，辅导员和导师在无交流的基础上独自运行，互相不了解的情况使导师与辅导员难以达成合力育人的共识。

4. 相关管理考核制度缺位

现有观念认为，研究生思想政治教育是辅导员义不容辞的首要责任，但是对于辅导员的考核，仅仅集中在与学生相关的日常工作上，对于与导师协同育人没有明确的考核标准。对于导师的考核主要侧重于其自身的学术科研水平和教学任务等方面,对于是否参与学生的思想政治教育缺乏量化标准,相关考核制度还处于空白状态。管理考核制度的缺位导致导师和辅导员两个责任主体的职责分工不明确,角色定义模糊,难以在育人方面加强重视。

从上述调查结果和分析可知,目前高校的研究生教育培养、管理机制多是辅导员和导师双重指导,但在思想政治教育方面,目前两支队伍之间的合力不够,使学生工作的实效受到影响。鉴于此,应该分析各自优劣势,规范以导师为主体的责任制度,加强辅导员的队伍建设,明确导师和辅导员职责分工,加强双方沟通,探索建立一种新型的研究生思想政治教育协同育人机制。

二、"三全育人"视域下研究生思想政治工作协同育人的必要性

新时代下,研究生思政工作协同育人机制的构建具有重要的现实意义,不仅是"三全育人"理念的必然要求,而且对于推进高校的"双一流"建设以及研究生自身素质的提高都有着举足轻重的作用。

(一)是"三全育人"理念的必然要求

在研究生思想政治教育工作中,"全员育人"是对高校教师队伍提出的新要求,即全校所有教职员工都要成为育人的主体,研究生导师和辅导员作为高校教师队伍的重要组成

部分,不仅是"三全育人"的主体,也是协同育人的主体。"全程育人"要求将研究生的思想政治教育始终贯穿研究生培养的全部过程。"全方位育人"要求充分利用各种教育载体,例如校园文化建设、学校制度建设、教职工队伍建设等,将立德树人的根本任务落到实处。在研究生的教育培养中,研究生导师和辅导员有着一致的育人责任和育人目标,因此,建立导师和辅导员协同育人机制是新时期"三全育人"理念的必然要求,也是贯彻国家思想教育政治教育合作育人方针的一项重要举措。

(二)是推进高校"双一流"建设的现实需要

党的十九大报告提出,"加快一流大学和一流学科建设,实现高等教育内涵式发展"。[①] 高校"双一流"建设最紧迫的任务是培养出德才兼备、全面发展的高素质人才。而研究生思想政治教育工作是培养人才的关键,只有加强研究生导师和辅导员协同育人机制,才能提高研究生培养质量。培育研究生创新思维和综合素质,探索建立有中南财经政法大学特色的研究生创新人才培养体系,以更好地推进我校的"双一流"建设。

---

① 决胜全面建成小康社会 夺取新时代中国特色社会主义伟大胜利〔EB/OL〕.〔2017–10–27〕.http: www.xinhuanet.com/2017–10/27/c-1121867529.htm.

（三）有利于提高研究生的综合素养

研究生教育是代表一个国家或地区高等教育水平的重要标志，研究生是我国创新人才的生力军。随着研究生招生政策的变化，研究生人数与日俱增，研究生德育工作的难度也逐渐增加，思政工作成为决定研究生培养质量的关键因素。研究生导师和辅导员合力育人的机制不仅有利于高校研究生综合素养的提高，也可以在一定程度上促进研究生科研能力的提升，两者互为依托、相互促进，从而实现全员、全程、全方位育人，培养出具有创新精神的高素质研究生。

三、"三全育人"视域下研究生思想政治工作协同育人的途径

导师和辅导员作为研究生思想政治教育的重要力量，两者形成合力育人的格局，共同做好研究生的思想政治教育是当务之急。

（一）规范管理，建立导师为主体的责任制度

习近平总书记曾指出，教育是对中华民族伟大复兴具有决定性意义的事业。要充分发挥导师在研究生思想政治教育中首要责任人的作用，教书和育人是导师的两大基本职责。导师负有对研究生进行思想政治教育的首要责任。①

---

① 　关于加强和改进研究生德育工作的若干意见［EB/OL］.［2000-04-06］. http：//www.gov.cn/gongbao/content/2000/content_60419htm.

"师者，人之模范也"，导师的言行举止、言传身教对研究生的思想引领有着举足轻重的影响。导师不仅要完成"传道授业解惑"的基本教育职责，还要不断加强自身师德修养，提高道德水平和学术能力，对研究生开展有效的指导。高校要加强导师的师德师风教育，深入推进导师立德树人职责的落实。通过多种方式加强导师对德育工作重要性的认识，牢固树立导师"第一责任人"的观念，提升导师参与德育工作的业务能力，帮助研究生树立正确的世界观、人生观、价值观，培养研究生的时代责任感和历史使命感。

（二）深化学习，加强研究生辅导员队伍建设

研究生辅导员作为高校教师队伍的重要组成部分，是思想政治工作队伍的中坚力量，对研究生管理成效起着至关重要的作用。首先，在专职辅导员的选拔过程中，应多方面综合考量，不能仅着眼于业务水平和职业能力，其他方面如个人道德品质、性格特征等也应纳入考量范围，确保辅导员队伍的整体素质。其次，要致力于建设专职研究生辅导员骨干队伍。一是提高思想政治素质、道德素质、文化素质，做研究生健康成长的引路人。在具体工作中，研究生辅导员要加强党性意识，提高政治觉悟，认真学习贯彻党的十九大精神和习近平新时代中国特色社会主义思想，引导研究生坚定"四个自信"。二是加强学习，完善自我，提升职业能力，拓宽职业边界，积极参加经验交流活动，加强职业素养和个人能力。

（三）明确分工，完善合力育人制度建设

加强制度建设，完善育人制度，是研究生思政工作顺利展开的基础，也是思政工作发挥作用的重要保障。首先，高校要突破"重科研、轻思政"的现状，改变以导师学术水平和辅导员工作能力为唯一标准的考核制度，更新导师和辅导员考核标准，把导师和辅导员在研究生思想政治教育中发挥的作用纳入综合考核指标。研究生学工部门要参与导师队伍制度建设，对导师"第一责任人"的作用进行监督和评价。对辅导员的考核也需要综合量化，将学生的德育工作纳入考核指标，不能以学生工作作为单一的评判标准。

其次，奖惩制度对合力育人起着极大的促进作用。高校要多途径、多方式鼓励和引导导师参与思想政治教育工作，主动积极地承担起"第一责任人"的职责。例如，开展"研究生最喜爱的导师""最美辅导员"等相关荣誉的评选活动，并给予一定的奖励。将导师的科研经费、招生计划与德育情况结合起来，对日常德育缺位的导师，根据情节轻重情况酌情减少科研经费发放，以及缩减招生指标。奖惩结合在激发研究生导师与辅导员育人动力的同时，能促进协同育人机制的形成。

（四）双向沟通，增强合力育人积极性

首先，作为研究生思想政治教育的两支重要队伍，研究生导师和辅导员存在地位不同、话语权不平等的问题。辅导

员相对年轻、资历浅、学科专业知识薄弱、话语权较弱，而导师往往资历老、学术地位高，可能出现辅导员与导师沟通不对等的现象，这为建立导师和辅导员的双向沟通机制带来了困难。只有通过加强德育文化建设，将立德树人的理念根植于每一位思想政治工作者心中，提高导师和辅导员对思想政治教育工作的重视程度，才能消除隔阂，实现两支队伍的有效沟通，从而达到合力育人的效果。

其次，在新媒体迅速发展的时代，社会生活方式也发生了巨大变化，互联网已经成为必不可少的交流平台。高校应与时俱进，利用新媒体建立网络沟通平台，增强研究生德育工作的吸引力。例如，建立辅导员、导师微信群，创立公众号，让导师与辅导员及时、有效地沟通，通过立体评价充分、全面地掌握学生的思想动态。此外，辅导员可以利用党支部、研究生会、学生干部队伍等组织为载体开展工作；导师则可以将思政教育融入课堂教学和科研指导的整个过程，从"全程育人"方面有效推进思政工作的开展，真正形成协同育人、联动运行的良好机制。

在新形势下，研究生导师和辅导员协同育人，是实现立德树人根本任务的重要途径。二者育人方式优势互补，形成合力，有利于健全人才培养机制，提高研究生培养质量，构建"三全育人"新体系。

参考文献

［1］任丽洁. 研究生思想政治教育中导师与辅导员协同育人有效机制的探索［J］. 教育教学论坛，2018（40）：57-58.

［2］张胜利，凌鹄，丁彦. 思想政治教育视野下研究生导师育人作用研究［J］. 学校党建和思想教育，2018（7）：80-82.

［3］熊晓梅. 坚持立德树人，实现"三全育人"［N］. 光明日报，2019-02-14（6）.

［4］吴敏. 思想政治教育合力育人途径研究——辅导员与研究生导师视角［J］. 科学大众（科学教育），2018，1076（12）：148-149.

［5］覃祖聪. "三全育人"视域下高校思想政治工作改革路径研究［J］. 青年与社会，2020（20）：105-106.

［6］赵岩，周伟. 构建课程思政协同育人机制的思考探究［J］. 中国多媒体与网络教学学报，2020（10）：80-81.

［7］罗景静. 构建思政协同育人机制 增强传导主流意识形态针对性［J］. 青年与社会，2020（18）：3.

新时代爱国主义教育的思想内涵与实施路径

韩 桢

（新闻与文化传播学院）

2019 年 10 月、11 月，中共中央、国务院接连印发《新时代公民道德建设实施纲要》和《新时代爱国主义教育实施纲要》。前者强调以一般性的道德教育为基础，培养新时代公民良好的道德品质，后者强调对特定意识形态的认同和支持，具有较强的政治性。无论是一般要求还是特别强调，爱国对每个公民来说都是最基本的道德品质和政治觉悟。有了基本的政治觉悟才能以主流价值观建构道德规范、强化道德认同、指引道德实践；有了道德规范的指引才能提高思想觉悟，强化政治认同，抵御不良思想侵蚀。可以说，两份《纲要》在内容上相互交涉，逻辑上紧密相连。当前，中国特色社会主义建设进入新时代，进一步加强爱国主义教育对凝聚全民共识，积聚奋进力量，破除艰难险阻，消除风险隐患意义重大。新时代赋予爱国主义新内涵，要更准确地把握爱国主义教育的思想内涵，正确认识爱国主义教育实施过程中面临的困境和难点，以科学理论为指导，看清本质、明确主题、突出重点、坚持原则、讲求实效，把爱国主义教育落到实处。

一、爱国主义教育的新时代内涵

党的十九大报告指出，经过长期努力，中国特色社会主义进入了新时代，这是我国发展新的历史方位。新时代的历史定位之下，中国在实现自身蓬勃发展的同时，也面临着国际国内复杂的形势变化，特别是当前经济社会变革进入"深水区"，重点领域矛盾突出。在此历史定位下，爱国主义教育既需要赓续传统，更需要顺应新时代的要求。因此，新时代的爱国主义教育必然具有新的思想内涵，需要从本质、主题、重点、原则四个方面准确把握其科学意蕴，构建知、情、意相结合的立体化爱国主义体系，这是新时代爱国主义教育实施的认知基础。

（一）爱国主义教育要牢牢把握实现中华民族伟大复兴的时代主题

在几千年的文明长河中，爱国主义一直是中华民族的核心和主流精神，激励着一代代中华儿女为民族生存、发展前仆后继，也塑造了中华民族自强不息、勤劳勇敢的精神品格和道德风貌。可以说，爱国主义贯穿了整个中华民族的奋斗发展史。当然，爱国主义是一个历史概念，受到特定的时空限制，在不同社会制度、政治制度背景下有不同的形式和主题。尽管爱国主义有不同的形式和主题，但诸如"苟利国家生死以，岂因祸福避趋之""落红不是无情物，化作春泥更护花""黄沙百战穿金甲，不破楼兰终不还"的国家至上、为民奉献、开拓进取的精神内涵却一脉相承，延绵至今。在新时代，开展爱国主义教育要在赓续中华优秀传统的基础上，弘扬为实现中华民族伟大复兴中国梦不懈奋斗的时代精神。

习近平总书记指出，实现中华民族伟大复兴是近代以来中华民族最伟大的梦想。实现中华民族伟大复兴就是当前的时代主题，也是新时代爱国主义教育的鲜明主题。改革开放40多年，新中国成立70多年，中国共产党成立100年，中国发生了翻天覆地的变化，实现了从"站起来"到"富起来"的飞跃，并正向"强起来"稳步迈进。站在新的历史起点上，扎实开展脱贫攻坚、全面建成小康社会、实现"两个一百年"奋斗目标需要全国人民戮力同心，高举爱国主义伟大旗帜，坚定理想信念，不懈艰苦奋斗。

青年是实现中华民族伟大复兴中国梦的生力军，必须肩负起中华民族伟大复兴的光荣历史使命，因此面向青年开展爱国主义教育是时代之义。围绕"中国梦"的时代主题开展爱国主义教育，以中国故事、中国声音、中国力量、中国智慧、中国奇迹去感染青年，引导青年把个人成长、价值观养成同国家前途命运紧密相连，坚持人民至上理念，促使青年胸怀天下、矢志报国，成长为有理想、有追求、有担当的新时代爱国主义践行者。

（二）爱国主义教育要始终坚持爱国爱党爱社会主义高度统一的本质要求

《新时代爱国主义纲要》明确指出，当代中国，爱国主义的本质就是坚持爱国和爱党、爱社会主义高度统一。这是对爱国主义本质内涵的新时代升华。新时代爱国主义教育必须始终坚持爱国爱党爱社会主义的高度统一。

爱党是社会主义应有之义和新时代的必然要求。新中国是中国共产党领导的社会主义国家，中国特色社会主义制度的最大优势是中国共产党的领导，中国共产党是中国特色社会主义事业的领导核心。新时代推进中国特色社会主义伟大事业，实现民族复兴的伟大梦想，进行新的伟大斗争必须持续推进党的建设这一伟大工程。祖国的命运同党和社会主义的命运紧密相连，不可分割；党的领导与社会主义制度、社会主义事业密不可分，具有内在的一致性。爱党就是当代爱国主义最集中的体现。

爱国爱党爱社会主义不可割裂。爱党是爱国的更高要求，也是当代爱国主义精神的集中体现。只有坚持爱国爱党爱社会主义的高度统一，爱国主义才是鲜活真实的，任何企图割裂三者统一关系的思想都是错误的。新时代中国面临国际国内的复杂局势，改革发展进入深水区，重点领域矛盾突出，社会思潮多元化趋势出现，一些诸如"爱国但不爱党""爱国，不爱社会主义""我爱国，可是国家不爱我"的言论，一定程度上造成部分青年群体思想混乱。这些言论否定了中国共产党在团结和带领各族人民进行革命斗争、社会建设、改革实践过程中的领导地位，忽略了中国共产党来源于人民、扎根于人民、服务于人民的血肉关系，忽视了中国共产党在规模、宗旨、运行机制、实际作用方面与西方政治生态下的政治团体（party）的显著区别，颠倒了社会整体发展进步同部分领域个别矛盾的主次关系，没有用辩证唯物主义和历史唯物主义观点看问题。因此，新时代爱国主义教育必须用科学理论话语、鲜活真实案例、具体实践锻炼等形式，向当代青年充分阐释爱国爱党爱社会主义的高度一致性。

（三）爱国主义教育要以持续培育和巩固中华民族共同体意识为突出重点

新时代爱国主义教育必须坚持以维护祖国统一和民族团结为着力点。当代青年必须扛起"国家统一、民族团结"的大旗，筑牢中华民族共同体意识，增强国家和民族认同感。

在长期的历史发展过程中，中国逐渐形成了以汉族为主体、多民族相互融合发展的多元一体格局，各民族独特的文化、艺术、习俗如一粒粒璀璨明珠，构成了灿烂悠久辉煌的中华文化瑰宝。近代以来，各民族在中国共产党团结和带领下为新中国建立、社会主义建设、新时代伟大实践积极贡献力量，进一步强化了主权国家意识，增强了民族认同感，形成了牢不可分的中华民族共同体。对中国这个多民族国家来说，民族团结对维护国家主权和领土完整，建设社会主义现代化强国，实现中华民族伟大复兴具有十分重要的意义。

近代中国饱受列强欺凌，领土主权不断受到侵害，各民族为实现自身解放、争取国家独立自主进行了顽强不屈的斗争。新中国成立至今，在维护国家统一方面坚守底线、灵活斗争、敢于"亮剑"，同陆上十几个邻国划清边界，对台湾问题、南海主权问题不断提出建设性意见，对"涉港涉疆涉藏"等主权利益进行坚决维护，最大程度地凝聚了全国各族人民共识，争取了国际上大部分国家和地区的理解和支持，取得了相当大的成效。

新时代爱国主义教育必须继续坚定信心，下定决心，持续培育和巩固中华民族共同体意识，坚决同任何民族分裂势力、侵犯主权行为斗争到底，维护国家民族团结和繁荣稳定大局。

（四）爱国主义教育要坚持立足中国、面向世界的实践原则

习近平总书记在纪念五四运动100周年大会上的讲话指出，新时代中国青年，要有家国情怀，也要有人类关怀，发扬中华文化崇尚的四海一家、天下为公精神，为实现中华民族伟大复兴而奋斗，为推动共建"一带一路"、推动构建人

类命运同同体而努力。可以看出，我们提倡的爱国主义不是狭隘的民族主义，不是大国沙文主义，我们提倡的爱国主义既需要深厚的民族情怀，也需要宽广的国际视野。

立足中国、面向世界就是既要保持中国鲜明的民族特色，又要敞开胸怀拥抱世界。在发扬和赞美中华民族优秀传统文化、认同和发展革命文化和社会主义先进文化的基础上，提升作为中华民族后裔的自豪感和作为中国公民的自信力，以平和、包容、自信、理性的心态去开展对外交流沟通，在保持民族文化特性的前提下，从其他文明汲取智慧和营养，进一步完善自身，促进世界和平发展，推动人类命运共同体建设。

在新冠肺炎疫情防控期间，国内曾出现地域歧视的现象，国际上至今还存在"意识形态明显敌对"的言行。这些不和谐现象提醒我们，在培养爱国主义情怀和世界胸怀同时，需谨防西方历史虚无主义、极端个人主义、狭隘民族主义思想的侵蚀，树立正确的国际主义观念和国际担当意识，提高警惕，不妄自尊大，也不固步自封，以深厚的民族情怀和宽广的国际视野来确定新时代爱国主义的基调和格局。

二、当前爱国主义教育面临的问题与挑战

（一）教育话语缺乏现实性，降低了爱国主义教育亲和力

随着互联网和人工智能时代来临，社交媒体日益发达，

多媒体融合发展趋势明显。生活在融媒体时代的青少年群体对教育形式、话语内容、方法手段有着自己的见解和期待。目前，传统教育在形式、内容、手段上和融媒体时代的要求之间尚存差距或需要进一步磨合，爱国主义教育存在话语时代感不强、内容说服力不足、形式创新度不够的问题。

1. 话语时代性不强

一是教育话语缺乏解释力。传统的爱国主义话语模式较为单一且保守，一般以灌输式话语为主，用"名词解释"的方法向教育对象讲授什么是"爱国主义"，为什么要"爱国"等程式内容，没有与社会现实、时政热点、日常生活、中华文化紧密结合，缺乏形象性和时代性，说服力也稍显不足。二是教育话语缺乏亲和力。传统的讲授主体一般具有官方属性，其话语形式往往给受众带来刻板和严肃的感受。比如在大学的思政课堂，教师的说教式教学缺乏温度；传统媒体表达刻板，缺少年轻人熟悉的"网言网语"，缺乏足够的吸引力。

2. 内容说服力不足

传统爱国主义教育话语内容的理论和政治色彩较为浓厚，和实际生活联系度不高，不容易引起受众在爱国主义思想上的共鸣。一是话语内容发展相对滞后。以高校思政课为例，有学者对 2014—2018 年高校思想政治理论课建设进行问卷调查，在思政课教学内容改进方面，超过 75% 的调查对象认为应加强与现实联系，超过 60% 的调查对象认为应联系社会热点。二是话语内容科学性不足。新时代青少年是网络的原住民，在互联网思维的长期熏陶下呈现认知碎片化、思维开放性、自我中心化的显著特征。传统的爱国主义教育话语不能很好地把握这些规律特征，科学性不足，引导方法失范，造成青少年对爱国主义话语的认同不足或理解偏差。

3. 形式创新度不够

新时代互联网信息技术的高速发展给信息传播方式带来了极大变革，信息传播不再受绝对的时空限制，话语内容具有即时性、灵活性和丰富性的特征，话语形式具有多样性、可变性和交互性特征，话语主体和受众之间的界限甚至不再明显，传统爱国主义教育形式已跟不上时代发展速度。一是话语传播方式单一或与时代结合度不高。比如，思政课堂上教师简单借助多媒体设备进行说教式授课，话语内容仍然抽象，难以引起学生足够兴趣。二是缺乏沉浸式、体验式教育互动。讲授内容的时代性再强，讲授主题的情感再有温度，终究只是单向的知识传输形式，受众没有亲身体验或经历，终究无法拥有最真实的感受和直接的认知。传统爱国主义教育仍然缺乏受众直接参与、亲身体验的形式，比如无法运用虚拟现实、增强现实、混合现实等新技术、新产品，生动活泼地开展网上爱国主义教育，无法通过沉浸式、参与式体验增强教育实效。

（二）教育环境面临复杂性，减小了爱国主义教育向心力

新时期，中国面临着国际局势风云变幻、国内形势深刻复杂的境况，其中蕴含的风险和挑战，难度系数丝毫不亚于先前的革命和改革。正如习近平总书记所说，中华民族伟大复兴，绝不是轻轻松松、敲锣打鼓就能实现的，这揭示了中国复兴主线任务的曲折性和艰巨性。爱国主义教育紧扣时代主线，同样面对国际国内复杂环境的干扰和挑战。

1. 意识形态领域斗争加剧

我国成为世界第二大经济体之后，与国际社会一道深化了政治、经济、文化等领域的合作，在国际舞台中日益发挥重要作用。但是以美国为首的西方世界，出于意识形态的固执和偏见，始终对中国心存警惕和敌意，害怕中国崛起冲击了既有的国际格局进而损害其利益，通过各种手段干扰、破坏中国安全稳定局面，阻挠中国战略发展进程。随着中国综合国力和世界影响力不断增强，西方世界通过军事威慑、经济制裁、政治孤立等手段对中国实现绝对压制的局面已不可再现，转而迂回采用文化输出、宗教渗透、扶植代理等更具隐秘性的手段，企图对中国进行和平演变。"涉疆涉藏涉港"问题上的政治操弄，环境、劳资、人权等问题的互联网炒作充分说明意识形态领域斗争的隐秘性和残酷性。西方"分化""西化"中国的政治图谋一直不曾改变，很容易导致青

少年思想混乱，影响三观并最终丧失对中国政治、制度、文化、道路的自信，这给爱国主义教育的开展带来了很大挑战。

2. 社会改革发展领域矛盾突出

2019年我国人均国民总收入突破1万美元，进入中等收入国家行列。与此同时，"中等收入陷阱"问题也愈发受到关注。"中等收入陷阱"指一个国家的人均收入达到世界中等水平后，往往处于各类社会矛盾集中爆发阶段，容易诱发社会动荡、思想混乱。中国虽然不至于滑落"中等收入陷阱"，但仍需警惕。党的十九大报告指出，中国社会主要矛盾已经转化为人民日益增长的美好生活需要和不平衡不充分的发展之间的矛盾。在国内经济社会深刻变革的大背景下，由于市场经济规则、政策法规、社会治理还不够健全，重点领域矛盾突出，潜在风险交互共生，各项短板弱项亟需补齐补强，治理效能尚未完全发挥。如何引导青少年客观理性看待社会发展进程，避免产生极端思想，是爱国主义教育需要关注的地方。

3. 多元文化教育思潮此起彼伏

在信息时代的助推下，全球化进入新阶段，虽然出现一些"潜流""逆流"，但持续深化、推进势不可挡。全球化发展过程中，各种文化、思潮、价值观碰撞交融，相互影响，给人们的生活方式、思想观念、价值取向带来了多方面影响。西方节日文化在国内青年群体中流行，伴随而来新自由主义、个人主义价值观在青年群体中蔓延，造成反权威、反体制和推崇过度自由、个人至上的现象，进而陷入历史虚无主义、文化虚无主义、极端自由主义、民粹主义陷阱。青年群体对这些思潮的本质分辨力不高，对内容了解度不够，对危害警惕性不足，往往造成自身思维混乱，在外部因素的诱导下逐步产生对当前制度、体制、权威的质疑，进而全盘否定中国，使自己的爱国主义信仰崩塌。

（三）教育载体缺乏综合性，弱化了爱国主义教育感染力

教育载体是连接爱国主义教育主体与受众的纽带，它通过不同形式将信息传达给受众。在互联网的助推下，融媒体时代的到来为爱国主义教育实施提供了多种平台和不同可能。然而，传统爱国主义教育实施载体相对比较单一，缺乏深度综合运用，不能实现融合创新，网络、传媒、新兴技术载体的作用未得到充分发挥，导致爱国主义教育的感染力不强。

1. 爱国主义教育载体相对单一，缺乏深度挖掘

传统爱国主义教育对互联网、新媒体平台的运用不够，在青少年群体中流行的文化社区、短视频直播平台很少看到爱国主义教育实施者入驻，或者即便借助了这些平台也是"换汤不换药"，并未达到青少年的预期，最终也少人问津。

2.爱国主义教育载体之间缺乏融通创新

当前爱国主义教育载体之间缺乏联动，少有积极运用微博微信、社交媒体、视频网站、手机客户端等传播平台，用适合网络传播的网络文学、微电影及动漫、有声读物、网络游戏、手机游戏等形式开展爱国主义教育。网络载体的趣味性、便捷性、丰富性在爱国主义教育中并未得到很好体现。

（四）教育方法缺乏实践性，减弱了爱国主义教育吸引力

1.实践教育方法运用频度较低

爱国主义教育面向全体人民、聚焦青少年，要发挥好课堂主渠道作用，办好学校思想政治理论课。目前，爱国主义教育思想政治理论课常用的教学方法有理论教育法、比较教育法、实践教育法，但在实际教育过程中仍不能摆脱单向理论灌输的束缚，实践教育方法运用频度较低，因而教学内容吸引力不够，效果也大打折扣。

2.实践教育方法与受众综合发展关联度不高

爱国主义教育理论的阐释说明固然重要，但需要创新话语形式，运用鲜活的案例对其进行解释说明，最终外化到具体行动中。青少年面临心理调适、择业就业、自我认同等现实需要，爱国主义教育需要关联这些现实，将教育同实践意识养成、就业择业规划、健康心理管理有机结合起来，通过

社会实践、劳动教育、团体辅导、实地考察等形式引导青少年保持自信阳光的心态、树立崇高远大的理想、认同祖国的文化制度、投身爱国强国事业。

三、新时代爱国主义教育的实施路径

新时代爱国主义教育的实施要认清爱国主义思想的内涵，在构建知、情、意相结合的立体化爱国主义体系的基础上，把握中华民族伟大复兴的主题，认清爱党爱国爱社会主义高度统一的本质，突出维护国家统一和民族团结的重点，践行立足中国、放眼世界的原则。同时，要充分认识到当前爱国主义教育面临话语权威受到挑战、教育环境复杂多变、教育载体综合性不强、教育方法实践度不高的现实问题，重点从厚植爱国之情、砥砺爱国之志、实践报国之行三个维度拓展爱国主义教育实施路径。

（一）依托现实热点解读，厚植爱国之情

1. 聚焦爱国主义本质，增强社会主义政治制度认同

一是中国共产党的领导是中国取得举世瞩目成绩的根本政治保障。新中国成立70多年来，中国共产党带领全国人民披荆斩棘、砥砺奋进，改革开放、社会主义现代化建设、全面建成小康社会取得了辉煌成绩；深化改革、污染防治、脱贫攻坚扎实开展，取得重大成效；抗击"非典"、救灾抢险、

全国战疫交出合格答卷，创造了令世界刮目相看的"中国奇迹"，使中华民族比历史上任何时候都更接近伟大复兴的目标。这一切都有赖于中国共产党坚强的领导力、高效的组织力和强大的向心力。二是社会主义制度集中力量办大事的优势在工程建设、应急处突、综合保障方面充分体现。中国"天眼"、港珠澳大桥、055型万吨大驱的建设完工；新冠疫情爆发后，各省市对口支援湖北，"火神山""雷神山"医院的火速落成；防汛救灾中的跨区协调，都集中体现了中国制度在速度、规模、效率方面的显著优势。

2. 坚持人民至上理念，树牢中华民族共同体意识

一是坚持以人为本，践行群众路线。人民是历史的创造者，中国共产党来源于人民群众，中国特色社会主义事业必须依靠广大人民群众，最终也要为人民群众谋幸福。这是爱国主义教育必须坚持的人本理念。2020年恰逢脱贫攻坚决战决胜之年，即使在疫情阴霾的笼罩之下，党和政府也多措并举，统筹推进疫情防控和经济社会发展工作，是"以人文本"的生动写照。二是筑牢中华民族共同体意识。中华民族是一个共同体，各民族"你中有我，我中有你，谁也离不开谁"。在疫情防控中、全面建成小康社会中、实现中华民族伟大复兴道路中，各民族手挽手、肩并肩，共同奋进。爱国主义教育要让每一个人明白各民族是休戚与共、共荣共损的，必须把各民族的命运同整个中华民族的命运紧密联系在一起。

3. 做好文化发展传承，实现主流价值观洗礼塑造

文化自信是一个民族发展中更深沉、更持久的力量。爱国主义教育要在赓续优秀传统文化基础上弘扬新时代特色社会主义文化。一是要继承和弘扬中华传统文化精髓。中华传统文化中的"爱国""利义""仁爱""勤俭"思想是爱国主义教育的宝贵财富。中医、中药、诗词、书画、美食中都体现着传统文化的魅力。爱国主义教育要发挥传统文化的强大精神力量。二是要认识红色革命文化的内核。在长期的革命建设中，我们积累形成了长征精神、延安精神、载人航天精神、抗洪精神、奥运精神，不同时期精神虽有不同的内涵，但其内核都包括爱国主义精神。三是重视社会主义先进文化。社会主义核心价值观是社会主义先进文化的精髓，弘扬社会主义核心价值观，发展社会主义先进文化，广泛凝聚精神力量，扩大社会群体共识，对新时代爱国主义教育意义重大。

（二）聚焦文化氛围营造，砥砺爱国之志

1. 涵养包容、理性、平和、自信的心态

一是增强大局意识教育，凝聚主体共识。要引导青年群体用客观理性的眼光看待社会发展进程中的问题，学会分清主流和支流。比如，新冠疫情防控暴露了我国在应急管理、公共卫生、国家储备等方面存在的不足，特别是一些地方政府在社会治理中存在官僚主义、形式主义等突出问题，缺乏

大局意识等。这些问题的存在无法掩盖中国取得的成绩，更不能否定中国的政治制度。二是适度迎合青年群体话语期待。要适当用青年人喜闻乐见的形式传达主流价值观，更好地发挥融媒体时代各类传播载体的传声作用。"国家宝藏""中华诗词大会"等文化趣味节目，《雾山五行》《那年那兔那些事》等优秀国漫，"哔哩哔哩""AcFun"等网络社区，VR、AI、5G等新兴技术，为新时代爱国文化氛围的营造提供了良好开端和不同可能。

2. 分辨、识别和抵制不良思潮

一是要果断批判错误思潮，增强价值引领。新时期多元思潮泛起，西方意识形态涌入国内，割据主流价值观阵地，削弱了爱国主义教育话语权。诸如"洁洁良""许可馨"事件在网络发酵，"恨国党""洗地党"发布不当言论，造成恶劣影响。爱国主义教育必须旗帜鲜明批判和抵制这些论调，用事实正视听，用真相破谣言，讲好中国故事，传递中国正能量。二是要设置相应的信息缓冲区。要建立协同高效的舆论引导机制和情绪疏导机制。既要做到权威信息准确及时发布，又要运用技术手段对信息进行筛查，确保受众接受的信息真实有效、正向积极、客观全面，引导其做出正确判断和定位。

3. 树立榜样典型，提升共情能力

一是选取的榜样要具有时代性和层次性。以往爱国教育

的榜样多为历史人物，当代典型较少且宣传范围较窄，广大青年群体难以感同身受并形成情感认同。因此，要注意树立、宣传现实生活中的先进人物或群体，结合具体事迹开展爱国主义教育。比如宣传防疫、抗洪一线的"90后""00后"白衣天使、战士、志愿者的感人事迹，推动青年群体共情心理生成。二是宣传报道要具有设计性和感染力。要将爱国主义教育立意与改革开放、脱贫攻坚、疫情防控等重大主题、社会热点与青年关注点紧密联系起来，聚焦不同人物在不同场景中的鲜活形象、真情流露、真实记录，引发青年关注。

（三）突出实践养成导向，实践报国之行

1. 重视爱国主义教育的实践要素

一是要进一步增强思想政治教育的实践性。爱国主义教育的立足点在于开展思想政治教育，把思想政治教育的理论性和实践性统一起来。一方面，要把实践教育理念深入思政教育课堂，引导教育对象认同实践教育观念，主动接触社会大课堂；另一方面，要坚持思政教育理论性和实践性相统一，精心组织和开展实践活动，做好追踪观察，评估教育效果。二是让先进事迹进入课堂，让模范人物走上讲台。营造爱国主义浓厚氛围要发挥先进典型的引领作用。思政教育课堂应选取典型案例、优秀事迹向学生直接展示和分享，有条件的可直接邀请英雄人物、模范代表、先进楷模走进讲堂，向青年讲授中国故事，传递中国声音，让爱国精神变得真实可见。

2.注重引导和发挥青年群体的自主性

一是要引导青年主动追求自身的全面发展。青年群体整体思维活跃、热情蓬勃，但也存在格局狭隘、视野短小的缺点，要通过理想信念教育、服务奉献教育、挫折教育、责任教育，让青年认识到自身的局限，并树立正确的就业择业、婚恋交友、创新创业、社会融入、老人赡养和子女教育观念，自觉把个人的成长发展同整个社会的发展进步结合起来，通过奋斗让青春在祖国最需要的地方绽放绚丽之花。二是要充分发挥青年的自主性。鼓励他们运用专业知识去解读社会问题，采用流行语言去解构社会热点，采取创新形式去传播主流价值观。让青年试着用自己的方式去认识和理解社会，逐渐形成对社会的正确认知和对主流价值观的内心认同，让爱国成为直接的朴素认知和自然的情感流露。

参考文献

［1］赵义良，马晨铃. 新时代爱国主义教育的理论定位与思想内涵［N］. 中国教育报，2020-03-26.

［2］佘双好. 新时代爱国主义教育的时代升华——学习《新时代爱国主义实施纲要》［J］. 学校党建与思想教育，2020（7）：5.

［3］中共中央，国务院. 新时代爱国主义教育实施纲要［N］. 人民日报，2019-11-13（06）.

［4］习近平. 在纪念五四运动100周年大会上的讲话［N］. 光明日报，2019-05-01（02）.

［5］肖怡. 新时代大学生爱国主义教育存在的问题及对策研究［D］. 四川师范大学，2020.

［6］刘晓亮，沈壮海. 关键课程发挥关键作用——基于2014—2018年高校思想政治理论课建设调查数据的分析［J］. 中国高等教育，2019（9）：29.

［7］黄锐. 新时代爱国主义教育，出版人的使命和担当［J］. 中国图书评论，2020（1）：114-116.

［8］张宗芳. 新自由主义对大学生爱国主义教育的不良影响及其应对［J］. 高校辅导员学刊，2020（2）：97-99.

［9］刘慧. 重大疫情防控中高校爱国主义教育的实现路径［J］. 学校党建与思想教育，2020（6）：25.

思政教育视域下的高校校史文化建设探析①

——以中南财经政法大学为例

马迪思

（宣传部）

一、高校校史文化与思想政治教育

国以史为鉴，校以史明志。著名学者章太炎曾说，不读史，则不知前人创业之艰难，后人守成之不易。一所大学在发展进程中的奠基创业、砥砺拼搏、耕耘收获，形成了它独有的人文精神和文化品格。校史是学校发展脉络的精华记录，普遍意义上的校史文化内容包括了高校的历史沿革、大学精神与文化传统、标志性历史事件和具有影响力的人物事迹等，

---

①　本文系 2020 年度中央高校基本科研业务费（三全育人）项目（编号 2722020SQY03）成果。

是高校师生人文素质教育和思想政治教育的生动教材。

校史工作是大学文化传承的重要组成部分，校史文化具有深厚历史底蕴和丰富文化资源，是学校在长期办学的历史实践中所创造的物质财富和精神财富，蕴含大量德育元素。校史本身对师生具备天然的归属感和亲和力，校史教育相对其他思想政治教育具有独特优势。

习近平总书记在全国高等教育思想政治工作会议上指出，做好高校思想政治工作，要更加注重以文化人、以文育人。作为社会主义精神文明建设的重要阵地，高校是弘扬先进文化的前沿，推进文化传承创新是其基本职能之一。校史文化是大学文化不可缺少的部分，将校史文化融入思想政治教育工作中，利用其独特性、时代性、亲和力等特征，充分发挥校史文化的育人功能，增强高校思想政治教育工作的吸引力、感染力、实效性和延续性。

二、高校校史文化的育人功能

（一）激发爱国爱校情怀

高校校史是学校创建、成长、发展的整体反映，是一所大学精神文化的沉淀。加强校史文化教育，一方面能促进学生对校史、校情的了解，增强对学校的认同感和归属感；另一方面，高校也是时代、国家发展的见证者，高校校史不同程度地反映了我国政治、经济、文化、社会等多方面改革发展的进程。由于不同学校办学目标、专业设置和地理位置的差异性，各高校校史都具有时代性和不可替代性。以中南财经政法大学为例，学校前身中原大学是邓小平、刘伯承、陈毅亲自创建的一所"抗大"式学校，诞生于解放战争的炮火声中。随着革命征程的步伐和时局需要，校址从宝丰迁至开封，再南迁武汉。新中国成立后，学校全面转轨，迈向专业化办学，尽管创建之路条件艰苦，但一直未曾中断办学。后来，学校经历了发展过程中的几度分合，在坎坷中继续开拓人民教育事业。进入21世纪，国家经济快速发展，学校也驶进了高速发展的快车道，先后入选"211工程""985优势学科创新平台"，位列"双一流"建设高校。学校70余年的发展描绘了新中国高等教育的历程，也折射出国家富强、民族振兴的伟大进程。在这一进程中，不同阶段的师生都为建设中国特色社会主义伟大事业做出了积极贡献，留下了爱国爱校的动人事迹，因此学校发展历史本身就是大学生思想政治教育最生动、最鲜活的素材。从这个意义上说，高校校史教育不能局限于学校本身的奠基创业、砥砺拼搏，还要上升到民族、国家的高度进行解读、感悟，理解其在时代变迁中应承担的历史责任，激发广大师生的爱国爱校意识，增强报效祖国的爱国主义熏陶。

（二）坚定理想信念

近代中国高等教育的发展是在中国共产党领导下艰苦奋

斗、不懈探索而取得的。从 19 世纪末创立的北洋公学到新中
国成立后全国高等院校大调整，再到 21 世纪初的合并浪潮，
在这一系列的发展变革中，诞生了许多具有红色基因的大学。
红色基因植根于中华优秀传统文化、革命文化以及社会主义
先进文化之中，与社会主义核心价值观所提倡的价值理念高
度契合。党的十八大以来，习近平总书记多次提及"让红色
基因代代相传"，强调要坚定文化自信、传承红色基因。中
国大学具有丰富的红色文化资源，红色校史就是具体表现形
式之一。挖掘高校校史中蕴含的革命文化和红色教育资源，
对师生传承红色基因，坚定社会主义文化自信、培养民族自
信心、践行社会主义核心价值观有着正向激励作用。

中南财经政法大学作为一所具有光荣革命传统、鲜明红
色基因的大学，其"应济时需、为国育才"的初心使命和扎
根中国大地办教育的实践与社会主义核心价值观是一脉相承
的。传承红色基因既是中南大的重要任务和独特优势，也是
办人民满意教育的精神支柱和力量源泉。将社会主义核心价
值观和校史、校情结合起来，用红色校史凝聚的精神来教育、
引导师生，有助于激励师生继承优良革命传统，坚定为实现
中国特色社会主义共同理想而奋斗的价值追求。

（三）塑造精神品格

高校校史文化所蕴含的大学精神和大学文化，塑造了
大学独有的精神气质和人文环境，其中包含的思想理念、

道德意识、价值观念，对师生的思维方式和行为方式有指导和规范功能，能在潜移默化中将学校精神内化为师生的文化素养，对大学精神的传承和师生综合素质的提升有积极影响。

大学校史不仅包括了大学的学科发展史，前辈先贤的奋斗经历、治学精神与道德风骨，更是校史资源的宝贵篇章。加强校史文化的传播，有助于师生认识所在专业的设立背景和发展历程，熟悉专业领域的先进思想和光辉业绩，明确学科在国民经济社会发展中的地位，提升自身的社会责任感。加强学术学科史教育，传承学科内涵，弘扬创新精神，有助于进一步提升师生的民族自豪感，增强对中华文化和社会主义先进文化的认同，牢固树立文化自信。

三、发挥校史文化育人功能的路径建议

（一）健全校史文化建设机制

发挥高校校史文化的育人功能，首先要健全校史文化建设机制。作为校史文化建设的主体，目前高校职能部门、院系之间存在各自为政的现象，客观上影响了校史文化融入思想政治教育的实效。高校要把校史文化建设作为一项系统工程进行整体规划，做好顶层设计和底层设计，把校史工作纳入学校发展规划和校园文化规划中。搭建校史研究的平台，将校史校情、院史院情的研究相结合，将校史与学科发展史

相结合，提供经费和人员支持，动员多方力量参与校史文化研究，有针对性地把师生、校友、离退休老同志纳入校史研究团队或作为研究顾问，调动师生校友参与校史校情教育的热情，落实全体师生校友作为学校历史的书写者、传承者和践行者的责任，发挥其在思想政治教育工作中的客体作用。中南财经政法大学通过开展校长讲"新生第一课"、校庆系列活动、校史讲解员大赛等形式，让师生员工参与到校史校情教育中，在育人过程中增强师生对校史文化的认同感，激发知校爱校情怀。

（二）挖掘校史文化的精神内涵

丰富的校史文化资源是充分发挥高校校史文化育人功能的前提和基础。在现有校史文化成果的基础上，高校相关部门和机构要继续发掘考证，不断收集完善相关资料，进一步丰富校史文化的精神内涵和校史教育的内容。特别要注意挖掘校史文化的时代意义，把校史校情和国情、世情结合起来，和学校的学科发展结合起来。高校校史涉及中国近现代史、党史、国史、学科发展史等方方面面的内容，应该结合学校的鲜明特色，把学"四史"与校史挖掘有机结合，进行宣传教育，构建独具特色的校园文化环境，以增强高校师生的文化认同。要将校史文化中的育人元素引入思政课程建设，做好校本课程开发，利用校史的资源优势和情感优势，发挥校史文化在提升思政课程教育教学质量中的作用，提升立德树人的育人实效。

中南财经政法大学在校史资源的深度挖掘、提炼和阐释上做出了有益的探索，进一步丰富了学校校史文化的基因图谱。一是立足本校红色文化资源，开展中南大红色基因传承工程，推出"一歌、一课、一堂、一剧、一书、一片、一行、一基地、一课题、一专栏"的"十个一"文化成果；二是组织编纂出版《中南财经政法大学学科学术发展史》《先贤文集》等系列丛书，面向全校教师党支部启动"不忘建校初心、牢记育人使命、弘扬学科精神"研究项目，鼓励对学科精神进行挖掘和宣传，多措并举增强师生对"博文明理 厚德济世"校训和大学精神的价值认同；三是在建校70周年之际发布《中南财经政法大学校史》、宣传片、校歌等系列文化成果，扩建校史博物馆，与宝丰县委党史研究室合作对学校红色历史进行深度挖掘，邀请知名校友、学科带头人讲述校史院史学科发展史、畅谈"中原故事"，挖掘师生校友中的各类典型，让社会主义核心价值观在学校发展的历史和现实中找到明确的指向。

（三）创新校史文化的传播载体

事实上，许多高校都很重视对校史文化的梳理和保存，编撰了校史文献和其它相关文化成果，但传播效果不甚理想，这与传播载体传统、单一，不符合受众尤其是当代大学生的阅读习惯有关。现有校史文化的主要实体呈现为校史博物馆和编年体的校史、校庆宣传片，传播方式仍以传统媒介的图片展览、文字介绍为主，影响了师生尤其大学生接受校史文化教育的积极性和主动性。要发挥校史文化的育人实效，首先要提升校史教育和校史宣传的吸引力与感染力。要运用新媒体、新技术使工作活起来，推动思想政治工作传统优势同信息技术高度融合，增强时代感和吸引力。新媒体时代，要不断创新校史文化的传播载体，拓宽宣传教育形式，将新媒体技术与校史文化的表现形式融合，传播更直观、更具体、更生动的素材，将校史文化形象鲜活地呈现在师生面前。

中南财经政法大学通过全媒体平台推出"岁月如歌红色校史故事"专栏，生动讲述了"难忘6.24""中原大学仍存一脉在军中"等校史故事，通过考证发掘了中原大学医学院、武汉疫情期间的中原大学老校友"看夕阳爷爷"等事实，校史文化在云端传播、共享的形式受到广大师生的欢迎。此外，学校在校园内为首任校长范文澜、第二任校长潘梓年塑像，加强校史人文景观建设，丰富和完善了校园人文素质教育的物质文化建设。

参考文献

［1］中华人民共和国教育部. 习近平在全国高校思想政治工作会议上强调：把思想政治工作贯穿教育教学全过程 开创我国高等教育事业发展新局面［EB/OL］.［2016-12-08］. http：//www.moe.edu.cn/jybxwfb/s6052/moe838/201612/

t20161208291306.htm1.

　　[2]王冬梅. 校史在思想政治教育中的育人功能及实现路径探究[J]. 陕西教育，2015（11）：19-21.

　　[3]刘星安，郑宇钧. 高校校史文化思想政治育人功能及实现路径探析[J]. 经纬理论，2017（1）：282-293.

　　[4]徐满，曹艳. 高校校史文化的思想政治教育价值探析[J]. 教育界，2017（21）：53-54.

　　[5]赵林林，顾炜，司献英. 全方位育人背景下高校校史育人路径创新研究[J]. 兰台世界，2018（3）：80-83.

　　[6]蒋旻. 发挥高校校史文化的思想政治教育功能探析[J]. 教育教学论坛，2017（1）：34-35.

　　[7]林秋琴，王晶晶，程莉. 利用校史探索大学生思想政治教育有效性探析[J]. 思想政治课研究，2014（1）：20-24.

　　[8]邱艳，缪爱英. 高校校史资源文化育人的统合性研究[J]. 安徽农业大学学报（社会科学版），2019（7）：134-140.

以"三全育人"指导大学生
爱国主义教育

胡万松　袁可馨

（学生工作部）

面对国际新形势，大学生爱国主义教育的质量提升势在必行。2019年底，中共中央、国务院出台了《新时代爱国主义教育实施纲要》，根据新时代爱国主义的新要求，本文从大学生爱国主义教育的重要意义、面临的问题开始谈起，以"三全育人"为指导思想，结合经验典型，提出了"全员全程全方位"改进大学生爱国主义教育的意见与方法。

一、大学生爱国主义教育的重要意义

（一）历史意义——接好前辈的火炬，扛稳新时代的红旗

纵览古今，无数风险与挑战从未遏制住中华民族的生命

力，以爱国主义为核心的民族精神薪火相传。列宁将爱国主义称为"千百年来巩固起来的对自己的祖国的一种最深厚的感情"。[①] 现如今，世界舞台风起云涌，尤其是新冠疫情爆发后，可以预见以美国为首的西方世界对中国的围堵和颠覆将愈演愈烈，国内外形势有恶化的风险，国家安全面临空前严峻的挑战，国家在政治、经济、文化、信息等方面面临的发展压力和阻力日益增强。这要求国家抓紧建设一支政治合格的高素质青年人才队伍，为中华民族复兴提供强大的动力。加强青年爱国主义教育的任务十分紧迫。生长在和平国家，我们的大学生不能居安忘危，要接好前辈的爱国主义火炬，扛稳新时代的红旗，如此才能"在改造中国、改造世界的拼搏中迸发出排山倒海的历史伟力！"[②]

（二）理论意义——爱国主义教育纲领聚焦青少年

2019 年 11 月中共中央、国务院出台了《新时代爱国主义教育实施纲要》，相较于 1994 年的《爱国主义教育实施纲要》，中国已经进入新时代，中华民族伟大复兴正处于关键时期，爱国主义教育面临的内外环境、形势任务发生了很大变化，迫切需要对新时代爱国主义教育进行战略谋划，做出全面部署。其中，新《纲要》聚焦培养担负民族复兴大任的时代新人，

---

① 中共中央马克思、恩格斯著作编译组. 列宁全集，第 28 卷［M］. 北京：人民出版社，1990：168-169.

② 2019 年 5 月 1 日习近平在纪念五四运动 100 周年大会上的讲话。

提出"青少年是爱国主义教育的重中之重"。当代大学生是即将走上"世界战场"的时代新人，对他们的爱国主义教育迫在眉睫。习主席强调把握住"拔节孕穗"的关键期，及时、适时地对青年进行爱国主义教育，为实现中国梦培养后备力量。爱国主义教育不是一劳永逸的，而应注重其持续性、系统性（以"三全育人"为指导的意义），这也正是新《纲要》发布的内生动力。

（三）实践意义——复兴之路上的民族凝聚力

在复兴道路上，民族凝聚力至关重要，要让中国青年能够心往一处想、智往一处谋、劲往一处使，爱国主义教育必不可少。

1. 在祖国统一问题上，爱国主义教育刻不容缓

随着世界形势的变化，国内外反动势力一次次将"港独""台独"推上台面。令人痛心的是，港台部分青年学生频频被利用，校园成为"港独""台独"思潮的重灾区。究其原因，与爱国主义教育的缺失有直接关系。以校园"港独"为例，因香港殖民时期的独特历史，港人尤其是青年一代深受殖民史观的浸染，崇尚西方政治价值和权利意识，对内地政治制度存有误解和敌意，对国家和民族的认同度较低。此外，香港和台湾教育界强行对历史课纲及教科书进行"去中国化"的修编，扭曲了港台青年一代的国家民族认同，使历史文化教育沦为政治工具，爱国主义教育严重缺失。当务之急是同

港台同胞一起正本清源，加强爱国主义教育，密切两岸青年的交流，让全国青年凝聚起来。

2. 抗击新型冠状病毒疫情，爱国主义成为有力武器

在抗击疫情中，我国人民展现了爱国主义的硬核力量，尤其是在校大学生，他们大多为"90后""00后"，在社会上起到了强大的辐散作用，能够理性分析、听从指挥，带领家庭迎战疫情，并积极参加志愿者活动。这就是不同阶段及各个方面的爱国主义教育培养出的有责任、有担当的中国青年，值得骄傲，也为今后爱国主义教育提供了宝贵资源。

3. 海外留学生的爱国主义教育

此次疫情中，还有一类学生成为公众的关注的焦点——留学生。在海外留学的青年学子更是肩负了特殊的使命，他们走出国门，接受了大量外来文化及价值观的影响，爱国主义教育不再实时环绕，他们还会将所学带回来吗？还是喊一声"科学无国界"就不再回头？习主席这样期望："希望广大留学人员继承和发扬留学报国的光荣传统，做爱国主义的坚守者和传播者……自觉使个人成功的果实结在爱国主义这棵常青树上。"[①]留学生的爱国情感纽带要尽早系牢，对海外留学生的爱国主义教育要让最本、真最浓厚的爱国情感，为祖

---

① 2013年10月21日习近平在欧美同学会成立100周年庆祝大会上的讲话。

国建设召唤回更多的优秀青年，让世界各地的中华青年凝聚在一起共筑祖国复兴之路。

二、当前大学生爱国主义教育面临的问题

（一）高校爱国主义课程开设问题

一是爱国主义教育课程设置不系统。一直以来，高校爱国主义课程多以附带形式出现，在国家规定的思想政治教育系列课程以及军事理论中融入爱国主义教育、单独开设爱国主义教育课程的高校凤毛麟角。此外，在已开设的思想政治教育课程中，爱国主义教育"蜻蜓点水"且集中安排在大一年级，导致学生在大学低年级因思政课程数量多带来较大课业压力，到大学高年级出现爱国主义教育课程空白的问题。

二是爱国主义教育课程效果不佳。现有的爱国主义教育（课程主要体现在思政课上）流于形式、千篇一律。许多课程安排把理论束之高阁，不愿具体了解学生的实际情况，让学生认为老师在台上"唱高调"，学校只在形式上注重爱国主义教育，从而对爱国主义教育形成"假""大""空"的印象，被动参与中，即使有价值的课程内容也很难入脑，更不入心。专业教师和辅导员是爱国主义教育活动的主要组织者和实施者，但他们的专业差异较大、教学水平参差不齐，这就可能导致授课者自身对大学生爱国主义教育的内涵认识不够、研究不深，加上受传统"你讲我听"的灌输式教学模

式影响，不仅难以引起学生们的共鸣和兴趣，还将学生本来朴素的爱国情感削减。久而久之，学生视本应神圣的爱国主义为抽象、空泛的口号并敬而远之，让爱国主义教育适得其反，这值得深思。

（二）高校爱国主义教育活动开展问题

除了理论课程的爱国主义教育外，以活动形式开展的爱国主义教育最具生动性、渗透性。然而，学校开展的爱国主义教育主题活动寥若晨星，使爱国主义教育浮于理论之表面。目前，高校爱国主义教育活动开展力度不强，高校校园内爱国主义氛围不浓；活动参与者大多是大学低年级学生，高年级学生的爱国主义活动几乎是空白；活动少有老师或专业人员指导，纪念馆与博物馆参观、爱国主义教育基地学习存在走马观花以完成任务的现象。鉴于此，高校爱国主义教育活动须丰富形式、持续开展、高质量开展，不能以形式化的"空架子"活动耽误学生时间，消磨学生的爱国热情。

三、以"三全育人"指导大学生爱国主义教育——结合国内外经验典型

（一）全员

1. 充分发挥课堂教学的主渠道作用

（1）爱国主义课程设置合理化。上文提到，当前爱国主

义教育主要融入了高校思想政治以及军事理论课程中，这些课程各有侧重，也有很多相联系的部分，但在实际教学中各个课程独立教学，关联效果不好。要充分发挥课堂教学的主渠道作用，就要从所有涉及爱国主义教育的课程整体来规划，通过"多课高效联动"推进爱国主义教育形式创新。开设一些独具特色的爱国主义教育类选修课程，如中国文化、国防教育等课程，也可以是爱国主义教育的推进器。这样的典型可以参照清华大学"将国防育人融入'三全育人'"的相关措施，清华大学规划了面向全体学生、必修与选修相结合的国防教育类课程体系，依托自身力量开设了"当代国防"等7门军事选修课。

（2）提高课堂教学效果。课堂教学要加强互动性，考虑到大学生的知识水平，丰富课程形式，避免用平淡的理论术语和宏大的叙述方式，要用事实说话。这就要求广大从事爱国主义教育的教师，不拘泥于传统的教学内容、教学方式，多下功夫，充分了解授课对象的特点，从爱国主义教育的需求端反思供给侧，充分利用新媒体叙述生动的故事，将理论生活化。同时真学、真懂、真信、真用，言传身教，为学生树立爱国主义的榜样，以德育人。这样的典型可以参照宁波大学鲍展斌教授的课堂，他的2000多件红色藏品成为提高课堂"抬头率"的法宝，课堂资源还通过视频的形式进一步传播。

2. 强化各渠道爱国主义教育建设

（1）发挥学生党团组织的龙头作用。学生党团组织是先进青年的聚集地，在各个历史阶段都发挥着重要作用。高校党团组织，是高校思想政治教育工作的传统载体。然而对于爱国主义教育，许多党团组织"不说不动"，只在上级组织下发文件后才组织相关活动，其目的只是在支部报告或评优中有材料可写，导致活动空洞、形式化，注重宣传而不重效果，活动内容简单照抄上级理论指示，形式老套。又因为组织者自身功利化倾向严重，不在活动内容下功夫，不考虑学生本身的需求，因此不受学生的欢迎。党团组织的领导干部应直面爱国主义教育在学生党团组织内的问题，杜绝"注重面子，不要里子"的现象，让学生党员、团员"真听、真看、真感受"，不要让学生党团组织成为空中楼阁。

（2）抢占学生社团重要阵地。在学生社团中开展爱国主义教育，有利于学生在教育过程中变被动为主动，增强积极性。各高校应鼓励、支持、引导各个学生社团开展具有社团特色的爱国主义活动，如国防知识竞赛、征兵宣传工作、军训助理工作、大学生基本军事技能竞赛、南京大屠杀死难者国家公祭日纪念活动、拜访建校离退休老同志、海军节纪念活动等一系列国防教育活动，使学生增强国防观念，掌握国防知识，树立爱国尚武精神和服务祖国、热爱人民的崇高思想。

（3）校内外联动。爱国主义教育并不局限于学校，它是依托社会、依托城市的，需要社会与学校的联合力量形成校内外联动。例如，各教育基地同高校联手，根据不同时期的需要，组织一些专题性展览或巡展、巡讲、座谈会等，把教育资源直接送到高校；举办类似全国大学生红色旅游创意策划大赛的创意活动；利用新媒体直播、云参观突破爱国主义教育的空间限制等。

（三）全过程

1. 理论与实践合一

在已开设的爱国主义教育课程中，学校要常对学生进行考核，但考核不是目的，只是手段。要安排学生走出理论课堂、走出学校，走进工厂、走进企业、走入革命老区直接感受国情；鼓励学生成为志愿者参与国家活动、成为支教教师深入偏远地区、成为研究者进行社会调研。

2. 贯穿大学生培养计划，循序渐进

爱国主义教育应伴随一个学生的成长全过程，应具有持续性、长期性和针对性。但当前高校的爱国主义教育相关课程集中开设在大一年级，而其他年级的爱国主义教育处于空白，且常与学生的专业课毫不相关。因此，爱国主义教育需要贯穿大学生的培养计划，循序渐进地引导大学生的学习方向，明确大学生的学习目标。

在美国，许多高校要求学生学习每一门主修专业课时，都要了解所修专业课涉及的历史和传统、社会和经济问题、要面对的伦理和道德问题，从而把自然科学的讲授与道德培养有效结合起来。相比之下，我国高校中专业课人文情怀的教育普遍要逊色一些。培养学生对学科的情感与使命感也是爱国主义教育的一个目标，这样的典型可以参照中南大学在"以汇聚优势育人资源为抓手，培养时代新人"的措施，用本校历年学生报国的感人事迹作为党课、思政课的鲜活素材，让学生学习身边典型；开放学习设备，支持学生参与国家重大工程项目，让学生在实践中锻炼、提升专业本领，增强学以报国的使命担当。

（四）全方位——耳濡目染、潜移默化

中国历史文化是爱国主义情感的基础，每个中国人的成长自然都离不开中华文化，但对各个高校的大学生来说，在全球化背景下他们受西方文化影响较大，对中国文化的了解还应更深一步。学史以明智，鉴往而知来。加强大学生中国历史教育的同时要重视地方历史、校史教育，实现爱国主义精准传承。还要重视提高大学生的忧患意识，提醒学生"天下虽安、忘战必危"。深入中国历史文化，以灿烂辉煌的文化感染学生、以千百年的历史打动学生，是增强学生民族自信与国家认同的重要的途径。

此外，还要发掘各种纪念日和传统节日等爱国主义教育

资源，抓住重大事件作为教育契机，坚持组织各年级学生参加升国旗等重要仪式，营造浓厚的爱国主义氛围；充分利用新媒体平台和新技术，采用大学生喜闻乐见的方式和传播途径，此类典型可参照北京理工大学的思政课，他们运用 VR技术研发的教学软件"重走长征路"等三个主题体验教学带给了学生不一般的亲和力。

各高校要致力将爱国主义教育以"润物细无声"的方式全方位地感染、教育学生，使爱国主义真正成为大学生最自然、最朴素、最真挚的情感。

四、结语

综上所述，新时代大学生的爱国主义教育对国家民族的发展意义重大，以"三全育人"理念指导大学生爱国主义教育，能够"全员全程全方位"看待问题、解决问题。明确"立德树人"的根本任务，通过经验学习和各项措施的落实，让爱国主义旗帜在青年大学生的心中飘扬，让他们星辰大海的征途上常有爱国主义的风帆。

基于"00后"大学生思想行为特征的思政教育策略研究

黄祯辉

（中韩新媒体学院）

一、基本概念与研究现状

（一）"00后"大学生

社会学家孔德将一定历史时期内生活的人们不同世代间的继替过程定义为"代际更替"。与"80后""90后"一样，谈及"00后"，我们首先会从自然属性出发，将处在共同生理年龄段的一批人贴上"某某后"的标签。基于此，"00后"大学生是指在21世纪第一个十年，即2000年到2009年出生的这一批大学生。

从社会文化角度来看，我们对某一代人的理解和界定必须充分考虑不同历史时期的社会发展状况和社会文化背景。

社会文化属性一定程度上定义了一代人的精神实质和历史使命。想要全面把握"00后"大学生的思想行为特征，就必须正确理解他们成长的时代特征与时代文化环境。

本文认为，从社会文化属性出发，出生于20世纪90年代末尾两年的一批孩子与千禧年后出生的孩子处于大致相同的社会文化环境，接受教育、形成独立世界观的时期基本相同，他们身上同样有"00后"的特点。

（二）相关研究现状

在国内学术界现有的以代际特征为出发点的研究中，"90后""95后"的思想及心理特征的研究占相当大的一部分比例。较为普遍的观点认为，"90后""95后"呈现出更加追求个性独立但集体主义意识有所减弱、思维活跃、价值观多元化、对新鲜事物接受程度高等特点。在针对"90后""95后"的思想政治教育方案中，许多研究一致认为应当与时俱进，优化教育方法，增强平等与互动。

近一两年中，国内针对"00后"大学生行为特征、群体特征的研究逐渐增多，如针对"00后"大学生网络参与行为特点的研究；针对某一特定类型的"00后"大学生的思想动态特点的研究，如艺术类学生等；聚焦于某一思潮或者某一观点，调查研究其对"00后"大学生产生的影响。

在国外的一些研究中，较少出现按照"某某后"的标准对青年人进行代际划分的研究成果。但是在一些教育学和社会学的著述中，国外学者关于公民思想以及教育策略的研究可以为加强对"00后"大学生的思想引领提供一些借鉴。

二、"00后"大学生思想行为特征分析

（一）思想多元，个性张扬，强调自由和自我

"00后"大学生出生和成长的时间段是中国改革开放已经取得一定成效、积极融入全球化浪潮、社会各方面高速发展的阶段，相较于"80后""90后"，出生在21世纪的孩子们拥有更加丰富的物质条件、海量的信息资源等。尤其是网络通讯技术的突飞猛进，2G到5G技术的不断换代更新，伴随着网络成长起来的"00后"受到的网络信息影响不容忽视：一方面，通过网络，他们可以更加便捷地获取海量的信息，丰富他们的思想。受多元文化的影响，"00后"大学生们在思想上更加开放及具有包容性，视野更加开阔，更具有独立意识，对说教感到排斥。另一方面，网络营造的生活空间不仅能够满足信息获取的需求，学习求知、消费购物、人际交往等都很大程度上都可以通过网络实现。网络带来自由、强调个性的同时，也不可避免地带来了人际关系的异化，一些"00"后大学生在现实生活中面对压力时表现出自我疏导能力较弱，对心理健康造成不利影响。网络空间的相对独立性与匿名的表达方式也使一些"00"后大学生忽视了网络责任意识，无限放大所谓言论自由，甚至发表不恰当的言论。

（二）对政治的关注呈现出向现实转化的趋势

《中国青年报》和腾讯公司在 2018 年时以腾讯 QQ 7.83 亿月活跃用户为基础，通过问卷调查和 QQ 平台大数据分析，对"00 后"的自我认知、社会认知、政治认同等方面进行了调查。这份《"00 后"画像报告》表明，超过 70% 的受访者对当下中国的整体评价较高，认为"中国虽然不完美，但是一直在进步"。"00 后"大学生普遍有坚定的政治立场和政治认同，关注时政热点和国家大事，但实际参与的愿望不高。例如在国家大事上，他们能够从网络及各类社交平台的热点推送中获取信息，但很多时候也仅止于此，热衷于公开发表意见甚至是参与的人并不多。这也导致"00 后"一直以来被质疑"家国情怀淡薄"。不可否认，部分"00 后"尚未深刻地认识到"国家发展与个人命运前途息息相关"这句话的重量，这也是思想政治教育工作中需要加强的环节。

但是在国家面临危难时，"00 后"大学生同样表现出了强烈的爱国热情和高度的社会责任感。在新冠肺炎肆虐华夏大地期间，奋战在救死扶伤一线的医护人员中出现了"00 后"的身影，还有更多的"00 后"大学生活跃在社区志愿服务的岗位上，通过站岗测温、运送物资、为一线医护人员子女辅导学习等方式，践行自己的爱国诺言，在现实面前交出了一份令人满意的答卷。

（三）人生价值取向理性务实，但仍受外界干扰较大

"00后"大学生依然认可"美好的未来源于当下的奋斗"，他们能够通过掌握与分析大量信息，从中筛选出有价值的信息服务于自己的人生规划，也懂得树立竞争意识，积极把握机会以实现既定的目标。《"00后"画像报告》显示，超过六成的受访者认为"获得更好的工作"和"提升自己"是大学生积极学习的目的和动力，希望通过个人努力来达成目标的受访者更是超过八成，这在一定程度上反映出当下"00后"大学生理性务实的一面。

同时，我们不能忽视诸如"享乐主义""拜金主义"等外界不利因素对大学生的侵蚀。社会物质的丰富改善了当下人们生活的同时也带来了诱惑，电子支付及超前消费观念的流行更是为享乐创造了现实条件。在"00后"大学生中，用支付宝花呗进行超前消费、借助分期偿还的方式提前享受物质快乐的人不在少数。更有甚者，在失去自我约束之后，不少大学生落入"校园贷""套路贷"的圈套当中，自食苦果。

三、"00后"大学生带给高校思想政治教育工作的新挑战

从"00后"大学生自身的特征来看，他们的思想和行为方式受到网络文化的影响较深，他们自身具有较强的信息搜

集能力且思维活跃，能够快速接纳新鲜事物，对不同的声音和态度能采取包容的态度，在想法上有时显得天马行空，不拘一格。这些属于"00后"的代际特征也要求高校思想政治教育工作者创新工作方法，改变宣教式的教育工作模式，学会运用网络新思维、新工具，使思政教育内容更加贴近学生生活。此外，"00后"大学生更看重自我实现，对个人发展与国家命运间的紧密联系尚未形成准确的认知，也缺乏对激烈的社会竞争的正确认知，一定程度上存在着理想主义思维，这都对他们树立远大崇高的理想信念造成了不利影响，也是高校思想政治教育工作者亟待解决的问题。

从"00后"大学生成长教育的环境来看，大多数"00后"大学生的家庭呈现"4+2+1"模式，四个祖父母辈加上父母双方，六个家长的注意力共同放在一个孩子身上，极易造成溺爱，催生出他们以自我为中心的性格，轻视集体主义价值观。另外，在我国的中小学教育中，长期存在的"主副科"观念导致教育过程中只重视成绩而忽视德育；各类"家长群"的盛行虽然有效地促进了家校交流，但在客观上造成了孩子的学习任务被分解到家长身上的现实。正因为如此，这些孩子在进入大学后依然习惯于依赖老师、依赖家长，缺乏主动规划的意识和自主解决问题的能力。这些都给高校思想政治教育工作的开展带来了挑战。

四、"00 后"大学生思想政治教育策略

（一）优化社会环境，弘扬主流价值观

每一代学生的成长成才都离不开社会大环境的浸染和熏陶，要做好"00 后"大学生的思想政治教育工作，不能脱离社会环境背景。在中国特色社会主义发展进入新时代的今天，弘扬主流文化与价值观对抵御西方意识形态以及"拜金主义""功利至上"等错误思潮对大学生思想的侵害至关重要。

各级政府部门应当依法坚决打击邪教组织，消灭歪风邪气，努力从根源上阻断错误思想和不良社会风气对青年人的毒害。同时，有针对性地加大对优秀文化作品和文化产业的扶持力度，将中国梦教育、社会主义核心价值观等通过大学生喜闻乐见的方式融入文化作品的传播中，帮助大学生们更加直观和深刻地理解和培养诸如自强自立、艰苦奋斗的优秀品质，锤炼责任与担当意识。

"00 后"大学生的生活离不开网络，因此净化网络环境，充分发挥网络正能量的积极作用，亦是打造有利于青年成长的社会环境的重要环节。青年学生的世界观、人生观尚未完全定型，很容易受到外界的影响，也很需要偶像的力量。打造正能量网络偶像，通过榜样的力量引领，将主流价值观教育内化于心、外化于行，达到事半功倍的效果。

（二）抓实学校教育，拓宽思政教育思路

大学校园是思想政治教育实践活动最重要的场所；思想政治教育工作者在思政教育中占据主导地位。面对"00后"大学生呈现出的鲜明代际特征，提升高校思政教育工作者的综合素质势在必行。首先必须严把入口关，无论是专业教师、辅导员还是其他行政教辅人员，学术能力或专业技能固然是重要的考察环节，但政治立场、师德师风同样需要重点考量。与此同时，教育者自身素质应当具有全面性。这要求高校思想政治教育工作者在日常工作中应当不断审视自身知识结构和能力水平，能够清晰、全面、客观地对自身知识储备情况进行评估，发扬长处，正视并积极寻找途径补足缺点和短板。各大高校应当积极探索对不同岗位、不同年龄段、不同性别的思政工作者采取侧重点不同的培训策略，制定更有针对性的培训计划，切实帮助他们提升能力。例如，针对年纪轻、经验尚不丰富的青年教师，开展教学技能、思政工作方法培训；针对中年教师开展网络使用与网络文化培训，教会他们善于运用网络阵地，将思政教育的阵地转移到年轻人喜欢的微信、微博、知乎、抖音等网络平台上。这有利于了解"00后"大学生的思想动态，更有针对性地开展工作，同时也有利于促进师生间形成良好互动，增进彼此间信任，提升思想政治教育工作的成效。

具体而言，针对"00后"大学生的思政教育重点应放在

以下几个方面。

其一，家国情怀与集体主义观念教育。马克思曾言："人的全面发展是在共体中展现的。"[①]习近平总书记也曾明确指出："我们要在全社会大力弘扬家国情怀，培育和践行社会主义核心价值观，弘扬爱国主义、集体主义、社会主义精神，提倡爱家爱国相统一，让每个人、每个家庭都为中华民族大家庭做出贡献。"[②]新的时代背景下，"00后"大学生的爱国主义教育应当以爱国、爱党、爱社会主义为基本立足点，以国家安全教育和集体主义教育为重要支撑，锤炼具有全球眼光和开放精神的新时代民族精神。

其二，责任感和利益观教育。青年兴则国兴，这是新时代大学生身上肩负的历史使命。思想政治教育工作的一个重要任务就是培育和强化大学生的责任意识，积极引导他们主动承担社会责任，投身到祖国需要的地方去。面对网络对"00后"大学生产生深刻影响的现实，思想政治教育工作的另一个重要任务也在于教会大学生树立正确的网络责任意识，对自己的言行负责的同时，为营造风清气正的网络环境贡献一份力量。

其三，心理健康教育。思想政治教育不仅要在学生的思

---

① 马克思. 马克思恩格斯文集，第 1 卷［M］. 北京：人民出版社，2009：546.

② 习近平在 2019 年春节团拜会上的讲话［N］. 人民日报，2019-02-03（01）.

想和道德培养上下功夫，也必须关注大学生的心理健康状况。部分"00后"大学生步入大学后，难以适应远离家庭后的集体生活，在面对学业压力和人际交往压力时容易陷入困惑，自我调节能力不足。因此高校要充分重视学生的心理健康教育，做好学生心理健康基础评估工作，建立健全心理问题筛选分类、干预追踪的一体化评估体系，早发现、早解决心理危机事件。同时，应当充分调动学生的自主性，提升学生自我疏导与自我调整的能力。

（三）结合家庭教育，提升育人合力效果

家庭是孩子的第一课堂，父母是孩子最好的老师，大学生的思想政治教育工作不能脱离家庭来推进。"00后"大学生成长的家庭环境氛围大多比较宽松民主，这在一定程度上造就了"00后"大学生追求自我意识的代际特征，也一定程度上导致了一些"00后"大学生被家庭过度关注和保护，难以真正实现人格的独立。要充分发挥家校合力育人的功效，首先就应明确家庭对孩子学业和生活的干预必须有"度"，家长应适度放手，让孩子在成长过程中有"试错"的机会，不能主观地为孩子规避挫折，而要适度引导；其次，在对待家校关系时，家长应当明确家校教育的落脚点是为了将孩子培育成才，但是各自所承担的角色和责任有本质区别，在教育方法和成效上自然也不同，家长在与学校老师保持良好沟通的同时，应当给予学校和老师充分的信任，不过多干预，

尤其不能因溺爱孩子而做出无视校规校纪，甚至要求学校为某个孩子单独设置规则的举动；最后，打造良好的家庭氛围，家长也要以身作则，言传与身教并重，发挥良好家风对大学生的作用，实现家风润物无声的思想政治教育功能。

参考文献

［1］王学俭，刘强．新媒体与高校思想政治教育［M］．北京：人民出版社，2012.

［2］教育部思想政治工作司组编．高校立德树人的理论探索与实践创新［M］．北京：中国书籍出版社，2011.

［3］王帅．改革开放以来大学生思想热点变化的特点与规律［J］．思想理论教育，2018（9）：102-107.

［4］万美容，曾兰．"90后"大学生思想行为特点及其引导策略［J］．学校党建与思想教育，2012（8）：10-13.

［5］王海建．"00后"大学生的群体特点与思想政治教育策略［J］．思想理论教育，2018，475（10）：92-96.

［6］项久雨．品读"00后"大学生［J］．人民论坛，2019（9）：112-114.

新时代网络思想政治教育与
人才培养的深度融合

尤志兵

（中韩新媒体学院）

随着新媒体、新技术的迅猛发展，网络思想政治教育的优势和特点越来越得以彰显。尤其是突如其来的新冠肺炎疫情，使网络在开展大学生思想政治教育与价值引领方面发挥了重大作用。新时代网络思想政治教育能克服传统思想政治教育模式的束缚，突破时间、地点和人数等因素的限制，开拓思政教育的新途径、新模式和新理念。党的十九大报告中明确指出"要落实立德树人根本任务"，"立德"即要充分开展思想政治教育，弘扬社会主义核心价值观，培养学生的大爱、大德、大情怀；"树人"则要突出人才培养关键环节，培养德智体美劳全面发展的新时代有为青年。这对新时代大学生思想政治教育特别是网络思政提出了更高、更新的要求。我们要以十九大精神为指导，充分运用新媒体、新技术加强和改进大学生网络思想政治教育，促进网络思想政治教育与人才培养的深度融合。

一、新时代网络思政教育现状

（一）网络思政发展现状

网络思政作为开展大学生思想政治教育的沃土，一直以来广受追捧。它突破时间、地点和人数等因素的限制，使大学生思想政治教育可以随时随地、广泛高效地开展。习近平总书记在全国高校思想政治工作会议上指出，要运用新媒体、新技术使工作活起来，推动思想政治工作传统优势同信息技术高度融合。新媒体、新技术的使用，不仅拓展了思想政治教育的新途径，同时还丰富了思想政治教育的内容实质，使之更加科学化、精准化和个性化。近年来，网络思想政治教育在体系和规模上都得到一定程度的发展和完善。从个人微信公众号、微博和博客，到网络思政辅导员工作室、网络思政教育中心、大学生网络思政教育基地等，大学生网络思想政治教育越来越趋于职业化和专业化。但是在网络思政发展如火如荼的同时，我们也应该客观分析其不足之处。"为思政而思政"信息化手段应用不充分、网络思政可视化程度和感染力不强、网络思政与人才培养或学生发展联系不紧密等现象依然存在。因此，如何适应时代、技术和学生需求，促进网络思政转型升级，解决网络思政与人才培养脱节或"两张皮"问题，是值得深究和探索的热点话题。

（二）网络思政与人才培养

中共中央国务院《关于进一步加强和改进大学生思想政治教育的意见》指出，要把思想政治教育融入大学生专业学习的各个环节，渗透到教学、科研和社会服务各个方面。要深入发掘各类课程的思想政治教育资源，在传授专业知识过程中加强思想政治教育。习近平总书记在全国高校思政会议上提出，要坚持把立德树人作为中心环节，把思想政治工作贯穿教育教学全过程，实现全程育人、全方位育人。《关于高等学校加快"双一流"建设的指导意见》指出，把立德树人的成效作为检验学校一切工作的根本标准，一体化构建课程、科研、实践、文化、网络、心理、管理、服务、资助、组织等育人体系，把思想政治教育工作贯穿教育教学全过程、贯通人才培养全体系。由此可见，将大学生思想政治工作融入人才培养，融入"双一流"建设，能为坚定社会主义办学方向、落实立德树人根本任务提供坚强保障。网络思政能充分发挥学科、技术、平台和资源优势，以其创新的模式和理念赋予思想政治教育时代新活力，使之更好地服务于"立德树人"目标任务，实现学生思想素质与专业素质双提升，促进思政教育有效引领、服务、支撑人才培养，锤炼有理想、有责任、有担当的时代新青年。

二、网络思政与人才培养的融合思路

（一）坚持政治性、弘扬主旋律

以习近平新时代中国特色社会主义思想为指导，紧紧围绕立德树人根本任务，充分发挥中国特色社会主义教育的育人优势，以理想信念教育为核心，以社会主义核心价值观为引领，以全面提高人才培养能力为关键，深入开展网络思想政治教育与人才培养深度融合实践，用新媒体、新技术使思想政治工作活起来，用优秀的思政文化作品教育人、鼓舞人，坚持明确的育人导向，营造清朗的网络空间。积极开展学习宣传贯彻习近平新时代中国特色社会主义思想和党的十九大精神等网络思想政治教育活动，树立"大学生＋网络思政"的育人理念，鼓励大学生扮演好网络思想政治教育的主体、客体双重角色，真正实现大学生的自我教育、自我管理和自我服务。

（二）坚持创新性、突出新技术

坚持创新性和技术性相统一，认真学习网络知识，积极培养网络素养，主动占领网络思想政治教育阵地，推动思政教育传统优势与信息技术深度融合。善于运用云计算、大数据、"两微一端"等各类信息化手段和工具，为学生提供咨询、教育、服务和管理等工作，促进思想政治教育工作的高效化、精细化和个性化，提升网络思政教育的针对性和亲和力。向网络要空间，营造风清气正的网络环境。创新网络思想政治工作体制机制，推动学生工作办和专业教研办协同联动，形成网络思政育人合力。突出"政治把关"和"专业把关"，着力打通网络思政与人才培养的"最后一公里"。推动育人工作改革创新，探索教师引导、朋辈主导、技术支撑、全员参与的网络思想政治教育模式，将"三全育人"工作落到实处。

（三）坚持教育性、强化感染力

努力构建"网络思政、专业实践和社会实践"三位一体工作格局，促进思政教育与人才培养同向同行。以专业教师为主导，推进"网络思政＋专业实践"：深入探索各类专业学科的育人优势，积极挖掘各类专业课程的思政元素，将中国特色社会主义和中国梦宣传教育融入教育教学，推动社会主义核心价值观的网络宣传和弘扬，促进思想素质与专业素质双提升。以政工教师为引导，推进"网络思政＋社会实践"：建立大学生网络思想政治教育实践平台，充分发挥学生专业优势和自身所学所长，服务、奉献和创新思想政治教育，提升学生的自我教育和自我服务意识。以暑期社会实践、实习实训和专业见习为契机，以微信、微博、抖音等各类新媒体平台为支撑，传播先进文化，弘扬主旋律，促进网络思政教育与社会实践教育的双丰收。

三、推进网络思政与人才培养深度融合

（一）推进网络思政与课程育人深度融合

习近平总书记在全国高校思政工作会议上指出，要用好课堂教学这个主渠道，各门课程都要"守好一道渠、种好责任田"，使各类课程与思政课同向同行。课程思政，就是充分发挥各类课程的思政育人功能，以文育人，以文化人，在能力培养的同时帮助学生树立正确的世界观、人生观和价值观，实现全员、全过程、全方位育人。近几年来，随着信息技术教育的不断发展，课程思政也应该积极探索融合式、板块式、讨论式和实践式等多样化教学模式，运用信息技术手段和工具充分挖掘课程中能够体现专业精神、科学精神和职业精神的思政元素，结合专业优势和学生特点，上好、用好、建设好思政课程试点项目。在具体实施过程中，要建立"党委领导、学工出题、教师配合、党员带头和学生参与"的协同模式，以实践性较强的课程为切入口（如摄影基础、数字图像处理、电视节目编导和动画设计等），发挥好重大节日、纪念活动和革命英雄先烈故事等的涵育功能，指导学生制作弘扬中华民族传统文化和宣传中国特色社会主义及中国梦的可视化思政作品，促进学生课程学习和成果转化。通过网络宣传来教育大学生，真正实现大学生的自我教育和自我服务。在其他课堂教学过程中加强政治引领，引导学生借助新媒体、新技术等关注时政热点、关心国家大事，从自身情况出发，

从专业实际出发，将"个人小我"融入"国家大我"，激发学生的爱国情、强国志和报国行。

（二）推进网络思政与竞赛育人深度融合

学术科研竞赛、创新创业竞赛和专业学科竞赛等是促进学生专业学习、理论研究、成果转化和创新能力发展的有效途径。在各类竞赛的催生作用下，学生发展变得有平台、有空间，竞赛育人初见成效。但纵观当下，"为竞赛而竞赛"、竞赛主题与人才培养脱节、竞赛方向与主流价值观不挂钩等现象比比皆是。参加各类竞赛活动，不仅是要促进学生的专业学习、提升学生专业能力，更是为了促进学生的专业实践、提升学生思想素质。在学术科研竞赛中，应突出社会主义核心价值观的引领，将社会热点问题与专业所长相结合，运用信息技术推动基础理论研究，创新学术科研的思想引领和价值引领。在创新创业竞赛中，树立"大众创业，万众创新"的理念，鼓励学生积极参加"创青春""互联网+"等比赛，引导学生将专业优势与思政服务相结合，形成网络思政与竞赛育人合力，进而打造教育学生、接轨社会、服务人民的新项目和新品牌。在专业学科竞赛中，紧扣赛事主题方向，积极融入思想政治教育元素，以赛促练、以赛促学，推动学生思想政治素质与专业素质同建设、双提升。主动占领网络阵地、开辟网络空间，做好各类竞赛优秀成果和作品的输出、宣传和学习，着力解决"为竞赛而竞赛"的育人痛点。

（三）推进网络思政与资助育人深度融合

2020 年是脱贫攻坚收官之年，全面进入小康社会的新时代即将开启，但同时高校大学生资助和帮扶工作依然要常态化开展和精准化服务。传统的资助工作内容简单、形式单一、覆盖面有限，不能对每一位贫困生做到精确定位和精准帮扶。云计算和大数据的普及，为高校大学生资助工作提供了信息化管理和服务。通过对学生校园卡、一卡通等的消费情况进行分析，准确反映学生家庭经济状况，科学研判每位贫困学生；通过对学生学习、生活等在校情况进行分析，精准定位学生贫困类型和发展需求，进而对不同学生提供个性化资助服务。在整个资助育人过程中，发展性贫困类型学生最难及时、全面掌握，辅导员们通常只能通过谈心谈话或日常观察等形式直接或间接摸排。在数据化背景下，辅导员们可以时刻关注学生在校的动态和变化，及时察觉学生因突发事件造成的发展性贫困，精准、合理地为学生提供人文关怀和心理疏导。习总书记强调，扶贫先扶志，扶贫必扶智。因此高校资助育人工作不能仅停留在学生学习和生活层面的帮扶，更应该做好学生思想教育和价值引领。引导学生志存高远、坚定信念，立志扎根人民、奉献祖国，将网络思政与资助育人融合实践落到实处。

（四）推进网络思政与实践育人深度融合

实践教育是学生认识社会、了解社会和走进社会的有效途径，对促进人才培养和落实立德树人根本任务发挥着重要作用。当下实践教育形式多种多样，专业见习、实习实训、社会实践等，为大学生的知识学习向实践应用转化提供了机会和平台。近几年来，随着网络思政教育的发展和成熟，对实践育人也提出更新、更高的要求。一方面，要重视学生专业知识与专业实践的融合培养，促进学生理论与能力双提升；另一方面，要强化学生的思想引领，引导学生运用新媒体、新技术等平台和工具，宣传和弘扬社会主义核心价值观，让大学生扮演好思想宣传和教育的主客体双重角色，逐渐担当起实现国家富强和民族复兴的时代重任。具体来看，在实习实训、专业见习过程中，要充分激发当代大学生的责任和担当，引导学生扎根实践、服务人民，自觉发挥专业所长为国家和社会的建设、发展贡献一己之力。在暑期社会实践过程中，不仅要让学生走近社会、深入社会，了解乡土民情和国家发展，丰富自己的见识和视野，推进文化、科技和医疗下乡实践；而且要引导学生运用微信、微博、抖音等新媒体开辟网络空间，主动占领网络思想阵地，推动先进文化和先进思想的弘扬、传播，培养当地村民懂政治、有思想、讲道德、善品行。

（五）推进网络思政与服务育人深度融合

推进大学生服务育人工作，是将全员、全过程、全方位育人格局落到实处的重要保障。进入新时代，人民对于美好教育的向往越加迫切。实现美好教育，在大力推进教育教学改革创新的同时，也应该高度重视日常生活、就业创业、后勤保障等相关服务育人工作。在网络思政教育的大背景下，服务育人工作应更加精细化和精准化。辅导员们在日常教育服务过程中，可以随时随地关注学生在校状况，通过大数据分析，实时掌握有学业问题、心理问题、经济问题、就业问题等类型的学生，进而提供个性化的服务和帮扶工作。新媒体、新技术的使用，也为服务育人工作开辟了新途径，辅导员们可以通过 QQ、微信等平台为学生提供辅导、咨询和教育等服务，在网络空间营造服务育人新局面。与此同时，应该充分激发学生自我教育、自我服务的意识。引导学生发挥专业所长，承担学校或社会上相关活动的支撑服务。如计算机类专业学生可深入街道或社区，普及计算机实用知识、提升居民计算机应用能力和网络素养；数字媒体、视觉传达类专业的学生可紧抓主流价值观和时政热点，制作可视化思政作品，让大学生来服务大学生，强化思想引领和价值引领。

参考文献

［1］习近平. 决胜全面建成小康社会夺取新时代中国特色社会主义伟大胜利——在中国共产党第十九次全国代表大会上的报告［M］. 北京：人民出版社，2017.

［2］中共中央国务院. 关于进一步加强和改进大学生思想政治教育的意见［EB/OL］.［2020–08–25］. http：//www.moe.gov.cn/jyb_xwfb/gzdt_gzdt/moe_1485/tnull_3939.html.

［3］颜吾佴. 贯彻落实全国高校思想政治工作会议精神需要动真格［J］. 思想理论教育导刊，2017（2）：12-15.

［4］中华人民共和国教育部等. 关于高等学校加快"双一流"建设的指导意见［EB/OL］.［2020-08-25］. http：//www.moe.gov.cn/srcsite/A22/moe_843/201808/t20180823_345987.html.

［5］王宏鹏. 大数据视域下高校精准资助"五位一体"新模式［J］. 高校辅导员学刊，2019，11（4）：91-96.

党团建设篇

浅析高校学生党支部建设创新

徐金花

（法学院）

任何一项新的研究都是在已有研究基础上进行的，也将成为下一项研究的基础。整合已有研究，可作为已有研究的"集成"，对已有研究体系化、可视化，为未来的理论研究提供数据支撑。党的十九大对党章作出重要修订，增写了党支部担负直接教育党员、管理党员、监督党员和组织群众、宣传群众、凝聚群众、服务群众的职责。《中国共产党支部工作条例（试行）》作为党支部建设的最新成果，为党支部建设和工作指明了遵循原则，明确了功能定位，规划了重点任务，形成了工作机制，将成为高校学生党支部建设创新工作新的指引。

一、高校学生党支部建设创新的意义

国家高度重视党建，重视高校政治功能发挥，重视党支部战斗堡垒作用。高校要坚持好社会主义办学方向，坚持好立德树人根本任务，坚持做好党建工作，发挥组织育人功能，时刻与国家立场保持高度一致，不仅要培育社会所需要的人才，更需要培育有政治站位的、干净担当的、可靠合格的社会主义建设者和接班人。克服当前高校党支部建设中存在的理念不清、目标不明、机制不健全等问题，针对已有问题深入分析成因，挖掘出党支部建设过程中形成的有效精品，总结经验，构建可复制、可推广的建设创新模式，发挥辐射带动作用，具有十分重大的意义。

（一）宏观角度

1. 国家层面：维护党的坚强领导，落实全面从严治党

首先，学生党支部建设以习近平新时代中国特色社会主义思想为指导。党支部是党员锤炼党性的熔炉，在组织工作中具有重要地位，抓好党支部建设是组织体系建设的基本内容，是管党治党的基本任务，是检验党建工作成效的基本标准。

其次，学生党支部建设以全面提高新时代党支部建设质量，全面提升党支部组织力为目标。学生党支部建设要全面提高党的建设科学化水平，努力建设引领型、学习型、研究型、服务型、创新型党支部。

2. 高校层面：助推高校"双一流"建设，强化高校政治功能

一是党支部建设要跟上高校"双一流"建设步伐。研究"微

时代"、新媒体视域下、"互联网 +"背景下、大数据背景下学生党支部建设方式方法的创新。研究创新现有党员培养教育模式，探索党校课内 + 课外的"学位化"管理模式，充分发挥第二课堂育人作用。

二是学生党支部建设内容创新要始终结合主题教育活动精神。在"不忘初心，牢记使命"等不同主题教育活动背景下，学生党支部建设内容要具有针对性、时效性，不断增强党支部学习理论制度体系建设，学懂弄通做实，入耳入眼入心入脑。

三是学生党支部建设创新形式要具有针对性和影响力。研究创新高校在党建目标管理、高校党建改革、对标争先、党建质量提升工程实施纲要、创新创业、学生特点鲜明多元、创新型人才培养视角等背景下学生党支部建设的目标、顶层设计、标准、质量。

（二）微观角度

1.党支部层面：为高校学生党支部建设提供理论、体系指引，提供具体工作操作规程，有利于建立引领型、学习型、创新型、服务型高校学生党支部，有利于提高高校学生党支部建设的科学化、制度化、规范化水平，有利于增强高校学生党支部的先进性、凝聚力、影响力、号召力、组织力、创造力、战斗力、执行力，发挥高校学生党支部的战斗堡垒作用。

2.党员层面：提高党员质量，发挥党员先锋模范作用。加强现有学生组织、学生干部、学生品牌活动等资源优化整合，形成"品品与共、强强联合"，让学生党员主动地、有计划地、有体系地宣传党和国家主流思想，挖掘树立学生典型，形成一束束"光"，让学生党员发声、发光，"声光组合"齐下，"亮化"党支部形象。

高校学生党支部建设存在的问题有目共睹，研究寻找新模式化解问题，能有效提高党员素质，提升党支部组织力，强化高校政治作用，坚持党的领导，维护国家稳定。国内高校众多，研究设计党支部建设一致理念，达成共同目标，推广科学有效、可复制模式，形成党支部建设的长效机制，其实践价值不言而喻。

二、学生党支部建设的现状及存在的问题

十八大以来，国家和高校对党建高度重视，学生党支部建设目标愈加明确；学生党员发展要求愈加严格、规范；队伍建设日趋完善，学生党支部书记、支委充分发挥作用，学生党员质量不断提高；支部工作机制日趋常态化、规范化、科学化；人力、财力、物力等保障机制日益完善；组织生活运行更加固定、有效；品牌建设日渐兴起；网络平台构建与使用日益广泛。这些都离不开党和国家大方向上的引导，离不开高校的贯彻落实，离不开党支部的有效运行。但在高校学生支部建设过程中，仍然存在诸多问题，这些问题集中体

现在党支部设置模式与目标、工作机制、队伍建设、保障机制、理论学习程度等方面。

一是高校对学生党支部建设重视程度不一。不同类别高校对党建和学生党支部建设重视程度不同，同一高校内部不同学院或同一学院不同专业方向、不同学历层次对学生党支部建设重视程度不同。例如，有些党支部建设规范，从支部设置、支委配备、活动开展等各方面都有规可行或有传统可循，有些则在学生支部建设过程中随意发展。

二是党支部和学生党员理想信念、党性修养、使命担当、服务意识不够，作用发挥程度不充分，理论学习程度不深入。部分学生党员入党动机不足或不纯未被发现，入党之后经常"混日子"或者应付任务，需要服务同学时便开始考虑有没有"加分"或"评奖评优"的可能，主动服务的情况较少。部分学生学习理论知识仅为了应付考试或考核，党课课堂上经常看其他书籍或做其他事宜。

三是支部建设稳定性、先进性、凝聚力、战斗力有待提高。学生党员因转专业、毕业等原因具有流动性，学生党支部书记多由辅导员担任，而辅导员工作调动或调整会使支部书记也具有不稳定性。近几年来，国家对党建要求越来越规范严格，对党支部规模、设置、人数等做了具体要求，原来的一些支部设置和模式不符合新的标准，重新设置过程中遇到了诸多问题，解决问题的过程中加剧了不稳定性。支部和支委的不稳定，会连带影响支部的凝聚力和战斗力以及先进性的发挥，使支部和支委处于"力不从心"状态。

四是支部建设的人力财力物力保障程度不足。现阶段支部建设的资金、物资管理标准严格，投入相对增加，但专业人士或队伍的配备相对薄弱。

五是支部建设活动形式的多样性程度不高等问题。学生党支部建设活动多选择参观红色革命教育基地等具有教育意义的地点，参观过程形式大于内容。

三、高校学生党支部建设创新

理念：全面从严治党的大背景下，高校坚持社会主义办学方向和立德树人目标，要建设一流高校、一流学科，必须要有一流党建；要做一流党建，必须要抓好、抓实、抓新学生党支部建设。抓学生党支部建设，首先要了解国家宏观要求，结合高校方案，弄清学生党支部现状，在现状中发现问题，将问题区分为不可避免的问题和可以克服的问题；对于学生党支部党员稳定性较低的问题，要尽可能保障支部书记和支委的稳定，在问题中寻找原因，在实践中了解诉求，找到解决方案。

结构：在创新学生党支部建设过程中，高校只有把握好双一流建设、大类招生、人才培养、管理服务改革的大方向，才能够找到学生党支部创新的落脚点。学生党支部建设创新必须要继承传统做法中的优势部分，并将优势资源体系化，促进特色做法与平台的有效结合，形成创新合力、动力、品牌力。这样的创新才能不脱离实际，才能克服"换汤不换药"的形式主义做法。

互动：新的模式一定要具有代表性，可行可操作，可复制可推广，能够形成辐射效应。

目前高校学生党支部的设立模式一般分为：以专业为单位设立党支部、以年级为单位设立党支部、以班级为单位设立党支部，以及师生组合党支部。因大学选课自主灵活，行政班级缺乏集体活动机会，集体意识不强，在大类招生背景下，行政班级设置也在专业分流后形同虚设。例如，以学生社区为单位，设立学生党支部，能够有效解决集体意识不强和行政班级虚设的问题。固定学生社区、固定专兼职党支部书记和支委，能够有效解决大多数党支部书记由高年级学生担任，在党员的管理、教育、活动开展等方面经验相对不足的问题和支部学生党员流动性强、凝聚力不强的问题。针对已发现的一些问题，相应的建设创新路径如下。

一是提升党支部、党员思想水平。要强化理想信念、党性修养、使命担当、服务意识，尤其要"多个节点"强化使命担当。高校学生党支部要牢牢把握重大事件节点，做好党员教育引导工作，进一步增强支部党员的凝聚力和战斗力，引导广大党员坚定理想信念，强化使命担当。利用新生入学教育、"五四"青年节、"七一"建党节、毕业生离校教育、新党员入党宣誓等重大时间、事件节点，强化学生党员的使命担当，教育引导新时代中国青年为全面建成小康社会、加快建设社会主义现代化国家、实现中华民族伟大复兴的中国梦而不懈奋斗。①

二是党支部设置要以引领型、学习型、创新型、服务型、功能型等类型为目标。发挥党支部在校园文化建设中的引领作用；党支部教育要常态化、体系化，建立学习制度，理论学习内容要具有时效性；要充分联动团建与党建、团支部与党支部、社团与党支部，共同做好交流和服务。②

三是协同共建党支部工作队伍。专兼职配备工作队伍，引导支部书记、支委、党员、专业指导老师、学生组织指导老师、教育培训机构等人员共同建设学生党支部。③

四是构建党支部建设顶层设计和长效机制。涵盖工作机制，考评机制，培养、保障、教育、管理、服务机制，加大资金支持，加强资金使用和管理力度。④

五是构建网络平台提升党支部活动形式的针对性、生动性、吸引力。

---

① 王豪，高蓉蓉，马思源．新形势下高校学生党支部建设创新性研究［J］．智库时代，2019（38）：88，90．

② 许承保，杨博．"全面从严治党"语境下高校学生党支部建设模式的创新与实践——基于 N 大学的调查研究［J］．教育教学论坛，2019（41）：42-43．

③ 郑顺爱．全面从严治党背景下高校学生党支部组织生活创新研究［J］．吉林广播电视大学学报，2019（2）：49-50．

④ 高鹏龙，秦桂秀．新形势下高校学生党支部建设创新探索［J］．长春师范大学学报，2019，38（3）：76-78．

在创新高校学生党支部建设的路径中，要从学生党员思想层面，从支部设置理念和目标层面，从队伍建设与配备层面，从构建长效机制层面，从支部活动方式方法层面，全面开展，深入实践。不同专业类别的高校创新学生党支部建设，除了考虑以上做法，更应该对标国家要求，针对其院校特色、专业优势、学生特点，创新党支部建设的理念和目标。

参考文献

［1］许承保，杨博．"全面从严治党"语境下高校学生党支部建设模式的创新与实践——基于N大学的调查研究［J］.教育教学论坛，2019（41）：42-43.

［2］郑顺爱．全面从严治党背景下高校学生党支部组织生活创新研究［J］．吉林广播电视大学学报，2019（2）：49-50.

［3］高鹏龙，秦桂秀．新形势下高校学生党支部建设创新探索［J］．长春师范大学学报，2019，38（3）：76-78.

［4］刘文龙，赵焱岩．发挥学生党支部在班级建设中的核心作用研究［J］．教育现代化，2019，6（60）：146-147.

［5］曹阳．"两学一做"教育常态化背景下高校学生党支部建设创新研究［J］．课程教育研究，2018（51）：16.

"全媒体"视阈下的高校学生
党建创新途径研究

李　芳

（工商管理学院）

伴随着互联网技术的发展演进，"全媒体"在追求创新与生产力转换的背景下、新思维与实践的碰撞中应运而生。"全媒体"思维与高校党建工作融合，为新时期更好地开展高校学生党建工作提供了新思路、开拓了新路径、指引了新方向。目前学界对"全媒体"党建与"全媒体"高校学生党建工作的研究较少，在已有的研究中，大多集中于理论层面的探讨，注重"全媒体"技术、计算机手段和大数据收集与分析，借助计算机和网络技术开展党建工作。习近平同志强调，要运用新媒体新技术使工作活起来，推动思想政治工作传统优势同信息技术高度融合，增强时代感和吸引力。

"全媒体"与高校党建工作高效结合，实现"1+1＞2"的效果，必须重视高校党建工作自身的特征，强化"全媒体"

党建在互联网媒体迅猛发展下的阵地意义，突出"全媒体"党建党员教育新模式与"全媒体"党建党组织管理科学强化两大主题。已有的理论研究大多是从理论层面进行单一探讨，本文在现有文献的基础上，以中南财经政法大学工商管理学院党建工作的实际开展情况为案例进行分析，总结经验规律，进一步说明"全媒体"党建已成为高校学生党建工作的新着力点，阐述"互联网＋"党建创新路径下高校党员教育工作与提升组织管理水平的必要性与可行性。

一、现状分析

（一）"全媒体"党建，高校宣传工作的制高点

"全媒体"党建的思维创新已对传统高校社会舆情格局产生了极大冲击，在全新的互联网新媒体宣传方式影响下，高校学生党建工作正经历着悄无声息的复杂变化。网络新媒体具有大众化、匿名化、便捷化等特点，为大众表达自身言论和价值观提供了便捷途径，一定程度上体现了大众的知情权与表达权。但是，在此背景下，自由言论和思想以缺乏监督引导且传播迅猛、影响重大的态势，冲击着高校传统的组织教育方式，严重影响了基层党组织掌握高校意识形态工作的领导权、管理权、话语权。而开展"全媒体"高校学生党建工作，为我们拓展了推进新时期党员教育管理的新思路，为我们更好地应对网络冲击带来的严峻挑战，进一步提升高

校思想政治教育工作管理水平，完善党员教育管理成长工作途径，把握意识形态话语权提供了有力通道。

伴随新常态下宣传工作的发展变化，网上舆论工作和传统宣传思想工作要放在同等重要的地位上来抓。宣传思想工作要做到以人为核心，"人在哪儿重点就应该在哪儿"；宣传思想工作创新，要以理念创新和手段创新为切入点，最终实现基层工作的创新。坚持理念创新，就是要突破传统思维定式，以更开放的理念、更包容的心态、更敏锐的观察，打开工作新局面；坚持手段创新，就是要更新传统工作方法，以新兴媒体带动传统媒体融合升级，以信息化手段应对新时期党建工作的新需求，实现工作效率与工作质量的双赢。高校学生党建工作需要迅速适应变化，主动调整，以党员教育管理模式提升为导向，占领舆论引导制高点，扩大党建工作覆盖面，打破传统思维定式。

（二）"全媒体"运用党建格局，高校宣传工作的新问题

社会潮流的发展趋势和变革方向，是做好新时期党建工作的重要指引。尤其是与高校学生联系紧密、影响广泛的网络自媒体，更应成为高校学生党建工作时刻关注的焦点。深刻分析网络自媒体高速发展背后的原因，是正确进行"全媒体"党建工作创新的基础。

网络自媒体凸显了人的中心作用。每一位网络用户可以

扮演传播者和信息发布者的双重角色，克服了传统媒体的局限，让信息传播呈现一种扁平化、发散性、裂变式的态势。

网络自媒体特点突出：首先，交互性强、与关注者互动效果好；其次，平民化、个性化明显；再次，门槛低、运作成本低，关注量巨大的自媒体发布一则消息，往往在极短的时间内就能得到巨量的转载传播。每一位大学生都是一个网络自媒体，都能接受和发布网络言论，表达观点、情感。因此，如何运用"全媒体"党建的思维和科技手段，做好配套的引导、监控和管理工作，构建大学生网络统一战线，发挥优秀力量引、传、帮、带的作用就显得十分重要。

网络自媒体存在以下三大弱点。第一，网络自媒体成分复杂，网络舆论多带有明显的情感色彩，不能形成包容、理性、冷静的思维方式。在个别事件发展进程中，情绪化倾向严重，非理智思维明显，不能构成主流力量传播青春正能量。大学生尚处于心智培养的关键时期，是非观、价值观还不够坚定，易受到舆论影响，导致群体事件发生，需要正能量的、有权威的、能帮助其树立正确价值观的舆论引导。掌握网络自媒体的思想引领话语权，建立"全媒体"深度融合、双向互动、无缝衔接的工作平台，基层党组织才能有效履行领导责任，引导大学生成为校园进步力量，成为优秀网络自媒体，主动传播青春正能量，避免学生群体事件发生，做到校园建设的稳定和谐。

第二，网络自媒体存在舆论假象，部分大学生无个人主见，过于崇尚意见领袖观点和精英话题，对公众言论的开放性、正当性造成严重影响。意见领袖、微博大 V 等话题制造者难免有个人价值观局限，不能保证有利于学生成长的价值观传播。将"全媒体"党建深入基层、触及学生生活各方面，密切联系群众，加强师生关系，切实贯彻党的群众路线，真正反映师生诉求，才能做好思想引领。

第三，网络自媒体的发展在促进人与人之间交流的同时也为境外势力打开了方便之门，让西方价值观的渗透更加隐蔽深入。网络传播的广泛性、多样性、无界限性等特点，已突破传统管理方式的限制，实现了信息获取方式的全球化、全天化，这更加要求我们加强对网络自媒体的监管，不断完善"全媒体"高校党建工作，强化高校党建工作在意识形态领域的主体作用。

二、案例分析

本文以位于湖北省武汉市的中南财经政法大学工商管理学院为例，进行实地调研、数据搜集、分析讨论。

（一）"全媒体"网络微平台，高校学生党员的舆论新阵地

1. 实以谋事，创建管理新模式

2017 年开始，中南财经政法大学工商管理学院学生党总支开始尝试将"全媒体"与党建有机结合，开展具有广泛影响

力的基层党建活动。学院积极响应党中央发展基层党建的号召，开展了"五大工商""三进一访谈""湖北新时代丝路青年成长社""晓南初心工作室"等精品项目。"五大工商"即结合学院经、管优势学科特色，开展"书香工商""礼冠工商""经管工商""榜样工商""志愿工商"五大特色项目；"三进"即工商管理学院学生党总支全体成员进学生课堂、进学生宿舍、进学生活动场所，"一访谈"即一对一与学生对话，进行全方位的交流活动。学院党总支充分利用"全媒体"的创新模式，依托"中南财经政法大学工商管理学院"微信公众号，开设微信、腾讯QQ交流专线，辅之以工商管理学院官方网站等网络平台，将线下走访与线上交流相结合，扩大了活动空间、延展了访谈时间、提升了工作效率，切实做到及时了解党建新动态，即时采取党建新举措。

通过灵活运用"全媒体"新模式开展"三进一访谈"主题实践活动，中南财经政法大学工商管理学院形成了学生积极参与、师生充分互动、全院通力协作的党建合力，营造了"乐学、勤学、善学、博学"的良好学习环境，创建了和谐文明、踏实进取的校园氛围。

2.精确制导，实现宣传新提升

中南财经政法大学每年举办秋季运动会，风雨无阻。工商管理学院在赛前赛中赛后，都会集中网络资源大力开展宣传工作，号召全院学子积极响应团中央"走出网络、走出寝室、走向操场"的要求，赞扬运动健儿坚持和积极参与比赛的运动精神。通过学院微信公众号、交流热线等平台加强学校与学生们的沟通互动，将宣传文章点对点地精确投递到工商管理学院学生的手机中，把赛程表、比赛结果及时传送到学生手机上，鼓励广大学子积极锻炼，营造了健康向上的运动氛围，增强了全校的团结凝聚力，传递了师生共勉、积极奋进的青春正能量，取得了空前的宣传效果。

大数据时代信息繁多且瞬息万变，如何及时、精确地把握热点，做到不滞后、不歪曲，是时代赋予宣传工作的新要求，也是党建工作发展中的新挑战。中南财经政法大学工商管理学院巧用"全媒体"平台，快速、高质地对校园热点做出反应，精确制导，传递正能量，实现了宣传工作的新提升。

3. 知"网"善用，促进党建新发展

"全媒体"网络平台虽然形式微小，但是作用巨大，在促进党建工作发展上实效显著。一方面，实现了线上线下合作，创新党建发展形式，充分发挥了"全媒体"网络平台的载体作用，关注学生动态，加强交流沟通，通过思路的转变、态度的转变、行动的转变，开展了一系列效果显著的线上、线下实践工作，让务实之风、正义之气、服务之念深入人心。另一方面，运用"全媒体"网络平台的特点，做到贴近学生、贴近生活，了解学生最真实的需求，调动师生参与党建工作的热情，提供最具效率的宣传、引导和解决方式，做好舆论引导和精神传递，开展最具吸引力的基层党建工作。

中南财经政法大学工商管理学院学生党建工作的特色发展，源于既认识到了"全媒体"党建的发展趋势性与普适性，做到知"网"，又认真研究了如何利用"全媒体"与网络平台构建党建新阵地，以及使用新媒体工具助力党建的可操作性，学会用"网"，真正做到了知"网"善用，从而卓有成效地保证党建工作的生命力，求真务实地推进党建工作的新发展，深入人心地加强党建工作的真实效！

（二）"全媒体""五大工商"，高校基层党组织的创新形式

习近平总书记在全国高校思想政治工作会议上强调，把思想政治工作贯穿教育教学全过程，开创我国高等教育事业发展新局面。高校基层党建在高校大学生党员中具有教育、团结、联系大学生的天然优势，通过高校基层党组织对青年大学生思想的引领，充分运用"全媒体"平台，可以为丰富青年大学生的思想政治理论储备提供更加科学的手段，并带领他们深入开展社会实践、投身志愿服务中，引导青年大学生认识自己的责任和使命，自觉为实现中华民族伟大复兴中国梦贡献青春力量。

中南财经政法大学工商管理学院始终坚持"党建带团建，

团建促党建"的基本思路，结合学院经、管优势学科特色，以"书香工商""礼冠工商""经管工商""榜样工商""志愿工商"五大特色项目为着力点，五位一体，勠力同心。以实践育人，提升思想引领质量，多领域助推青年大学生全面发展。通过举办一系列青年大学生喜闻乐见的课外文化活动，引领广大新时代青年接受书籍的熏陶，传播中华优秀传统文化，以经世济民的精神担起民族复兴大任，做德智体美劳全面发展的社会主义建设者和接班人。工商管理学院学生思想政治工作适应新任务、新时期和新形势下提出的"精准思政"新要求，适应"互联网革命"带来的新常态，结合青年学生的思想关切，提升高校之于青年学生思想价值引领的实践效果，助力培养担当民族复兴大任的时代新人，有利于落实"不忘初心，牢记使命"主题教育工作。

（三）"全媒体"思想政治教育工作，高校大学生党建制度的新探索

1.专人负责，明确责任分工

"全媒体"党建网络平台作为官方的宣传工具，需要认真对待平台的后台管理、维护、保卫及信息发布。保证平台日常工作的持续稳定，能够及时、不间断地发布信息，特别是在重要会议、讲话期间，第一时间将会议、讲话精神向平台关注者推送。因此，党建新媒体的每一个工作环节都需要高度重视，指派专人管理平台。建立"全媒体"党建宣传员

专人负责制度，首先是在制度层面上避免相关负责人推诿等道德逆选择行为发生；其次是让相关负责人的工作具有连续性、全面性，能够全面把握与新媒体相关的事宜，把工作做深做细，不断提高；最后是让相关负责人能够全面掌握新媒体业务，做好经验传承与推广工作。

2. 制度明显，建立考核标准

建立健全完善的考核制度，以公开透明的量化考核标准对"全媒体"党建网络平台进行考核。学生党建工作与意识形态关系密切，在过往的工作考核标准中，主观性考核标准占比较重且没有明确的尺度。建立清晰明了的量化考核标准，用数据说话，用客观的标准对工作进行考评，正确反映党建工作人员的工作质量，能够激发工作人员的积极性和创造性，为保障党建工作的顺利开展奠定基础。

3. 师生共建，积极沟通互动

高校学生党建工作既要发挥高校老师的指导性力量，更要重视学生党员积极分子的生力军支持。在吸纳积极分子、预备党员的过程中，明确规定对其日常表现进行考察，在党建新媒体工作中的表现也需要纳入考察范围。此外，负责学生党建工作的老师应该积极与学生沟通互动，利用新媒体渠道与学生平等交流，努力营造健康良好的交流环境，相互促进。

（四）"全媒体"海外党小组，探索大学生海外党建的新生态

1. 设计"全媒体"海外党小组

高校党建工作要和大学生教育管理在目标上契合，要引导党员、预备导员和入党积极分子自我教育、自我管理、自我服务。学生在海外的学习生活、社团活动、实习实践，一言一行、一举一动都代表着国家形象，体现着青年学生的素质。国外留学生长期脱离学校学院管理，特别是留学的党员、预备党员和入党积极分子不能按时开展党建活动与集体学习，也不能及时向党支部汇报思想动态，存在事实上脱离党组织的情况。

中南财经政法大学工商管理学院将"全媒体"党建的管理方式，积极推广到中外合作联合培养人才的项目上。工商管理学院工商（国际班）"4+1"主辅修双学位＋硕士国际联合培养项目于 2017 年 9 月正式开始招生。本项目学生在本校学习 4 年，达到外方入学要求后，可选择在美国纽约州立大学石溪分校或英国雷丁大学亨利商学院学习（完成学业一般需要 1 年）。该项目第一批学生即将前往上述高校学习，中南财经政法大学工商管理学院拟建立海外党小组，定期开展民主生活，学习党的先进理论成果和最新会议精神，策划举办党小组主题活动。

利用"全媒体"的思想理论，借助计算机网络的科技手段，在国际合作项目班级建立党小组，党小组内所有党员、

预备党员和入党积极分子的组织关系将隶属于中南财经政法大学工商管理学院党总支。党小组根据实际情况与国内党支部同步，定期联络、相互交流、开展活动，将线上宣传与线下党建、党的建设与学生管理、国内党组织与国外党小组党员联系起来。国外党小组的预备党员和入党积极分子通过视频和电子文档汇报思想，做到党支部培养和考察海外优秀预备党员、入党积极分子的工作不滞后，努力开创国内与国外有时差无滞后、有距离无障碍的党建工作新局面。

2. 构建"全媒体"党建工作的新生态

中南财经政法大学工商管理学院学生党总支运用"全媒体"党建的工作方法，创建了海外党小组"四化"模式：党支部会议网络视频化、党的理论学习网络同步化、思想汇报电子化、党员交流常态化。通过召开网络视频会议，共享公共邮箱、百度云盘，运用QQ、微信等实时交流软件，构建了"全媒体"党建工作的网络新生态。

这些网络党建举措的实施，不仅加强了党建工作的实际效果，拓展了党建工作的覆盖层面，激发了海外优秀学生参与党组织生活的积极性和主动性，努力确保了海外学生党员参与党组织活动的规范性和严肃性，有效解决了海外优秀学生积极向党组织靠拢、参与组织生活、汇报思想动态、申请发展入党、接受组织考察等实际问题。

通过"全媒体"海外党小组的工作模式，中南财经政法大学工商管理学院学生党总支可传达上级党组织的精神指示，明确海外党小组的工作职责，与海外学子共同规划民主生活会与党建活动主题。海外党小组可以根据实际情况，结合国内传统节日和国家政治生活中的重大事件，独立开展组织活动，举办形式丰富、内容多样、学生接受并富含中华优秀传统文化特色的党小组活动。同时，党小组可以以集体名义，邀请非党员中国留学生一同参与党小组主题活动，举办征文比赛、党史知识在线答题竞赛、主题演讲比赛，把党的建设、人才培养和学生教育有机融合，把宣传党的理论和中华民族传统文化相结合，开创党建工作的新方法，努力构建"全媒体"海外党建的网络新生态。

参考文献

［1］田仕，石虎. 新时代视阈下高校学生党员培养质量提升策略探究［J］. 学校党建与思想教育（高教版），2019（15）：27-28，36.

［2］黄英. 全媒体时代大学生基层党建工作创新［J］. 智库时代，2020，225（5）：27-28.

［3］董秀环. 全媒体下高校学生党建工作的探索［J］. 文化创新比较研究，2019，3（18）：1-2.

［4］邹恩悦，高健，周文海，全媒体在高校学生党建工作中的应用探析［J］. 理论观察，2018，149（11）：31-33.

［5］滕悦. "党建+"全媒体模式下高校学生党务工作路径研究［J］. 山西青年，2018（10）：219.

从党性修养视角浅谈高校
师德师风建设

陈俊华

（会计学院）

一、当前高校师德师风存在的一些问题

高校的教育目的或办学宗旨诸如培养人才、发展科技、服务社会等，是通过教师教书育人的职能来实现的，而教师的师德师风直接影响着各项教学目标的实现及其效果，良好的师德师风环境对促进和保障高校教师教学活动的正常开展起着举足轻重的作用。近年来，我国高校师德师风建设取得了显著的成效，但教师队伍中也存在着一些问题。

（一）部分教师理想信念不坚定

理想信念是人的奋斗目标、精神支柱，是一种贯穿始终的强大精神力量。个别高校教师理想信念不坚定的主要表现

形式如下。

1. 政治观念淡薄

高校肩负着为社会主义事业培养建设者和接班人的重要使命，不管是党员教师，还是非党员教师，立德树人的使命是相同的。个别教师对社会主义制度与党的各项路线、方针、政策认识不够，公然在课堂上发表不当言论，攻击、诽谤党和国家领导人，抹黑社会主义制度，损害党和政府的形象。

2. 职业信念动摇

没有职业信念，就会失去方向，精神上就会"缺钙"。个别教师刚参加工作时满腔热忱，但时间一长就觉得枯燥，自我要求不严，耐不住艰苦，工作积极性大幅降低，职业理想淡化，忘记了从业时的初心，丢下了责任与使命，人生观、价值观产生偏差。当职业信念进一步瓦解，就会产生跳槽、辞职现象。

3. 敬业精神缺失

高校教师的主业和主责是教书育人与科研创新，但是有的教师对职业不够敬重，对职业的使命认同感较低，工作懒散，态度消极，在教学工作与学术研究上缺乏主动性。教学上，照本宣科有之，口若悬河却离题万里有之，备课内容烂熟于心却忽略教学方法与手段，忽视教学效果；更有教师以职业"保底"，将工作重心放在校外兼职上。

（二）部分教师道德情操不过关

社会对高校教师有较高的道德期望，但是道德与学历并没有必然的联系，当前部分高校教师在道德情操方面存在如下不足。

1. 奉献精神不足

人的生命价值在于奉献，只有奉献社会，生命才更有意义。选择教师行业尤其需要有默默耕耘、无私奉献的道德觉悟，个别教师缺乏奉献精神，在集体利益与个人利益产生冲突时，往往选择后者，讲索取不讲奉献，讲交情不顾原则，讲待遇不讲成绩，更有甚者为了一己之私，不惜违背职业道德，触碰法律底线，枉顾师道尊严。

2. 纪律意识较差

以身作则是教师日常工作生活中的必然要求，大至国家宪法法律，小至学校学院的规章制度，教师理应是遵纪守法的典范。当前，有少部分教师规则意识不强，迟到、早退，上课期间玩手机、接听电话，以个人私事为重随意调停课，利用教学之便收受学生、家长财物，接受吃请等。

3. 生活作风问题严重

高校教师理应为人师表，但是个别教师品行不端，思想道德滑坡，生活作风不良。部分教师已有家庭、子女，仍然发展师生恋，甚至做出猥亵、侵害学生等严重败坏道德、违法乱纪的行为。

4. 学术不端

高校是创新科技、研究学术、交流思想、培养品行之地，但是个别高校教师为了职称职务评定、套取课题经费，在学术研究方面弄虚作假，剽窃他人科研成果，破坏正常的学术环境。

（三）部分教师扎实学识不过硬

作为大学生求学生涯的领路人，高校教师应该有扎实的学识，积累扎实的学识并非一朝一夕之功。在学识方面，部分教师存在的不足如下。

1. 忽视理论学习

高校教师应该具备精深的学科知识，广博的文化知识，对所讲授的课程有系统的、深刻的、准确的理解。目前绝大部分新任教师是博士学历，不少人有海外学习经历，在学科知识和文化知识方面无疑是高人一筹的，但是信息时代知识更新迭代迅速，新知识不断涌现，个别年轻教师不注重后续学习，个别资深教师满足于已经取得的成就，安于现状，觉得不再有学习的必要。

2. 忽视实践检验

教师的教育工作一方面要求具有扎实的知识功底，另一方面需要具备过硬的教学技巧，而教学技巧的提升得益于教学实践中的不断总结。个别教师满足于现有的教学方式方法，抱有"一招鲜吃遍天"的想法，不注重总结教学方法，也许他可以成为知识的传播者，却无法成为学生学习生涯上的合格引导者。

3. 缺乏终身学习理念

理念是行动的先导，高校教师的职业属性具有稳定性，绝大部分高校教师在教学岗位上退休。随着经济社会的飞速发展，社会对人才培养的要求空前提高，对高校教师队伍的素质要求自然也水涨船高，个别教师缺乏终身学习的理念，不能与时俱进，知识结构陈旧，无法回应新时期的挑战。

（四）部分教师仁爱之心较欠缺

有爱的教育才有温度。教师面对的是活生生的人，是学生，要使每一个学生健康成长，必须怀有仁爱之心，用一颗灵魂触动另一颗灵魂。部分教师缺乏仁爱之心，主要表现如下。

1. 育人意识淡薄

教师是人类灵魂的工程师，是学生求知路上的领路人，教师的价值在于为学生创造价值，为每一个学生的发展提供优质的服务。个别教师缺乏育人意识，不能耐心倾听学生的想法，下课后就一走了之，对教学效果持无所谓的态度；认为教学任务与育人工作是分开的，认为育人是辅导员与班主任的事情，对违反课堂纪律的现象视而不见。

2. 人文关怀欠缺

表现在对学生的教育、关心、爱护、尊重、鼓励不够，有的教师只注重学生的学习成绩与作业完成情况，对学生遇到的其他问题漠不关心，认为不在自己的工作职责范围之内。

3. 沟通意识不足

坚持"我说你听""我令你行"，对成绩优异的学生过于偏爱，对成绩落后的学生不闻不问，缺乏与学生的真诚对话，认为完成了教学任务就"万事大吉"；认为老师先天高学生一等，忽视平等交流。虽然这只是极个别现象，但是有的教师图一时之快，实施冷漠、无视等软暴力，对学生心灵的伤害是巨大的。

二、不良师德师风现象背后的原因探析

高校教师对大学生的影响是全方位的，包括人格塑造、品德修养、习惯养成、成绩好坏等。近年来，高校教师有损师德师风的行为依然偶有发生，且往往冲上热搜，在社会上造成巨大影响，究其原因，笔者尝试从行为、结果、观念三个层面来进行分析。

（一）从行为层面上看，欠缺底线思维

1. 政治底线

高校是社会主义教育事业的重要力量，要解决"为谁培

养人"的根本问题，高校教师应始终同党和人民站在一起，守住政治底线。一些高校教师在言行中，特别是在教学活动中，传播丑化、诋毁和否定中国共产党的西方政治观念，抨击社会主义制度；个别教师甚至借全面深化改革之名主张"全盘西化"，机械宣传西方"自由""民主""人权"等价值观，这都是欠缺政治底线思维的典型表现。

2. 法律底线

如果不尊重宪法权威，就会成为社会主义法治建设的破坏者。一般而言，民法、刑法等直接规范着公民的行为方式，高校教师在法律上只是普通群众的一员，但在学生面前应是遵守法律的榜样。从教师的特殊性来看，高校教师还是我国《教育法》和《教师法》的适用主体，如果高校教师不能牢固树立规则意识，就会走在违法乱纪的边缘。侵害学生权益导致学生伤亡、醉酒驾车、赌博、吸毒等违法犯罪行为的产生，正是缺乏法律底线思维的体现。

3. 道德底线

道德底线失守的高校教师，容易对高校乃至学界的学术氛围造成重大损害。个别教师在学生成绩与大型招生考试中"卖分""泄题"，影响极坏，表明教学环境的公平与和谐在其眼里不值一提。而影响最深远、性质最恶劣的行为，无疑是高校教师与学生发生不正当关系，甚至通过各种手段侵害异性学生。个别高校教师对学术规范、教学环境以及正常师生关系的践踏，是毫无道德底线的体现，对高校师德师风良好形象的破坏也是毁灭性的。

（二）从结果层面上看，无力控制欲望

人类文明发展的历史，从某种意义上说，也是人类在各种欲望面前沦陷与抗争的历史。当前，我国社会主义事业飞速发展，物质生活极大丰富，精神生活极大充实，高校教师面临的诱惑也越来越多。师德师风建设取得的良好成效充分表明，广大高校教师群体面对各种诱惑时能坚守本心，时刻铭记教书育人的使命。但少部分高校教师无力控制自己不合理的欲望，沦陷在权力、金钱等诸多诱惑之中。

与国家政府机关不同，高校在行政权力体系之外还有学术权力体系，行政职务与学术职务的晋升，本应是互不干涉的两条平行线，但是部分高校教师利用行政职务谋求学术荣誉与学术地位，同时也有部分专家学者依靠学术权威谋求行政职位。职称与职务，成果与荣誉皆演化为权力的游戏。

人民群众美好生活的实现离不开优渥的经济条件，但是"君子爱财，取之有道"，倘若高校教师过度追求经济财富，沉迷于物质享受不可自拔，即使他们属于高收入群体，其正常的薪资水平也必然无法满足其消费需求。套取课题经费、吃"回扣"、"暗箱操作"、索贿受贿、挪用公款等腐败问题的产生，都是因为当事人没有经受住利益的诱惑。当前高校财务制度面临重大压力，相当一部分原因是个别教师无力

控制物质上的贪欲。

此外，还有一些红线是不可触碰的。倘若师生之间发生不正当男女关系，将对高校校园环境产生破坏性的影响。对此，虽然每一位高校教师都有清晰的认知，但仍然有一些高校教师甚至是知名教授，利用师生关系对学生进行性骚扰甚至性侵害。毫无疑问，他们都沉沦在了自己的诸多贪欲之中，最终不仅败坏社会风气、腐蚀校园文化，令大学校园高尚纯洁的学术天地丧失应有的高雅与尊严，也将自己永远钉在了师德败坏的耻辱柱上。

（三）从观念层面上看，缺乏道德自觉

道德自觉并不是简单的有道德感或道德观念，教师的道德自觉是指教师作为个体对这一职业群体道德的知晓、领悟、认同、选择、内化和践行，是一个动态循环的过程。在笔者看来，缺乏道德自觉是高校教师出现师德师风问题的最本质原因。

高校教师的认知水平无疑要超出社会一般群体，对职业道德的知晓与领悟不存在任何门槛，没有哪一个失范教师是因为不了解教师的职业道德而做出有损师德师风行为的，真正的原因在于对职业道德的领悟、认同、选择、内化与实践不够自觉。

陀思妥耶夫斯基对人的心理有深刻的剖析——"上帝与魔鬼的争斗，在人心"；我国关于人性善恶的问题，也已经

争论了几千年。高校教师这一群体肩负着立德树人的重要使命，如果认为"人性善"，就应该将"善"的本性发扬光大，当好学生品格修养的领路人；如果认为"人性恶"，就应该压制"恶"的本性，锁住心中的恶念、贪念。但无论"性善"还是"性恶"，基于职业属性，高校教师都应当做到"学为人师，行为世范"。

对道德本身以及职业道德的领悟与认同程度，决定了高校教师在面临可能出现的师德师风危机时会作出何种选择，是突破底线，只求满足自己超出合理范围的欲望，还是守住底线，克制恶念，保持教师的德行与尊严。人的一生就是一个不断做出选择的过程，高校教师在职业生涯中也必然持续面临师德师风"是"与"非"的道德压力。道德知晓、领悟与认同支配道德选择、内化与实践；一次又一次的道德实践，也不断影响着高校教师的道德认知。道德自觉较高的教师，在正常的道德自觉循环中不断提升道德修养，因此不会做出有违师道尊严的行为。相反，少部分高校教师的道德自觉处于一种"错误观念——错误实践——错误观念"的恶性循环模式，其道德自觉较低，无力打破恶性循环，因而在这个循环模式下，酿成师德师风败坏的恶果只是时间问题。

三、党性修养视角下加强师德师风建设的有效途径

当前，从表现形式上看，少部分高校教师做出了违背"四

有"教师标准的行为，对高校师德师风形象造成了负面影响。从原因分析来看，部分高校教师欠缺底线思维、无力克制贪欲、缺乏道德自觉。那么应如何加强高校教师的师德师风建设？"不谋全局者，不足谋一域。"高校师德师风建设，必然要纳入全面深化教师队伍改革建设的大局中来。坚强的党性修养，能有力保障师德师风建设的正确方向，为师德师风建设提供不竭动力，更是高校教师抵制各种诱惑的有力武器。基于此，从高校党建工作的统领地位出发，以加强党性修养为中心，围绕制度规范、监督机制与道德自觉展开探索，使推进高校师德师风建设工作迈上新台阶有更大的可能性。

（一）加强政治建设，保持党对师德师风建设的领导

旗帜鲜明讲政治，是我们党作为马克思主义政党的根本要求。党的十九大把政治建设摆在首位，高校是党的教育事业的重要力量，办好社会主义大学，要坚决增强"四个意识"，坚定"四个自信"，做到"两个维护"，保持师德师风建设的正确政治方向。有数据表明，当前党员教师在高校教师群体中占据一半的比例，要努力提升教师党员的政治修养，带动全体教师在大是大非面前保持高度的政治警觉。

高校要严肃党内政治生活，按照全面从严治党的要求，严格贯彻执行民主集中制，落实好党委领导下的校长负责制，营造风清气正的校园政治文化，守护好教育强国的战略阵地。

立德·铸魂·育人

高校要注重发挥院系党委的政治核心作用以及基层党组织的战斗堡垒作用，充分利用组织生活，积极开展专题教育，发挥党员教师在高校师德师风建设中的中流砥柱作用。广大教师党员要树立鲜明的马克思主义政治观点和政治原则，保持坚定不移的政治立场和政治理想，忠诚于党和人民的教育事业，不断锤炼自身党性修养，发挥良好的师德师风示范效应。

（二）加强制度规范，完善党建引领师德师风体系建设

良好的师德师风环境的形成，离不开合理的制度设计。良好的制度可以使潜在的规则破坏者无法肆意妄为，糟糕的制度反倒可能使他们如鱼得水，而规则遵守者寸步难行。要从整体部署上考虑顶层设计，确保制度规范的系统性与可行性，如建立高校教师党性修养与师德师风定期分析制度，对高校教师的党性与师德师风情况制定科学的评价指标，设置不同群体对各项指标的打分权重，并将评价结果与岗位聘任、职称评定等挂钩；依托基层党支部、民主党派、教研室、学术团队等组织，定期开展评优活动。

同时，坚强的党性修养与良好师德师风的养成，要从源头抓起。对于新入职的青年教师，要常抓不懈，加强入职理论培训；对于非党员青年教师，要注意方式方法，把握时机，积极鼓励他们向党组织靠拢。榜样的力量是巨大的，有条件的高校，可以为青年教师分配一位德育导师，坚持典型引路，阶段

性宣传先进，发挥榜样示范作用。此外，充分挖掘红色资源，加强党史教育，对强化高校教师理想信念也有显著成效。

（三）加强监督机制，落实监督责任与"一票否决制"

制度的贯彻执行离不开有力的监督机制，构建党性修养与师德师风监督体系是实现"行为世范"的保障机制。在监督体系上，可以开设党性修养与师德师风反馈意见箱，搭建由高校、教师、学生、纪委监督共同参与的"多位一体"监督平台，构筑监督合力；在监督形式上，可以充分利用群众监督、社会监督、舆论监督等有效形式，创新利用新媒体平台技术，让高校教师主体、学生群体以及社会公众都能参与到监督工作中，检举、投诉涉嫌违背师德师风的行为。对于违背师德师风的行为，一经查实，根据具体情况，落实教育与整改工作。对于师德师风的不良现象，应严惩不贷，对整改与教育情况保持二次监督，确保不良风气得到扭转。

为充分落实监督责任，对于党性修养弱化、师德师风不良的现象，要及时处理、总结，对出现的重大师德师风问题，要定期召开师德师风警示教育大会，综合运用监督成果，用现实的案例提醒广大教师群体知敬畏、守底线，不断加强监督工作的权威性、有效性与严肃性，提高师德师风监督的精准性与实效性，最终保证日常监督落到实处。

（四）加强道德自觉，培育高校教师共产主义道德修养

共产主义道德是人类社会发展的最高道德，是判断党员是否有党性以及党性修养是否过硬的重要标志，也是高校教师是否能实现道德升华的重要基础。马克思主义理论认为，共产主义的道德应该立足于"为绝大多数人谋利益"。坚强的党性修养是高校教师坚定马克思主义信仰的有力保障，也是锤炼师德师风、永葆先进性的不竭动力。

加强道德自觉，培育高校教师的共产主义道德修养，是针对师德师风问题标本兼治的良药。一方面，要强化高校教师的道德认知，培育高校教师对共产主义道德的知晓、领悟与认同，党员教师要带头在共产主义道德上做出表率，树立为人民服务的思想，始终做好人民教育利益的代表；另一方面，高校教师要不断强化对共产主义道德的选择、内化和践行，只有不断在建设中国特色社会主义的伟大实践中提升道德认知、在教书育人的工作中加强党性修养，高校教师才能不断增加道德自觉，实现道德升华。

参考文献

［1］中央文献研究室．习近平谈治国理政［M］．外文出版社，2017．

［2］甄小英．怎样进行党性修养与党性分析［M］．北京：中共中央党校出版社，2013．

［3］《党性党风党纪教育读本》编写组. 党性党风党纪教育读本［M］. 北京：中国方正出版社，2010.

［4］范纯琍. 道德自觉及其实现［D］. 武汉大学，2017.

［5］郭方圆. 高校教师党员党性修养的对策研究［D］. 吉林农业大学，2017.

［6］张红红. 高校思政理论课教师师德师风建设研究［D］. 江西师范大学，2019.

［7］郑东. 新形势下高校师德师风建设研究［J］. 教育现代化，2019（A4）.

［8］韩松航. 树立良好师德师风［J］. 教书育人（高校论坛），2019（12）：1.

［9］钱广荣. 为师当自尊：师德师风建设的立足点［J］，思想理论教育，2018（11）：83-86.

［10］张兆端. 把思想政治工作贯穿于公安教育教学全过程——学习习近平在全国高校思想政治工作会议上的重要讲话［J］，公安教育，2017（1）.

［11］江涛. "教师职业道德"与"教师专业伦理"的关系［J］，安徽基础教育研究，2015（2）：27-30.

［12］吴文华. 人民教师师德规范的基本内容和要求［J］，西南大学学报（社会科学版），2012，38（5）：62-67.

"党建带团建"模式下高校团日
活动开展现状的实证分析
——以中南财经政法大学为例

聂 飒

（经济学院）

　　高校主题团日活动的革新与发展，对吸引和引领团员青年具有重要作用，能够凝聚、团结青年，促进青年成长，促进社会和谐。近年来，随着社会文化的开放化、包容化，大学生的价值取向愈加趋于多元化，传统的主题团日活动对大学生的吸引力和影响力逐步下降，呈现出形式主义、脱离青年和过度娱乐化等倾向。新时代背景下，高校团建工作面临着新的机遇和挑战。一方面，信息技术的发展为主题团日活动的开展提供了新载体；另一方面，经济、思想、社会等各方面的飞速变革，良莠不齐的网络文化，对团日活动的开展提出了新的挑战。

　　党建带团建，是指利用党组织的先进性带动团组织建设，团组织在加强自身建设的过程中更好地服务于党建工作。依托党建带团建，在思想、组织、队伍、制度、作风建设上不断发挥"带"的作用，在创新团建工作中不断强化"建"的效果，形成长效机制。充分发挥党建带团建的引领作用，正确利用新媒体，引领"00后"大学生树立社会主义核心价值观是高校面临的重要任务。本文以中南财经政法大学为调研地点，通过问卷调查，总结目前高校主题团日活动存在的问题，找出症结所在，进一步探究党建带团建模式下开展主题团日活动的创新途径。

一、调查对象的基本情况

（一）年级分布

本次调研共收到有效问卷 2444 份，从年级分布上看，大一学生 910 名，占总数的 37.23％；大二学生 618 名，占总数的 25.29％；大三学生 372 人，占总数的 15.22％；大四学生 450 人，占总数的 18.41％；研究生 94 人，占总数的 3.85％。如图 1 所示。

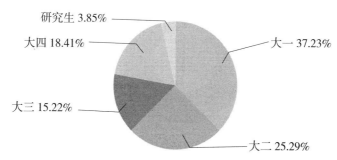

研究生 3.85%
大四 18.41%
大三 15.22%
大一 37.23%
大二 25.29%

图 1　调查对象的年级层次

（二）专业分布

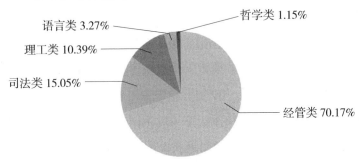

语言类 3.27%
哲学类 1.15%
理工类 10.39%
司法类 15.05%
经管类 70.17%

图2　调查对象的专业分布

共计 1715 名学生来自经管类专业，占总数的 70.17%；司法类专业的学生 367 人，占总数的 15.01%；理工类专业的学生 254 人，占总数的 10.39%；语言类专业的学生 80 人，占总数的 3.27%；哲学类专业的学生 28 人，占总数的 1.15%。如图 2 所示。

（三）政治面貌

党员 112 人，占总数的 4.58%；团员 2228 名，占总数的 91.16%；群众 104 名，占总数的 4.26%。如图 3 所示。

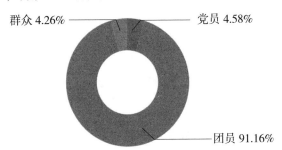

群众 4.26%
党员 4.58%
团员 91.16%

图3　调查对象的政治面貌

（四）职务分布

团支委 198 人，占总数的 8.1%；普通团支部成员 2246 人，占总数的 91.9%。如图 4 所示。

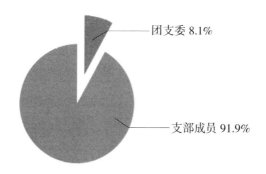

图 4　调查对象的职务

二、"党建带团建"模式下团日活动的开展现状

（一）当前主题团日活动存在的主要问题

如图 5，调查显示，49.87% 的同学认为其所在团支部的团日活动缺乏氛围，整体氛围沉闷，没有充分调动团支部成员的热情，没有达到预期的活动效果；41.59% 的同学认为支部团日活动的弊端在于过分形式化，为了办团日活动而办团日活动，缺乏举办团日活动的情感动力；28.5% 的同学认为团支部的团日活动时间过长，占用了自己大量的课余时间，对自己的束缚较大，而且影响了自己的课余生活；27.07% 的同学认为团支部的团日活动形式老旧，缺乏创新，只是沿用

了之前的固有形式，团日活动的趣味性不高，效果不太理想；23.69% 的同学认为团支部的团日活动内容枯燥，12% 的同学认为团日活动主题不明确，没有办法及时准确地调动同学们的积极性，导致同学们的厌倦心理比较强烈，无法起到很好的教育作用。

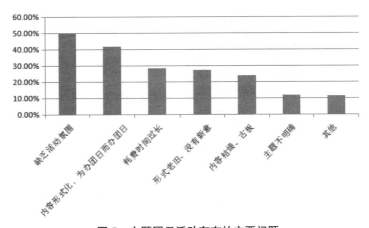

图 5　主题团日活动存在的主要问题

（二）主题团日活动创新存在的主要障碍

如图 6，问卷结果显示，62.63% 的团支委认为团日活动创新的障碍是同学的参与度不高，导致团日活动举办的基础较为薄弱，团支委的创新性与积极性下降；50.51% 的团支委认为团日活动创新的障碍是经费短缺，由于团支部成员都是学生，没有直接的经费来源，团支部活动经费都是由团支部成员共同负担的，进行团日活动的创新一定程度上会增加团日活动的成本，增加团支部成员负担，引起团支部成员的反对，反而不利于团日活动的创新；47.47% 的团支委认为团日活动创新的障碍是传统团日活动形式深入人心，传统团日活动开展历史较为悠久，且经过历届团支部的层层检验，符合大部分团支部成员的认知，在此基础上进行团日活动形式的创新，打破了团支部成员的固定思维，不容易被团支部成员所接纳；此外，团日活动主题不够明确（占比 21.21%）和团干部自身存在一定的问题（占比 9.09%）也是阻碍团日活动创新的相关因素。由于团支委皆是民主选举产生、没有经过系统培训，因此不同团支委的工作能力与水平也不尽相同，具体表现为：对团日活动的主题认知、阐述程度、表达方式、执行力度、实施方法、最终效果等方面存在一定差异，这在一定程度上阻碍了团日活动的创新。

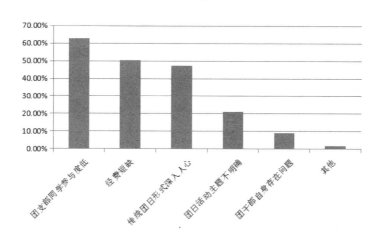

图 6　主题团日活动创新的主要障碍

（三）"党建带团建"模式下主题团日活动创新的努力与探索

各项数据表明，团员对团日活动的参与度并不高，主要原因为无聊且占用时间。在团日活动过程中，团员的归属感虽然有所提高，但是并没有达到应有的效果，教育意义也没有很好地在活动中体现。党建带团建对学生甚至部分团干部来说仍然十分陌生，党对团发展的引领作用也没有达到预期效果。但是，通过更加深入的访谈和调研，我们发现，党建带团建和团基层改革仍然是大势所趋，许多团支部都在尝试更加新颖、有趣的团日活动形式和内容，在创新中探索更加合适的活动方式。

如表1所示，93.94%的团支部将教育与娱乐相结合，采用寓教于乐的方式，将文娱活动与传统团日活动相结合，增加团日活动的趣味性，增强团支部成员对团日活动的认同感，增强团日活动的效果；92.93%的团支部将团日活动与网络相结合，以新媒体为平台创新活动方式，丰富活动内容；82.83%的团支部通过放映PPT、观看影片等多种方式将团日活动与时事政治等内容相联系；53.54%的团支部通过开展公益活动组织团日活动，组织团支部成员积极参加公益性活动，既能帮助团支部成员深入学习先进党团思想，接受先进思想文化的引导，又能激发团支部成员的社会责任感，鼓励团支部成员积极为社会服务。

表 1　主题团日活动创新的主要形式

选项	比例	
以新媒体为平台创新活动方式，丰富活动内容		92.93%
积极组织文娱活动，增强团支部成员的互动		93.94%
组织公益活动，增强团支部成员社会责任感		53.54%
观看系列影片，加强政治教育		82.83%
其他		3.03%

（四）"党建带团建"模式下主题团日活动创新的效果

党建带团建的首要目标在于用党组织的先进思想武装青年，用理想信念和先进思想将青年紧密地团结在党中央周围，用习近平新时代中国特色社会主义思想体系指导青年学生的成长发展与思政健康。

表 2　学生在团日活动中的主要收获

学生在团日活动中的主要收获	比例	
进一步熟悉了团支部同学		76.22%
学习了当前党中央、团中央的先进思想		84.77%
认识到当前团的现状		58.50%
进一步提升了自己的实践能力		50.04%
其他		1.96%

如表 2 所示，谈及团支部团日活动给同学们带来的收获，

84.77% 的同学表示，学习了当前党中央、团中央的先进思想；76.22% 的同学进一步熟悉了团支部的同学；58.5% 的同学认识到了当前共青团的现状；50.04% 的同学进一步提升了自己的实践能力。

表 3　团日活动发挥的爱国教育作用

程度	没有作用	作用很小	有一定作用	作用较强	作用很强	平均分
分值	1 分	2 分	3 分	4 分	5 分	3.92
比例	2.4%	3.29%	23.51%	41.59%	29.21%	

如表 3 所示，就团日活动所发挥的爱国教育作用而言，29.21% 的同学认为团日活动完全发挥了爱国教育作用；41.49% 的同学认为团日活动较好地发挥了爱国教育作用；23.51% 的同学认为团日活动基本发挥了爱国教育作用；5.69% 的同学认为团日活动基本上没有发挥爱国教育的作用。

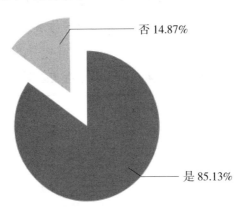

否 14.87%

是 85.13%

图 7　团日活动是否引发向党组织靠拢的想法

如图 7 所示，从团日活动对团员青年的思想引领作用来看，85.13% 的同学表示团日活动引发了自己向党组织靠拢的想法；

14.87%的同学表示当前团日活动未能引发自己向党组织靠拢的想法。

三、"党建带团建"模式下团日活动的创新途径

党建带团建不仅要适应时代潮流的变化,更要适应当代青年人的需求变化,不断扩大优质团日活动的受众面,创新党建带团建的工作路径。当前党建带团建工作机制的努力方向是既不能浮于理论,也不能流于形式,需要将理论与实践结合起来;既要通过思想、组织、队伍、制度、作风建设五位一体"发挥"作用,更要通过高效、有趣、新颖的团日活动形式将理论性的党团联系落到实处。根据高校党团组织的特点,开展合作型团日活动,通过党团合作、团团合作、团企合作等方式,发挥先进群体的模范带头作用,提高团日活动的号召力和感染力。

(一)团日活动的内容共享

1.抗疫精神类

例如"我的抗疫故事",疫情期间下沉社区的党员分享自己的抗疫经历与心得;"青年抗疫重建在路上",班级团支部与社区或志愿组织合作,为疫情后的重建工作献力。

2.创新创业类

例如"班企共建",班级与有宣传需求或人才需求的企

业合作，举行参观活动、讲座等。

3. 志愿活动类

由党支部带领团支部，开展"走进敬老院""跨专业合作支教""学雷锋，献力量"等志愿活动。

4. 经验交流类

党支部与团支部合作，高年级与低年级合作，荣誉集体与普通集体合作，帮扶共进。

（二）团日活动的合作形式

1. 团支部与团支部合作

在跨校班级、跨专业班级、跨年级班级之间达成合作，利用差异产生互补优势，不仅能活跃气氛，还能加深交流，增长见识。

2. 团支部与志愿组织合作

志愿组织有学院、学校、社区等不同单位，有一定的志愿者需求；同样，大学生也有着强烈的志愿贡献需求。因此，利用团日活动，形成长期的实践教育志愿合作大有益处。

3. 团支部与企业合作

很多优秀企业需要高校人才，但由于宣传、平台、渠道等因素不到位，造成人才短缺；而在校大学生了解到的企业有限，对日后的求职道路所知甚少。团企合作型团日活动，能促进大学生参与企业活动，进行职场体验，同时使企业得到宣传，满足了双方需求。

（三）团日活动的合作机制

1. 完善长期合作的工作机制

合作型团日活动的根源在于"循环"，循环合作的机制将使合作型团日活动的作用得到最大发挥。这需要相对官方的交流合作平台，明确各方需求内容、活动时间，从而选择最合适的合作方进行多次合作。同时，需要举办专业的培训活动，使各方都有清楚流程的联络员，进行活动、资源、时间、地点的洽谈。

2. 健全团企合作的鼓励机制

相对而言，班级团支部处于资源相对缺少的一方，为促进合作型团日活动的高质量、高效率开展与高洽谈成功率，要对各合作方进行鼓励，逐渐形成合作引导机制，提高各方合作的积极性。

3. 注重评价与反馈机制

合作型团日活动开展后，要建立评价、反馈平台，进行复盘反思，调整下次活动形式，或决定是否继续进行合作。同时，学院可将合作型团日活动纳入必选项目，举办合作型团日活动设计大赛，建立完整的评价与反馈机制，使团日活动的思想教育作用得以充分发挥。

参考文献

［1］陈婷. 高校基层团组织活力提升创新路径——以团日活动为切入点［J］. 中外企业家，2017（18）：206.

［2］霍晓丹，张莹，杨亚晨. 开展学生党团日联合主题教育活动的四个关键——以北京大学为例［J］. 学校党建与思想教育（高教版），2016（3）：29-31.

［3］陈学文. 高校"党建带团建"工作的创新路径［J］. 中共银川市委党校学报，2018（10）：35-37.

［4］黄雅晴，嵇红亮. 高校"党建带团建"工作机制初探［J］. 才智，2016（7）：164.

［5］章蓓意，吕晓丽. 新形势下高校党建带团建深度互动模式探究［J］. 上海党史与党建，2018（6）：54-57.

［6］严杰. 高校主题团日活动创新措施研究［J］. 教育论坛，2018（8）：325-326.

新时代高校党建工作新模式的
实践与探索

雷　陈

（体育部）

　　大学生党建是高校党建的重要组成部分，党中央高度重视大学生党建工作，习近平在高校党建工作会议上指出，坚持党委领导下校长负责制，全面推进党建各项工作，发挥基层党组织战斗堡垒作用，加强改进思政教育工作。党的十九大报告指出，新时代的建设要求是坚持加强党的全面领导，以加强党的长期执政能力建设为主线，以调动全党积极性为着力点，把党建成走在时代前列、勇于自我革命的马克思主义执政党。新时期赋予党建工作新的使命，必须加强探索党建工作新模式。习总书记在高校思政工作会议上强调，高校是党领导下的社会主义高校，必须坚持以马克思主义为指导。高校学生肩负着学习研究以马克思主义的重大任务，新时期大学生党建面临新的挑战，西方文化渗透为大学生党建工作带来困境，优秀传统文化受到冷落，部分大学生党员对党的认识不全面。随着市场经济发展，大量开放性、娱乐性文化思潮渗透到大学生的日常生活中，享乐主义等腐朽思想迅速蔓延，对坚定大学生理想信念教育带来了挑战。新时代赋予大学生党建工作新的意义，要牢固把握从严治党要求，不断构建党建工作新格局。

一、新时期高校大学生党建工作内涵

目前教育界尚未对大学生党建工作有定义明确界定，为在新时期深入了解大学生党建工作，需要明确大学生党建的内涵。借鉴现有研究基础上大学生党建的相关概念，总结新时代大学生党建工作内涵，探讨大学生党建工作的主要内容与现实意义。中国共产党是马克思主义领导下的无产阶级政党，新形势下加强和改进党建尤为重要。

新时代以来，党中央把党建工作上升到新的高度，使党成为社会主义的强大领导核心。党担负带领人民全面建成小康社会与实现民族伟大复兴的重任，要以改革创新精神推进党建伟大工程。加强党建是执政党的永恒主题。党建是党的自身建设，为实现奋斗目标，围绕党的基本路线加强政治思想作风建设，把党建成领导各族人民夺取胜利的坚强领导核心。党建把控政治、组织、制度建设等内容。高校学生党建对促进基层党建发展与构建和谐校园具有重大现实意义。大学生党建具有鲜明的特点，高校学生党建工作是高校党组织根据青年学生发展特点，对入党积极分子与党员进行培养、教育、管理的实践活动。

新时期大学生党建工作是党务工作者推动高校科学发展，针对学生党员有组织地培养优秀、先进分子，进行大学生思想、制度与作风建设的工作。新时期要将立德树人作为大学生党建工作的重要理论导向，鼓励大学生参加社会活动，对提升大学生思想道德素质具有重要意义。大学生党建是培养高素质人才的基础，加强大学生党建要用马克思主义中国化理论成果武装大学生头脑，对大学生党员进行经常性的思政教育工作。加强新形势下大学生党建，发挥高校党组织的优势，对青年学生进行思想启发教育，培养具有坚定理想信念和优秀专业技能的高素质人才。

二、新时代大学生党建工作创新的意义

大学生党建工作经过长期发展，经历了探索发展与深化阶段。新中国成立后大学生党建工作经历了曲折过程，改革开放后大学生党建经过多次探索取得巨大成就。自十二大召开到 20 世纪 90 年代初期，大学生党建工作随着现代化建设向新的发展阶段迈进。90 年代后大学生党建工作备受重视，党建内容不断完善；党的十六大后，各高校坚持科学发展观，大学生党建进入深化阶段。

大学生党建工作包含丰富的内容，如思想建设、健全党组织建设、完善制度建设。新时期加强大学生党建具有重要

意义，有利于执政党建设开展，是提升大学生思政素养的重要力量。高校党建是基层党组织建设的重要组成部分，加强大学生党建工作可以永葆党的先进性。高校党委工作者通过向大学生传授党章、党规等，吸引具有较高政治素养的大学生加入党员队伍，帮助大学生形成正确三观。创新大学生党建工作，能发挥学生党员先锋模范作用，提升大学生党员素质。

加强大学生党建工作是落实社会主义理论体系，培养合格建设者的重要保证。依据《教育法》，我国教育必须贯彻国家方针，不断培养德智体美劳全面发展的社会主义建设者。高校教育肩负着培养社会主义建设者的使命。改革开放后高校坚持党委领导下校长负责制，坚持党委领导才能办好特色社会主义大学。高校始终贯彻党的政治路线，离不开大学生党建工作队伍的作用。大学生是社会主义事业的主要力量，加强党建工作，引领大学生创新党建工作机制，开创适合学生党员的创新平台，宣传党的政治纲领，提升大学生马克思主义理论水平。

三、高校大学生党建工作现状

新时代以来，党领导下的基层党建工作深入开展，大学生党建在新时期被赋予新的使命，只有把握大学生特点，才能不断优化党建工作理念，完善大学生党建工作方法。大学生是特殊的社会群体，当前大学生以"95后"为主，其个性特点加大了学生党建工作的难度。只有了解大学生特点，才能提升大学生道德素养，促进大学生党建工作开展。

当前大学生总体坚定信仰马克思主义，少数学生认为马克思主义实际作用不大，出现政治信仰多元化趋势。大学生个性特点表现为自主意识强，网络发展使大学生获取知识渠道更丰富。我国处于信息化高速发展时代，丰富的信息资源吸引着大学生。但网络信息资源混杂，对大学生的价值观产生了冲击，一些有悖于社会主义核心价值观的思想对大学生的成长造成了不利影响。大学生党建工作特点体现为体系健全、理论性强、教育形式多元化等。教育部于 2017 年颁布高校学生党建工作标准，由校党委负责学生党建工作，建立学生党支部要根据的党组织需求，按照发挥党员先锋作用原则进行学生党员教育管理。

随着我国高教事业深入开展，高校党建工作取得长足进步。习近平在全国高校党建工作会议上指出，要发挥党的基层组织堡垒作用，促进高校学生党建工作迅速发展，学生党员数量稳步增长。新时期大学生党建工作取得进步表现为党员质量不断提高，党建制度逐渐完善，党政作用日益增强。大学生党建工作取得进步有多方面原因，主要有理想信念教育深入人心，从严治党成效显著。

四、新形势下大学生党建工作面临的挑战

新时期高校大学生党建工作取得长足进步，但实际工作中由于高校情况不同，党建工作存在发展不平衡等问题；受

信息化社会影响，大学生的思维方式等发生变化，对大学生三观形成起到促进作用的同时也带来了负面影响。高校党务工作者要能很好地适应新形势和任务，为解决大学生党建问题，要深刻挖掘问题产生的原因，为创新大学生党建工作提出针对性对策。

当前高校大学生党建工作面临的挑战体现为部分党员政治信仰模糊，党员入党动机多元化，党员教育重理论轻实践，党团活动重形式轻内容。政治信仰是政治主体建立对政治对象的了解基础上产生的政治认同感。党员要具备马克思主义理论素养，拥有坚定的共产主义理想信念，加强党的理论学习，是学生党员思想行动与党中央保持一致的前提。部分学生党员政治信仰动摇，表现为精神空虚、随波逐流。高校党组织每年在党员理论水平考核中进行廉政知识问答等活动，大多数学生党员成绩处于不合格水平，这对大学生党员教育管理带来很大的挑战。理论学习放松，导致大学生政治信仰不坚定，这虽然是少数学生党员的问题，但会危害、削弱党的凝聚力。

学生党团活动是高校学生党建的重要形式，大多数高校的支部党团活动无法正常开展，停留于发展新党员和召开支部会议上。学生党支部缺乏对组织活动形式的探索，开展组织活动局限于理论学习及校党委下发决议精神等。部分高校党员理论学习内容缺乏新意，党建工作大多根据上级党委的统一安排，学习党的方针、政策、文件。会议形式很少根据学生思想的实际状况进行针对性教育，导致学生党员理论掌握不足并失去学习兴趣。个别学生党支部活动缺乏整体规划，不能很好地落实组织生活制度，达不到对学生党员进行教育的目的。一些学生党支部存在形式主义，活动形式未能起到良好的教育作用。

新形势下大学生党建工作存在许多问题，其中的原因十分复杂。主要原因是党建工作缺乏长效机制，工作理念与社会环境不匹配。受西方自由资本主义价值观影响，不少大学生的文化观念与我国社会主义核心价值观相违背，这增加了对学生党员的教育管理难度。经济全球化发展使我国高教发展越来越国际化，新媒体出现给人们生活带来了便利。网络教育冲击了高校传统教育模式，使学生的学习生活方式发生变化，对党建工作也提出新的挑战。

五、新时代高校大学生党建工作创新对策

新形势下创新大学生党建工作非常必要，关系到党务工作者能否把从严治党作为重要使命加以贯彻，必须以新思维加强和改进高校学生党建工作。习近平总书记认为，高校教育必须坚持党的领导，新时期必须遵循高校思政工作规律。与时俱进改进传统方法，才能开创高校学生党建工作新局面。

高校大学生党建工作创新需要从创新工作理念、加强党建工作队伍建设、创新党建政工模式等方面探索有效途径。

创新党建工作理念要求关注大学生成长成才，树立立德树人的理念，构建党员发展新模式。习总书记在十九大报告中强调，要坚持人民主体地位，践行为人民服务的宗旨。高校要把学生党建工作视为国家发展要求，开展学生党建工作要解决大学生实际问题，关心大学生学习生活。新时期，坚持立德树人理念是高校党建工作的重点，立德树人的基本任务和理念要求高校学生管理者坚持学生党建育人制度，坚持全员教育与文化育人。

创新是民族进步的灵魂，与时俱进是推进大学生党建工作的根本途径，只有增强创新意识才能有效发挥党建作用。高校党建树立创新理念，要创新工作方法载体，促进党员深入社会实践。

新时期加强学生党建队伍建设，是高校党建工作创新的保证，要合理规划党建工作队伍，加强人才培养，发挥党建工作的主体作用。加强高校党建工作队伍建设，必须规划富有战斗力的工作队伍，发挥传帮带作用，促进学生党建协调发展。高校党员人数增长为学生党建工作带来难度，因此需要培养高素质党建工作人才，运用科学手段加强学生党员管理。

创新学生党建工作模式，是新时期高校党建工作的重要任务，要探索党建工作新渠道，开拓党建工作新局面。高校社团是大学生党建的重要组成部分，是学生完善自我的重要平台。高校迅猛发展促使大学生社团多样化发展，如何做好大学生党建工作促进大学生健康发展，需要党务工作者突出学生社团的政治作用，探索学生党建工作多元化发展模式，发挥学生社团组织的战斗堡垒作用。

学生公寓是学生学习生活的重要场所。大学生生活呈现自主化等特点，对传统以班级为单位进行管理的模式带来了难度。新时期完善大学生管理体制，需要重视学生公寓的作用。将学生公寓变成大学生思政教育的前沿阵地，对发挥学生党员凝聚力具有深远意义。

大学生党建工作机制创新，是高校党建工作创新的有效措施。新时期创新学生党建工作机制要完善考评体系，健全发展机制以提高党员质量，发挥新媒体优势以创新管理机制。目前高校学生党建工作存在许多问题，随着学生党员数量的增加，校党务工作者无法定期与培养对象进行交流，无法定期将培养对象的发展情况向组织汇报。要健全学生党员发展机制，严把学生党员入口关，完善责任追究制度，提高学生党员整体素质。

参考文献

［1］王端藓，王青耀，赵钦. 新时代高校"大党建"体系建设与路径创新［J］. 学理论，2020（7）：104-107.

［2］毕丹. 新时代"智慧党建"视角下高校党员经常性教育的机制探讨［J］. 上海党史与党建，2020（7）：57-60.

［3］钱小林. 大数据时代高校思想政治工作协同育人研究［D］. 电子科技大学，2020.

［4］张健丰，仲萝翔. 新时代高校"互联网＋党建"工作的实践探索［J］. 改革与开放，2020（Z1）：49-52.

［5］刘云博. 新时代高校"党支部＋理论社团"基层党建模式探索［J］. 党史博采（下），2019（8）：38-39.

队伍建设篇

基于共同体视角的财经类高校导师与研究生关系研究①

王秀景

（金融学院）

一、引言

在我国现有导师制模式下，导师是研究生培养的第一责任人，研究生与导师如何相处、师生关系如何提升则是研究生培养质量的关键影响因素。研究生正逐年扩招，研究生导师人均指导的学生数越来越多，生师比增加，这必然导致师生沟通互动减少，师生冲突现象时有发生。特别是受社会功利化思想影响，导师与研究生之间价值观和认知等方面的差异较大，师生关系愈发紧张，有时候甚至会发生一些危害人

---

① 本文系湖北省研究生德育研究会"2019 年湖北省研究生思政政治教育规划课题"（2019ZDB04）的部分成果。

身健康的行为。财经类高校研究生不需要禁锢在实验室，课余时间更为灵活，这也导致不同师门研究生的个体差异相差极大，部分研究生学习之余就跟着导师一起完成课题和科研任务，部分研究生只想抓紧实习和找工作，拿一纸文凭即可，还有的研究生则沉迷于玩乐。研究生表现的差异性除了个人性格因素外，还与导师的引导方式有很大关系，导师与研究生之间的关系正发生着微妙的变化。

二、导师与研究生关系研究概述

现有关于导师与研究生关系的研究，主要集中在师生关系内涵、关系类型、影响因素上，大多从研究生与导师沟通的内容、频率等互动情况来探讨研究生与导师的关系，认为增加导师与研究生的沟通和交流，有利于提升师生互动效果，构建和谐师生关系，进而提高研究生培养质量。

（一）导师与研究生互动关系研究

导师与研究生的互动关系体现在导师对研究生的指导过程中，导师对研究生进行学业和研究指导，提供学术资源，甚至利用人脉为学生提供社会资源。师生关系的好坏与研究生培养质量有较为直接的关系，师门文化和谐与否也会影响研究生的个人发展、学习成绩、学术成果、实践能力等。良好师生关系的建立，沟通是前提。在活跃型师生关系下，师生交往主动性高，互动频繁，导师对学生的了解也更为深入，对学生的学习能力、科研素养、实践能力以及价值观都会产生深刻的影响。导师与研究生双向互动关系模式如图1所示。

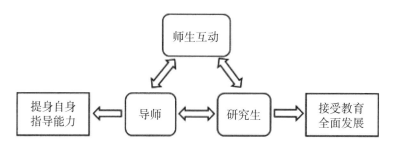

图1　导师与研究生双向互动关系模式

（二）研究生导师指导方式研究

导师在研究生培养过程中至关重要，与学生亦师亦友，是学生学术上的引路人，也是学生价值观养成的引导人。当今时代生活节奏日渐加快，导师与研究生的关系也趋于紧张，财经类高校导师与研究生应该如何相处，导师又该如何指导研究生，以及研究生的培养质量问题亟待解决。导师不同，对研究生的指导方式也不同。有的导师倾向于科研、工作、生活全包，属于"家长型"；有的导师更愿意安排研究生做项目、课题，四处接活，属于"老板型"；有的导师则希望自己的研究生能够天天泡在实验室做科研，属于"学究型"；另有一些导师则是除了开题答辩就不见踪影的"放羊型"。当前新形势下，导师对研究生的指导需要投入更多时间和精力，学校需要给予导师更多激励，导师也需要改变传统的思维和教育模式，善于引导学生，让学生在和谐的师门氛围中潜移默化地成长。

（三）共同体视角下师生关系内涵

习总书记在十九大报告中提出，坚持和平发展道路，推动构建人类命运共同体。共同体概念在师生相处中也同样适用。在共同体视角下，师生存在的价值通过对方的发展来实现，师生关系从缔结之日起便不可能离开对方而孤立存在，互动促进、师生和谐是师生共同体产生的重要标志，也是促进师生发展的重要因素。师生共同体的形成要素包含师生共同的目标、情感联系、意志联结、归属及认同感等，师生在相互交往中彼此促进，缔结联合。相对于本科生，研究生的培养更加强调科研素质和学术能力，学术提升是导师和研究生共同的追求，导师与研究生应在一系列沟通互动中，以共同的学术追求为目标，追求真理、探究学问，实现学术互促。

三、共同体视角下师生关系异化现象分析

现阶段的师生关系是一种怎样的状态，存在哪些问题，导致这些问题的原因是什么，我们能怎么办？本研究基于共同体视角，探讨财经类高校研究生与导师的师生关系，剖析导师与研究生互动现状和问题表现，厘清影响导师与研究生师生关系的关键性因素，提出改善研究生与导师关系、提高研究生培养质量的合理建议。

（一）导师与研究生关系现状

1. 师生互动频率低

对部分财经类高校研究生进行调研时，我们发现不少研究生与导师互动频率较低，互动程度不够。财经类高校学生课余时间一般在外实习，不像工科类学校学生经常与师门一起在实验室完成导师布置的课题和科研任务，互动频率较低，交流相对更少，互动氛围也不浓厚。还有部分研究生则表示，导师经常让其批阅本科生试卷或者处理其他个人杂务，虽有怨言，但不敢表达。研究生与导师的互动氛围还是比较紧张的，师门之间也很难建立良性的组织文化。师生互动会对研究生的学习投入产生影响，特别是对财经类高校学生而言，积极的师生互动会影响到研究生对导师个人魅力的认可程度，充分的信息交流也更利于研究生培养。

2. 导师对研究生指导缺乏针对性

财经类高校不少研究生对导师以"老板"相称，这一定程度上反映了财经类高校导师与研究生的相处模式。不同研究生的本科经历不同、学习功底不同、个性差异不同、个人规划也不同，但大部分导师还是"以我为尊"，对指导的研究生采取"一刀切"管理模式，没有根据不同研究生的不同需求给予不同的指导。导师在研究生指导过程中，忽略了指导方式的契合性，使学生产生现实与期望的落差，容易引起研究生反感和抵触情绪。

（二）共同体视角下师生关系弱化原因分析

共同体相关理论很好地解释了师生互动成长对构建和谐师生关系的重要作用。共同提高科研创新能力的交互活动，有利于较为深入、全面地了解和谐师生关系的内涵。本文基于共同体视角，探讨了研究生师生之间矛盾凸显的现实原因。

1. 教育理念相对落后

受传统教育理念影响，不少研究生导师仍保留着"师道尊严"的权威理念，有些研究生导师甚至把师生关系简单地理解为上下级关系，权力使用过度现象屡见不鲜。就师生共同体内容构成来看，共同体成员若是过分谋求自身的权力和利益，就很有可能产生成员之间的直接对抗，师生双方共同体关系就容易名存实亡。师生之间本应平等交流沟通，上下级的关系模式让导师很难关注学生的个性化需求，对学生的指导也容易以偏概全或不具备针对性。缺乏尊重和平等性的交往既违背了研究生的成长发展规律，也不利于研究生培养。

2. 导师制与监督机制有待完善

目前，不少财经类高校为了推行导师制，在学生一入学便为其确定导师，甚至为了让研究生尽快加入导师科研团队，在入学前便启动导师互选工作，压缩了师生了解的时间和范围，导致师生信息不对称。导师是研究生入学后接触最多、最全面的人，前期互动交流不足会对师生后期学习、科研活动的开展造成诸多不便。此外，研究生培养往往缺乏完善的监督体系和责任机制，学生的学习成绩、科研成果、就业发展并没有与导师考核挂钩，研究生的培养难以得到院校两级的有效督促。导师对研究生的指导全靠导师个人的责任感，这为一些责任意识和指导能力不足、甚至习惯性滥用权力的导师提供了一个不作为的温床。

3. 人文关怀有待加强

在现代社会的快节奏发展中，很多研究生单纯追求更好的发展机遇，急于求成，无法静下心来完成学业、科研，职业规划、生活安排充满迷茫与不安，不良情绪和思想焦虑也无法及时纾解、排解和引导。在我国的教育传统中，导师很少与研究生进行情感上的沟通与交流，对研究生个体的价值重视程度不够，不能因材施教；研究生与导师难以达成共识，对导师的信任感降低，也难以达成价值观念上的一致性。不少研究生希望更多地从导师身上得到关心和指导，然而访谈发现，研究生常常畏惧导师权威，不敢与导师交流或者不敢告诉导师自己的真实想法。

四、共同体视角下构建和谐师生关系路径

研究生培养水平的高低，是高校"双一流"建设的重要影响因素和衡量指标，师生关系好坏对研究生发展的影响不

可小觑。师门是经研究生导师确认后形成的一种紧密的非正式组织形式，师生之间也因不同师门组织文化而形成了不同的人际关系网络，影响着师生关系的和谐发展。共同体视角下导师与研究生和谐关系构建如图 2 所示。

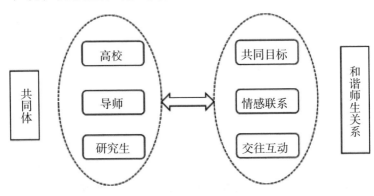

图 2　共同体视角下导师与研究生和谐关系构建

（一）高校层面：配齐配全导师，营造有益师生交流的环境

学校首先要为研究生配齐配全配好导师，在研究生数量剧增的现状下，要加大导师引进力度，并积极为研究生创造有益交流的环境。课堂是学术思想交流、碰撞的重要平台，可以要求导师进课堂，让每位导师承担至少一门研究生学位课程的教学，为师生增加互动交流平台，有意识地为每位研究生提供发言和展示机会，关注学生的研究兴趣，把研究生作为一个能动的创新型群体，有意识地将研究生学习过程赋予创新力，致力于把研究生培养成发现者、探究者、创造者。

课堂外，积极拓展第二课堂，比如面对面的交流、线上的师门讨论会等，让师生在相对轻松的环境中将课堂所学进行拓展和延伸，为师生和谐相处奠定基础。不论何时何地何种形式的师生交流，都要充分激发学生的学习主动性，同时又要给学生留有一定空间。导师对学生的教育是管理也是艺术，是对导师教学智慧的考验。

（二）导师层面：注重师门组织文化建立，关心学生个体发展

和谐校园文化为师生交流提供了温馨的学习环境，也为师生交往提供了更为广阔的空间，师生之间的关系由弱到强。共同体视角下师门组织更加注重信息的交流、资源的共享、情感的碰撞。导师在进行科研信息传递时，要有意识地增加双方的交流机会，形成良性的师门组织文化。财经类高校学生一般比较活跃，课余时间倾向于到企业实习，因此可以借助网格化模式规范边缘学生管理，促进和谐师门文化形成。教育是师生共同探寻真理的过程，导师要注重研究生的真实想法，突出研究生作为受教育主体的参与感和获得感，帮助研究生认清自己。师生对话有助于加强对师生双方的理解和感悟，也有助于在共同努力中达成共识；把师生置于一个平等交流的平台，共同探讨真理，在不断的交流对话中共同成长，实现共赢。

（三）研究生层面：提高学习积极性，合理安排科研与日常生活

研究生是师生和谐关系的能动性主体，研究生提高学习积极性，主动与导师沟通交流，参与到导师的课题和科研活动中，有利于师生和谐关系形成。但在现实中，财经类高校导师不像理工科导师经常出现在实验室，很多导师在企业中同时兼有其他职务，精力分散，学生见导师一面都比较困难，更不用说师生互动沟通。研究生需要更加主动地与导师取得联系，反映问题或是交流想法，不能一味地等导师来召唤，带着问题和想法去找导师，导师的指导才能更具针对性。研究生的课程相对较少，大部分时间都是自主学习，要同时考虑科研任务与日常生活，既不能整日沉迷于玩乐，也不能因为科研任务过重而不注意个人生活。研究生不仅要有扎实的专业知识、学术能力，还要有一定的实践能力，走出课堂、走出校园，参加社会实习实践，充实自己的研究生生涯。

（四）制度保障：规范导师职责，明确导师责任制度

学校首先应该规范导师的遴选过程，做好导师培训与考核工作，打造一支政治素质过硬、业务能力强的导师团队，做好教学与科研考核，教学能力与育人水平"两手抓"。把导师建设作为学科建设的重要内容，把导师培训工作制度化，针对不同阶段的导师，开展不同的强化培训，导师了解了研

究生不同阶段的需求，才能更有效地与研究生互动、沟通。对于导师的考核要更加全面综合，不能仅仅局限于科研成果、发表论文、申请课题，还要将其教学水平、研究生培养质量纳入考核范围。许多学生在入学前对导师的了解仅仅局限于网站介绍，对导师本人特点和研究方向不甚了解，进入学习阶段之后才发现个人学习规划与导师研究方向大相径庭。高校可以让学生先上课，经过一段时间的学习交流，加深对导师的了解后再选择导师，给师生双选一段缓冲时间，让师生双方根据自身供需来相互选择，实现师生关系的优化。

参考文献

［1］龚放. 大学"师生共同体"：概念辨析与现实重构［J］. 中国高教研究，2016（12）：6-10.

［2］权艳. 共同体视角下导师与研究生和谐关系研究［D］. 中国矿业大学，2019.

［3］孙群，侯其锋. 交往理论视角下导师与研究生和谐关系的构建［J］. 教育评论，2015（2）：67-69.

［4］王秀景. 基于职业能力导向的财经类专业学位研究生实践能力培养研究——以中南财经政法大学为例［J］. 当代教育实践与教学研究，2020（2）：158-159.

［5］杨丽丽. 新媒体视阈下高校师生共同体建设研究［J］. 广西社会科学，2018（3）：207-211.

立德树人视阈下高校教书育人新论①

朱诚蕾

（金融学院）

一、立德树人视阈下高校教书育人何以理解

立德树人是高校和高等教育的立身之本。"立德树人"思想在中国由来已久，可以说是中国传统文化教育思想的精髓。"立德树人"从字面意思来看，就是立德和树人。所谓立德，就是建立德业，完善人格，践行做人的道德标准；树人就是培养人才。立德是为人之根本，树人则是立足社会之根本，不论过去还是现代社会，都强调"立德"和"树人"二者不可偏废，二者相结合便是今天人才培养之根本要求、高校之根本任务、教师之主要职责。在这样的大前提下，高

① 本文系湖北省教育科学规划 2016 年度课题阶段成果（项目编号 2016GB014）、中南财经政法大学"乐学晓南"辅导员学业支持工作室成果。

校教师更要深刻理解教书育人的深层含义，坚持"教书和育人相统一，言传和身教相统一"，"以德立身、以德立学、以德施教"，切实当好学生健康成长的指导者和引路人。

（一）教书与育人相统一

著名教育学家赫尔巴特认为，不存在无教育的教学和无教学的教育。从教育的本质而言，教育即教和育，就是教书和育人。教书是培养学生学识和科学文化的活动，教师通过课堂或课外教育将知识或技能传递给学生；而育人，则是教师在教书的过程中，通过发挥自身人格魅力及行为示范效应引导学生形成健康的心理和健全的人格，树立正确的世界观、人生观和价值观，促进学生德智体美劳全面发展。不难看出，教书是手段，育人才是目的，目的决定手段，手段服务于目的，教书的目的就是育人，培育德智体美劳全面发展的人。也就是说，教书与育人是统一的，这正是立德树人视阈下高校教书育人的本质要求。

（二）言传和身教于一体

习近平总书记指出，高校教师应当坚持言传和身教相统一。教书正是教师通过口头语言、书面语言教学及其他教育活动，传授科学文化知识，也就是用语言传授知识，即言传。所谓身教，就是通过自身行为、人格魅力，以身作则影响学生的价值观念和行为规范，使学生耳濡目染、见贤思齐、自觉效仿，这和育人的目的不谋而合。

自古以来，行胜于言，所谓"其身正，不令而行；其身不正，虽令不从"。教师的行为往往比言论更能影响、感染学生。正如习近平总书记所说，广大教师必须率先垂范、以身作则，引导和帮助学生把握好人生方向，特别是引导和帮助青少年学生扣好人生的第一粒扣子。可见，在立德树人的时代背景下，言传与身教相结合是高校教书育人的关键，也对新时代的高校教师提出了更高的要求。

（三）以德立身、立学和施教

教书育人是坚持以立德树人为根本任务，是育人为本、以德为先原则的集中体现。以德立身即以高标准的德行来约束自己，规范自身的行为；以德立学即在学术研究上恪守学术道德；以德施教则是在教育教学过程中坚守师德。不难看出，以德立身是教师教书育人的前提，以德立学是教书育人的重要内容，以德施教是其实现教书育人的根本途径。

习近平总书记指出，好老师首先应该是以德施教、以德立身的楷模；老师对学生的影响，离不开老师的学识和能力，更离不开老师为人处世、于国于民、于公于私所持的价值观。在立德树人视阈下，高校教师教书育人的过程正是教师以德立身、以德立学和以德施教的过程，而教师以德立身、立学和施教也是高校实现教书育人的基本途径。

二、立德树人视阈下高校教书育人何以必要

著名教育家陶行知说过，先生不应该专教书，他的责任是教人做人；学生不应该专读书，他的责任是学习人生之道。习近平总书记反复强调，培养社会主义建设者和接班人，是我们党的教育方针，是我国各级各类学校的共同使命；要把立德树人的成效作为检验学校一切工作的根本标准。可见育人和树人在本质上都是一种道德实践，立德树人作为高校的立身之本，需要高校教师在教书的同时实现育人的目的，培育德才兼备、全面发展的人才。

（一）立德树人根本任务之要求

立德树人是我国高等教育的根本任务和时代使命。党的十九大报告明确指出，要全面贯彻党的教育方针，落实立德树人根本任务，发展素质教育，推进教育公平，培养德智体美全面发展的社会主义建设者和接班人。这进一步明确和发展了"立德树人"的根本目标和根本任务，即引导青年学生做到明大德、守公德、严私德。《资治通鉴》中说，"才者，德之资也；德者，才之帅也"，也就是说，才学是德的资本，而德行是才学的关键。教育是育人和育才相统一的过程，而育人是本，育人的根本在于立德，这也是高校教书育人的根本任务所在。

目前，高校中普遍存在着对"立德树人"理解不够深刻的现象，或重教书轻育人，或教书和育人脱节，或言传和身

教脱节；部分高校老师在教书育人过程中存在言行不一致，说一套做一套，甚至出现"两张皮"的现象，严重影响了高校人才培养的质量和水平。

《中华人民共和国教育法》和《中华人民共和国高等教育法》都对教育的目的进行了明确的阐释，即培养全面发展的社会主义事业的建设者和接班人。教书育人，育人为先，育人为重，因此，高校要始终把教书育人作为立德树人的根本途径，并把立德树人内化到大学建设和管理各领域、各方面、各环节，做到以树人为核心，以立德为根本，培养德智体美劳等方面全面发展的人才。

（二）高校教师神圣使命之所在

教师作为教育教学的主体，也是育人的具体执行者和实施者。习近平总书记指出，一个优秀的老师，应该是"经师"和"人师"的统一，既要精于"授业""解惑"，更要以"传道"为责任和使命。可见，教书育人不仅是高校教师的根本职责和神圣使命，也是教育自身的目的所在。

《中华人民共和国教师法》等一系列政策文件法规，规定了教书育人是高校教师的职责和使命。党和国家领导人也多次在各种会议上论述教书育人是高校教师的神圣职责。习近平总书记说，教师承担着最庄严、最神圣的使命；教师要时刻铭记教书育人的使命，甘当人梯，甘当铺路石，以人格魅力引导学生心灵，以学术造诣开启学生的智慧之门；教师是人类灵魂的工程师，承担着神圣使命。这一系列论述表明，教书育人是高校教师的神圣使命。

目前，我们的教师队伍大多能够担起教书育人的神圣使命，他们热爱党的教育事业、敬重学问、关爱学生、为人师表、默默奉献，受到社会广泛赞誉和普遍尊重。同时我们也要看到，高校中仍然存在着教师育人意识不强的现象，有些教师尤其是专业课程老师，缺乏育人的意识，认为思想政治课程无用；个别老师出现道德败坏、贪赃枉法、学术不端等问题。这让我们不得不反思当前教育存在的问题，也更加明确了高校教师不仅要做好人类知识的传播者，更要当好求学青年人生道路的向导，切实承担起学生健康成长的指导者和引路人的责任。

（三）青年学生健康成长之需要

当代青年学生思想主流是积极向上的，他们政治觉悟较高，爱国意识强烈，世界观、人生观、价值观在不断形成之中。但我们面临的是一个价值多元的变革时代，当前，世界范围内各种思潮交流交融交锋，国内各种矛盾和热点问题叠加出现，境内外敌对势力对我国实施西化、分化战略一刻也没有放松，因而正处于价值观形成关键期的广大青少年学生面临着复杂而严峻的成长环境。习近平总书记曾用"小麦的灌浆期"比喻青少年成长的关键期。广大青少年学生处于知识体系搭建尚未完成，价值观塑造尚未成型，情感心理尚未成熟的时期，所以在他们个人学习与发展的过程中，要格外重视教育对青少年成长成才的作用，在做好传道授业解惑的同时，更要引导和帮助青少年学生"扣好人生的第一粒扣子"。

三、立德树人视阈下高校教书育人何以践行

习近平总书记在全国高校思想政治工作会议上指出，要把思想政治工作贯穿教育教学全过程，实现全员育人、全程育人、全方位育人，努力开创我国高等教育事业发展新局面。知者行之始，行者知之成。教书育人是一项系统工程，需要我们在遵循教育规律的基础上，从强化教师队伍建设、丰富育人载体、营造育人氛围、健全运行机制等方面共同发力、统筹推进。

（一）增强教书育人意识

师者，人之模范也。习近平总书记在同北京大学师生座谈时强调，教师思想政治状况具有很强的示范性。要坚持高校教育者先受教育。这为开展好教书育人工作提供了鲜明的导向，即不断加强和改进教师思想政治教育，加强师德师风建设，树立并增强以德育人的育人意识和育人理念，建设一支政治素质过硬、业务能力精湛、育人水平高超的高素质优秀教师队伍。

一是要坚持党建引领，增强高校教师的党性修养。党政军民学，党是领导一切的。我们的高校是党领导下的高校，

是中国特色社会主义高校。办好我们的高校，必须坚持以马克思主义为指导，全面贯彻党的教育方针。这些都要求高校要坚持正确的办学方向，以党建引领教书育人，以党性强师德，以党风促教风，把师德师风建设与党风廉政建设紧密结合，切实转变工作作风，树立高校和教师的良好形象。同时，要发挥教师党员的模范带头作用，探索深化和拓展教师、党支部书记"双带头人"的培育工程，通过教师党员的示范引领，全面加强教师队伍的党建工作，尤其是中青年教师的党建工作，以党建凝心聚力，督促教师全力做好教书育人工作。

二是要加强理论学习，增强高校教师的政治素质。要经常性开展骨干教师思想政治素养提升培训，引导教师树立正确的人生观价值观，坚定理想信念，坚定不移地走中国特色社会主义办学道路。高校教师为人师表，更要以身作则，以德为先，自觉加强理论学习，制定详细的学习计划，通过个人自学和集中学习等多种方式，学习邓小平理论、"三个代表"重要思想、科学发展观及习近平新时代中国特色社会主义思想，旗帜鲜明地讲政治、做表率，通过言传身教感染青年学生的内心，并内化于心，外化于行，在是非、曲直、善恶、义利、得失等方面担起教书育人的责任。

三是要坚持先进典型引导，深化师德师风建设。近年来，高校涌现了一批优秀教师楷模，如把生命献给祖国最需要的地方的复旦大学教授钟扬、"赶路"在太行山的河北农业大学教授李保国、把生命定格在冲锋姿态的大连舰艇学院教授方永刚等杰出代表，他们用自身行动践行着教书与育人的高度统一，也为广大教师履行教书育人的神圣职责指明了方向。高校要积极发掘并培育一批教书育人的先进典型，设立"教书育人奖""道德楷模"等方面的奖项来表扬先进，通过网络、媒体等途径宣传其先进事迹，扩大先进典型的示范引领面，形成"崇尚先进、学习先进、争当先进"的良性循环。

（二）丰富教书育人载体

现有教书育人载体主要是思想政治理论课堂，形式较为单一，内容较为枯燥，教育传递功能不佳。我们要突破教书育人只发生在课堂甚至思想政治课堂的局限，用好课堂教学这个主渠道，思想政治理论课要坚持在改进中加强，提升思想政治教育亲和力和针对性。其他课程与思想政治理论课同向同行，课堂育人与网络育人齐头并进，形成课上课下、线上线下多维度、多方面"百花齐放"的局面。

一是聚焦"课程思政"，各个课程之间协同发力。思想政治理论课无疑是高校开展教书育人工作的中坚力量，但作为一门公共必修课，其在课程时间安排及受重视程度上与专业课程相比要逊色许多。习近平总书记强调，其他各门课都要守好一段渠、种好责任田，使各类课程与思想政治理论课同向同行，形成协同效应。其他课程虽承担不同的教学职责，但都要坚持以马克思主义的指导思想为根本价值遵循，坚持社会主义办学方向。高校其他课程与思想政治理论课程在教学方向的一致，也决定了它们在目标方向上的一致，即培养德才兼备、全面发展的人才。教育部提出"课程思政"的要求，即除思想政治理论课程外，要充分深入挖掘各门专业课程所蕴含的育人元素和育人功能。这些都要求高校其他各类课程，无论是哲学社会科学、还是自然科学，在教学过程中讲解知识体系的同时，要深挖其中的思想政治教育资源，探讨其丰富的人文底蕴和知识资源，以及隐形渗透价值理念，使各类课程之间协同发力，使教书育人真正落到实处。

二是聚焦"网络育人"，坚持线上线下深度融合。当前，新媒体、大数据等日益改变着人们的生活，并对人们的思维习惯和生活习惯造成了很大的影响，作为思想较为活跃的大学生群体，更容易受其影响。因此，除了传统的线下课堂、实践育人外，更要把网上舆论工作作为宣传思想工作重中之重来抓，做到线上线下的有机融合。首先要积极搭建线上"微平台"，主动建立高校、院系、班级层级的微信群或微信公众号，邀请高校教师就教书育人话题撰写文章或进行互动，及时把主流声音通过网络传递给广大学生。其次要关注线上"微话语"，加强对微平台、微媒体的舆情监督和引导，收集相关"微话语"，发现大学生在思想方面存在的问题，做到对症下药，及时发现并解决高校学生现实思想问题，有效弥补线下实体课程育人的短板。

三是聚焦"实践育人"，坚持理论教育、课后实践之间融会贯通。道不可坐论，德不能空谈。教书育人除了需要高校教师在课堂上要全方位、多维度地对学生人生观、世界观、价值观进行教育与渗透，全方位引导大学生树立正确的价值取向外，还要积极依托高校资源优势组织社会实践活动，让大学生在实践中塑造人格，在具体实践中将知识融会贯通。如在培养大学生社会责任感方面，可通过大学生支教团、结对帮扶社区困难群众、保护环境义工等公务活动，引导学生增强社会责任感，实现社会价值；在爱国主义教育上，可结合"国庆""五四""九一八"等特殊时间节点，开展主题演讲比赛、图片展等特色活动，加强学生爱国主义教育；在价值观养成上，可定期开展诸如"学雷锋"、学习先进人物事迹系列活动，促进大学生争当模范、争当先进，用德育实践达到高校教书育人的职能。

（三）培育教书育人文化

教书育人，文化养人。通过文化影响来达到育人的目的，是教书育人的隐形路径。教书育人文化作为大学文化的重要内容之一，其潜移默化、深远持久的特点，对学生人格的塑造，个性的发展有着十分积极的作用。培育并丰富教书育人文化，要根据新情况、新形势，做到与时俱进，因时而新，而势而新。

一是教书育人文化要坚持"不忘本来"，继承创新中华优秀传统文化。十九大报告在培育和践行社会主义核心价值观内容中指出，深入挖掘中华优秀传统文化蕴含的思想观念、人文精神、道德规范，结合时代要求继承创新，让中华文化展现出永久魅力和时代风采。培育和践行社会主义价值观，同教书育人的目标空前一致，教书育人文化也应从有益的传统文化尤其是中国古代教育思想中汲取丰厚养分，让那些历久弥新的思想为当代的教育教学注入新鲜的血液。

二是教书育人文化要坚持"吸收外来"，坚守网络意识形态主阵地。习近平总书记在多个讲话中强调，要强化思想引领，牢牢把握高校意识形态工作领导权。当前，网络已经成为意识形态斗争的主阵地、主战场，我们要认真研究网络这个大环境对当代大学生思想行为、价值观念等方面的影响，准确把握网络意识形态领域的突出问题和风险点，有针对性地开展网络条件下的教书育人工作，切实维护高校网络意识形态领域主阵地。

三是教书育人文化要坚持"面向未来"，打造教书育人文化特色品牌。中国特色社会主义事业是面向未来的事业，需要一代又一代有志青年接续奋斗。高校要依托其教育资源优势建立多样化的教书育人文化活动，打造教书育人文化特色品牌，加强文化软实力建设，将学术研究、教书育人融为一体，将感恩反馈与传统传承有机结合，实现教书与育人、当下与未来之间的良性互动。如一些高校创办"树人讲堂"，定期邀请院校领导、专家学者以及校友、企业家等开展专题讲座，在坚定学生理想信念、规划人生蓝图等方面营造了良好的育人氛围。再比如，湖北百万校友积极支持家乡经济发展，也是一种反哺式的育人成果体现，也必将为在校大学生提供一种积极的价值导向。

（四）完善教书育人长效机制

完善教书育人机制是一个长期的过程，关系到教书育人各部分之间的相互关系及其运行方式，需要高校及时体察当前机制的运行规律，结合社会发展现状，扬长避短，坚持辩证否定之原理进行调整，使其符合社会主义核心价值观念以及教育自身发展的规律，适应社会主流意识形态，促进高校教书育人根本任务的实现。

一是加强教书育人组织机制建设。《中共中央关于加强学校德育工作的若干意见》及《高等教育法》都对学校德育领导体制进行了明确界定，总体来说就是教育人工作要由学校指定领导负责并明确职能部门垂直管理，除了相应的校级领导机构外，还必须成立相应的院系基层机构，以便教书育人工作能够在基层落地生根。

二是建立健全制度教书育人保障。教书育人这项功在当代、利在千秋的事业，需要一套完整的制度保障和政策导向来进行规范，在顶层设计上，制定职能部门联席会议制度、部门协作常态机制等；在具体实施上，对教书育人目标、要求、方法等予以明确规定。同时，制定积极的政策导向来调动广大教师教书育人的积极性，如湖北实施了加大高校思想政治工作经费专项投入，推进思想政治工作集成式、项目化建设等措施。

三是规范教书育人评价考核机制。把教书育人及育人成效纳入教师的考核、奖惩制度中，是教书育人工作向纵深发展的内在要求。考评考核机制要坚持定量和定性相结合、当前和长远相结合的原则，客观公正、直观反映教师教书育人成效。如有些高校建立了完善的教师思想政治素质和业务能力双重考核制度，在考核业务的同时，也考核育人实效，使教书育人工作真正落到实处。有些省份在规范教书育人工作的同时，也为教书育人成效好的老师拓宽了发展空间。例如，湖北在"教师思政"活动中，单设专项经费、单设人才项目、单设职评体系，确保思政工作队伍高级职称岗位设置比例不低于其他学科的设置比例，并加大奖励力度。这些积极的政策无疑会更好地促进教师将教书育人贯穿教育教学全过程，切实做到立德树人、教书育人。

参考文献

［1］习近平在全国高校思想政治工作会议上强调：把思想政治工作贯穿教育教学全过程开创我国高等教育事业新局面［N］. 人民日报，2016-12-19.

［2］习近平. 做党和人民满意的好老师［N］. 人民日报，2014-09-10.

［3］陶行知. 行知书信集［M］. 合肥：安徽人民出版社，1983.

［4］习近平在北京大学师生座谈会上的讲话［N］.人民日报，2018-05-04.

［5］习近平在中国共产党第十九次全国代表大会上的报告［N］.人民日报，2017-10-28.

［6］习近平总书记在十三届全国人大一次会议参加重庆代表团审议时的讲话［N］.中国纪检监察报，2018-03-16.

［7］中共中央文献研究室.习近平关于青少年和共青团工作论述摘编［M］.北京：中央文献出版社出版，2017.

［8］习近平同志在全国宣传思想工作会议上［N］.新华日报，2013-08-20.

双因素理论对我国高校构建教师激励机制的启示 ①

周术国   宋   州

（马克思主义学院）

双因素理论是西方经典激励理论之一，已经被广泛应用于现代管理科学领域。将双因素理论应用至高校教师队伍的建设与管理中，进而建立起科学合理的激励机制，无论对于促进教师自身的专业发展，还是提升高校教科研管理水平，促进其稳步发展，都具有重要的理论意义与实践意义。

一、双因素理论的基本内容及重要意义

（一）双因素理论的提出

20 世纪 50 年代，以 200 余名金融从业者与技术类职工为

---

①   本文系 2018 年度校级教学研究项目"湖北省高校思政课教师激励机制的优化研究——以双因素理论为视角"的阶段性研究成果。

样本，著名心理学家弗雷德里克·赫茨伯格开展了一项关于工作满意度的调查访问。调查访问运用了对照分析的研究方法，即要求调查对象分别总结其在职业中感到满意与不悦的地方。通过提炼、归纳样本的访问结果，赫茨伯格总结出了两类与员工职业满意度直接相关的因素，并将其命名为保健因素与激励因素。不同于其他激励理论，双因素理论不仅肯定了保健因素的基础激励作用，同时也强调了激励因素在调动员工工作积极性方面的效用，其核心观点对正确处理保健因素与激励因素之间的关系具有示范作用。

（二）双因素理论的内涵

激励因素指的是能激发人们产生积极情绪的因素，其主要包括工作成就、工作责任心、成长机会等与工作内容本身直接相关联的因素，因此也被称为"内部因素"。当员工可以从工作中取得成就感与实现自我价值的提升时，其源自内心的工作动力与积极性会得到极大程度的激发。工作中存在的挑战、取得的成就或有趣的工作内容等，都有助于员工在工作中获得收获感与成就感。然而，员工对工作的热情与其工作的完成度之间并不存在必然的联系。换句话说，当员工对工作的内在热情无法被充分激发或无法从工作中取得成就感时，其完成必须的工作量并不一定会受到影响，其仍然可以通过得到一定的工资薪酬来维持自身的生活。由此，激励因素的缺位并不会导致员工产生较大的不满情绪。

保健因素指的是那些给人们工作带来负面情绪的因素，其主要与具体工作环境、工作条件有关，因此也被称为"外部因素"，例如薪资福利待遇、管理规章制度、办公条件与环境等这些不属于工作内容本身的因素。当管理者对这类因素处理不当时，员工的基本物质生活需求无法得到保障并且容易产生不平衡感，其工作积极性将会受到严重打击。但是这类因素同时也是预防性的，如果得到满足则能够预防工作中消极不满等负面情绪的出现。然而，在提高员工的热情和积极性来使他们创造出对企业有利的价值方面，保健因素仍存在较大的局限性。

保健因素与激励因素之间不是绝对对立的，而是辩证统一的关系。保健因素是激励机制的基础，而激励因素则是激励机制发挥作用的关键着力点。首先，激励机制应当保障员工对工作基本的积极性，因此管理者需要保障或者完善工作中的"保健因素"。其次，为了进一步挖掘并提高员工的工作积极性，管理者同样需要重视"激励因素"的满足。当激励机制中的"激励因素"与"保健因素"各有侧重、相互配合并共同发挥作用时，才能全方位、多层次地激发员工积极性，从而为企业创造最大的效益。

（三）双因素理论的重要意义

在经典管理学中，报酬是驱动员工最为有效的激励方式。但随着生产力与生产水平的迅猛发展，人们的物质生活越来越丰富，金钱的激励作用也随之急剧下降。在这一时代背景下，双因素理论应运而生。双因素理论为激励理论的发展提供了一个新的视角。它表明，仅仅依靠物质奖励不足以充分激发员工的工作积极性，更重要的是要结合物质与工作内容本身带给人的激励作用。这一理论很好地适应了新形势对激励理论的需求，为管理者制定更为科学的激励机制提供了清晰的理论思路与实践指导。

二、双因素理论视角下我国高校教师激励机制存在的主要问题

保健因素与激励因素在激励机制中从两个互补的维度相互配合，共同激发人们的工作动机。因此，在分析高校教师的激励现状时也应该从这两个层面出发，探寻当下激励机制的不足与困境，从而找到更好的解决办法。

（一）在保健因素方面

1. 工资福利待遇有待进一步提高

近几年，一些针对高校教师收入状况的调查研究结果显示，我国不同地域、不同层次、不同专业之间的高校教师收入待遇差别极其明显。我国高校教师尤其是青年教师的待遇水平，整体上处于社会中低水平，存在着很大的提升空间。高校教师属于高学历、高智力、高能力的群体，其求学期间

付出的时间、金钱成本往往大大高于其他职业人员。因此，极大部分高校教师都希望在工作以后能够快速地回收前期投资，享受与其学术价值、工作能力相匹配的高薪酬、高待遇。在此背景下，高校教师群体一般都对薪酬待遇有较高的心理预期。如果薪酬水平低，无法与其个人价值相匹配，一方面会导致教师产生心理落差，另一方面则会影响其工作积极性和投入程度，像比较常见的兼职"走穴"现象与此不无关系。并且就人才培养而言，若高校长期无法为教师提供满意的薪酬，即使是名校也难以吸引优秀人才加入，而且现有的优秀人才也会不断外流。

2. 考核评价制度不够科学合理

目前，科研考核与教学考核是高校教师考核的两个重要方面。然而在实际工作中，高校管理者们却常常重视科研，忽视教学。为了鼓励科研，学校常常把教师的科研成果与其薪酬待遇、职业发展等指标挂钩。各大高校都把科研当作考核教师的主要指标。相应地，教师们为了完成科研任务量，只好压榨应该投入的教学时间和精力来从事科研工作。申报课题、写论文成了高校教师的主要任务，而教学沦为"副业"，处于次要地位，对教学质量、水平与绩效的考核常常简单地量化为工作量。长此以往，不仅学校的教学质量会受到严重影响，科研工作也终将会陷入一种"内卷化"的困境。有的高校虽然制定了教学考核评价制度，但往往是"重处罚轻激励"，缺乏较为科学的评价指标体系，教师的教学水平很难得到客观全面的评价。

（二）在激励因素方面

1. 对精神激励的重视程度不够

复旦大学原党委书记秦绍德教授曾经指出："目前，我国高校教师管理的激励实践中，各高校不同程度的存在着重物质性的激励，轻精神性的激励；……等一系列弊端。"[①] 一方面，近几年高校为了吸引和留住优秀人才，总把高待遇当作吸引教师的法宝。诚然，高收入、高待遇能满足高校教师的物质需求，却忽略了人文精神、奉献精神、职业发展、环境建设等精神层面的激励作用。如若这种模式长期发展，势必会滋生出急功近利的科研风气。一些教师为了追求短期利益，不仅对待教学态度敷衍，还在科研上选择时间短、出成果快的项目，回避基础性的深度研究。若长期如此，我国学科研究的深度、广度及创新性将陷入不可回避的发展困境。显然，这种重物质、轻精神的激励模式很不利于国家、学校与教师个人的可持续发展。另一方面，目前教师与管理者在精神情感的交流上常常缺乏平等有效的沟通，导致管理者无法深入了解教师的精神世界、精神诉求，教师也缺乏向管理

---

① 傅晓敏. 高校教师激励实践中存在的问题及对策［J］. 青海师范大学学报（哲学社会科学版），2007（2）：152.

者表达精神需求的渠道，双方之间存在一定程度的沟通"黑洞"。此类情境将导致教师的内生动力得不到有效激发，工作上也容易产生职业倦怠。

2. 为教师提供的发展空间不足

为员工提供学习和发展的机会，是精神激励的一个十分重要的方面。从教师接受的整个培训情况来看，虽然国家越来越重视高校教师的培养工作，并逐年加大相关经费投入，但是相应的培训机制并未得到完善，实效性并不高。一些高校对教师的培训缺乏科学的总体规划，培训的随意性极大，难以满足教师自身专业发展的多样化、个性化需求。一些培训缺乏实用性与针对性，未能将学习内容与教师的教学实践、科学研究很好地结合起来，使参加培训的教师无法在培训的过程中真正学到对自身发展有用的知识，这在一定程度上也影响到教师教学与学术的成长。此外，一些不合理的职称晋升制度，如比例指标限制、论资排辈等现象，是教师提升专业发展空间的"绊脚石"，很容易挫伤教师的工作积极性。

三、双因素理论对完善我国高校教师激励机制的启示

（一）建立科学合理的薪酬福利制度

薪酬福利是高校教师赖以生存与发展的重要保障，也是

激励教师努力工作的重要手段。只有保障好这个物质基础，才能增强教师们的稳定感，充分调动教师积极性，使他们更好地从事教学科研工作。因此，高校应该着力于建立科学合理的薪酬福利制度，充分发挥其激励作用。岗位工资、薪级工资以及绩效工资三部分组成了我国高校教师的薪酬来源。其中，固定基础部分是岗位工资与薪级工资，该两项由教师的岗位职称与工作年限确定。而绩效工资则主要由工作量与实际贡献来决定，该部分工资比较灵活，故决定教师薪酬差距的主要因素就是绩效工资。因此，管理者应该根据教师对教学科研的实际贡献程度，坚持讲求效率、兼顾公平的原则，有效调节教师的薪酬差距，将薪酬差距控制在一个合理的范围内，使每个岗位上的教师都能拿到满意的薪酬。其次，管理者应该建立与 GDP 增速相匹配的薪酬福利制度。如果教师的薪酬福利增长速度低于 GDP 的增速，教师的生活质量将受到严重的影响，进而会分散教师的注意力，使其无法全身心投入教学科研工作。

（二）制定与完善高校教师发展性评价机制

发展性评价机制是一种借助发展性评价手段，从价值维度综合测评教师的工作量、工作绩效以及综合素质水平，从而促使教师通过相应活动不断发展、提升自我的评价机制。建立高校发展性评价机制的首要任务是对教师进行全面评价，包括教师的职业道德、文化水平、教学与科研能力、创新与科研精神等，而不能仅仅评判其教学与科研成绩。教师在学生的学习生涯中扮演着极其重要的角色，其不仅向学生传授知识，更重要的是要培养学生形成良好的道德观与价值观。因此，管理者一定不能仅依靠教学科研成果等指标来单方面评判教师的工作，而应该结合思想品德等综合要素来全面地评价教师。再者，管理者应该注重教师评价机制的信息反馈工作，帮助教师从中提高并完善自身的教学科研能力。就教学评价机制而言，目前高校对教师教学的评估工作大多依赖学生每学期的线上打分来进行，该方式很难客观反映教师的教学水平。基于此，管理者可以采用多种评价手段展开评估工作，例如教师之间的互相评价、教学督导的听课评价等，多维、全方位的评价能使教师对自己的教学有一个更为客观的了解。在此基础上，管理者可以帮助教师制定相应的个人改进计划，激励其不断提升教学水平。

（三）建立健全教师常态化培养培训机制

教师的职业特点决定了其需要不断地更新与扩充自己的学识储备以适应现代教育发展的需要。高校应建立教师培养培训常态化机制，以保证教师通过不断接受继续教育来提升专业技术能力。首先，应制定相关激励政策以促使教师更加积极、主动地参加培养培训活动，如参加国内外的进修、访学、合作科研等。其次，高校要为教师参与培养培训活动提供便利条件，如充足的资金支持、酌情减少工作量等。另外，高校应该注意提高培养培训的效率与质量，保证能够精准地满足教师们的学习需求。依据不同的年龄、不同的职称层次、不同的需求，高校可以设置不同的培训类别，例如全日制或非全日制培训班、校内外进修班等多种形式，以保证教师参加更具针对性以及专业性的培训。

（四）注重发挥好内激励的重要作用

激励又可分为内激励和外激励两种形式。"所谓内激励是指由内酬引发的，源自于工作人员内心的激励"[①]，"与外激励相比，内激励有其独特的优势。在高校教师管理中强化内激励，能够使激励的效应更加直接、充分、持久、经济"[②]。因此，在高校教师的激励管理中，不仅要运用好工资、奖金、福利待遇等外激励手段外，还要注重实施内激励策略，充分发挥好内激励的优势，最大限度地激发教师潜能。比如，在荣誉性激励方式上，可以为贡献突出的教师颁发荣誉称号或举办相应的表彰活动等，该激励形式有助于从精神层面勉励教师，帮助其在工作中收获成就感与被认可感。更重要的是，此类激励形式还有助于鞭策其他教师，从而营造一个良性的竞争氛围。还如，在尊重激励方式上，学校在制定涉及教职

---

①　覃德玺. 论人事管理中的内激励机制［J］. 太原科技，1999（6）：16.

②　王学东. 论强化内激励与提高高校教师工作积极性［J］. 扬州大学学报（高教研究版），2005（5）：26.

工切身利益的政策和规定时，一定要采取多种形式广泛听取教职工的意见和建议，尊重每一位教师的发言权，让教师真真切切地感受到来自工作本身的被尊重感、责任感与幸福感，深深认识到自身与学校命运共同体的关系，他们的工作热情和积极性自然而然就会最大限度地调动起来。

参考文献

［1］华铮．双因素理论视角下优化科技人力资源激励路径研究［J］．财经界（学术版），2020（13）：246-248.

［2］穆玉清．我国民办高校人才流动现象研究——基于双因素理论的视角［J］．中国经贸导刊，2020（8）：153-154.

高校思政工作队伍专业技术职务评聘现状研究

——以 Z 大学为例

邢海亮

（人事部）

习近平总书记在 2018 年 9 月 10 日召开的全国教育大会上强调，思想政治工作是学校各项工作的生命线，各级党委、各级教育主管部门、学校党组织都必须紧紧抓在手上。要精心培养和组织一支会做思想政治工作的政工队伍，把思想政治工作做在日常、做到个人。专业技术职务评聘是加强高校思想政治工作队伍建设的重要抓手，对稳定思想政治工作队伍、激励思政工作者加强学习、积极开展教学和研究、提升工作业绩具有重要作用。本文拟以 Z 大学（以下简称"Z 校"）为例，探讨普通高校思想政治工作队伍专业技术职务评聘现状、存在的问题及改进对策。

一、研究背景

（一）国内研究现状

辅导员是高校思政工作队伍的主体。以 2017 年 10 月 1 日起施行的《普通高等学校辅导员队伍建设规定》为界限，以"高校辅导员队伍"为主题对 2018—2020 年的中国知网文献进行检索，我们发现相关研究主要聚焦于高校辅导员专业化、职业化、职业规划、职业倦怠、激励机制等方面，单独研究辅导员专业技术职务评聘问题的文献较少。本文重点关注各地域、各高校有关辅导员专业技术职务评聘的现状、问题和对策。

扬州大学硕士毕业生王静媛（2018）以 Y 大学为例，对高校辅导员晋升机制进行了研究，包括专业技术职务晋升和行政职务职级晋升两条线，发现 Y 大学辅导员专业技术职务晋升存在评聘科研标准偏高、辅导员自身效能感底等问题，提出重构辅导员晋升机制的导向、设定人职匹配的资格条件、推进辅导员职业生涯规划等措施。[①] 截至 2018 年 1 月，Y 大学共有辅导员 128 名，其中专业技术职务为初级的 61 名，中级的 50 名，副高 16 名，正高 1 名，中、初级职务占比 86.7%，副高占比 12.5%，正高占比 0.8%。林琳（2019）基于

---

① 王静媛.高校辅导员晋升机制研究——以 Y 大学为例［D］.扬州：扬州大学，2018.

对重庆市十五所高校辅导员的调查，指出高校辅导员职业生涯规划管理的现状及存在的问题：第一，队伍结构不合理，年龄偏轻、职称职务职级偏低、学科背景复杂，致使工作规范性、有效性受影响；第二，职业角色多重，工作量普遍偏大，工作职责泛化，致使思政教育核心职能弱化；第三，辅导员对从事的职业认同度不高、职业生涯规划主动性不强，专业化、职业化发展内驱力不足；第四，职业能力不足，工作水平及育人成效有限；第五，职业发展通道不畅，队伍建设保障不够。并分别从高校组织层面和辅导员个人层面分析了原因。[①] 在该调查回收的 199 份有效问卷中，具有中、初级职称和未定级的占比 99%，副高职称占比 1%。刘金艳对广东省高校 51 名辅导员进行了抽样调查，具有中、初级职称的占比 74.52%，副高级职称的占比 23.52%，正高级职称的占比 1.96%。[②]

以上调查都说明，高校辅导员专业技术职务普遍偏低。专业技术职务未能较好地发挥稳定辅导员队伍、畅通晋升渠道的作用，这其中既有高校组织层面的原因，也有辅导员个人的原因。

① 林琳. 基于职业生涯规划管理的高校辅导员队伍建设现状调查——以重庆市十五所高校为例［J］. 教育教学论坛，2019，412（18）：57-59.

② 刘金艳. 高校辅导员专业化职业化发展实证研究——基于广东省高校辅导员的抽样调查［J］. 文教资料，2020（3）：152-153.

（二）Z校简介

Z校是一所教育部直属高校，是国家"211工程"高校和"985工程优势学科创新平台"项目重点建设高校，入选"双一流"建设高校及建设学科名单。

Z校实行专业技术职务评聘合一的制度。截至2019年12月，Z校现有思想政治教育系列教职工130人，其中专职辅导员121人，包括学院党委（党总支）副书记、学生工作（研究生工作）办公室主任、分团委书记、专职学生辅导员，另外9人为从事国防教育、心理健康教育、就业指导、社团指导等工作的党群部门专任教师和专业技术人员，具体职称结构如表1。

表1 截至2019年12月Z校思想政治教育系列专业技术职务评聘情况

岗位层级 岗位类别	合计	正高级 （占比）	副高级 （占比）	中级 （占比）	初级	无专业技 术职务
思想政治 教育系列	130	2 （1.7%）	15 （11.5%）	85 （65.4%）	27 （20.7%）	1（0.7%）
其中专职 辅导员	121	2 （1.7%）	13 （10.7%）	78 （64.5%）	27 （22.3%）	1（0.8%）

Z校思想政治教育专业技术职务评聘条件包括基本条件、学历资历条件、教学条件、科研条件、工作业绩条件，较好地涵盖了工作能力和工作水平两个方面的要求。

（三）概念界定

本文所指的高校思想政治工作队伍，是除思想政治理论课专任教师外，以专职辅导员为主，包括辅导员及校内党群部门和院系从事心理健康教育、国防教育、就业指导、德育美育劳育、学生管理和党务工作的专职工作人员。

二、高校思政工作队伍专业技术职务评聘存在的问题

（1）思想政治教育系列专业技术职务评聘主要集中在专职辅导员队伍，其他思想政治教育工作者较少评聘。以 Z 校为例，该校多年前就实现了思想政治教育系列单列计划、单设标准、单独评审，参评对象以专职辅导员为主，少量为校团委、就业指导服务中心、学工部国防教育办公室、心理健康教育咨询中心的专任教师和专业技术人员，不包括思想政治理论课专任教师。按照中共中央办公厅、国务院《关于深化新时代学校思想政治理论课改革创新的若干意见》，该校 2019 年度的专业技术职务评聘工作，单独增设马克思主义理论类别（马克思主义学院），为思政课教师单列指标。

思想政治教育系列专业技术职务参评对象固然应以专职辅导员为主，但与大学生思想政治教育紧密相关的党委组织、宣传、学生工作部门、就业指导部门、团委的行政干部和学院党委书记、党务工作干部无法参评，这些行政干部只能参评不兑现待遇的高等教育管理研究系列，不利于调动他们参加思想政治教育的积极性、主动性。而且中共中央、国务院在《关于加强和改进新形势下高校思想政治工作的意见》中提出，要坚持全员全过程全方位育人；高校思想政治工作队

伍和党务工作队伍具有教师和管理人员双重身份，要纳入高校人才队伍建设总体规划，形成一支专职为主、专兼结合、数量充足、素质优良的工作力量。此外，党委组织、宣传、学工、研工、团委等部门领导和学院党委书记，以及学生工作管理、资助工作管理、就业指导、社团指导、学院党务工作等岗位的行政干部，多数具有丰富的思想政治教育工作经验或思想政治理论课、学生相关课的授课经验，能够参评思想政治教育系列专业技术职务并兑现职称待遇，既能更好地发挥他们的思想政治工作作用，也为这些行政干部增加了一条晋升的通道。

（2）思想政治教育系列高级专业技术职务人数少。截至2019年12月，Z校思想政治教育专业技术职务中，正高级占比1.7%，副高级占比11.5%，中级占比65.4%，初级占比20.7%。高级职称合计占比13.2%，远低于该校《专职辅导员岗位管理实施办法》规定的25%左右。一方面，由于辅导员队伍流动性大，许多优秀辅导员达到规定年限后转岗或因职务晋升而流出，脱离专职辅导员队伍往往不能再评审思想政治教育系列的职称；另一方面，辅导员由于陷入日常繁杂的工作事务，以及科研能力不强等，难以达到晋升高级专业技术职务的教学科研条件。辅导员队伍流动性大可能是更为关键的原因，Z校规定，专职辅导员在本职岗位工作满4年方可申请转岗，关于Z校辅导员近年流出情况详见表2。

表 2　截至 2020 年 7 月 Z 校辅导员流出情况

入校年份	当年入校人数	晋升或转岗人数	流出比例	其他说明
2012	14	8	57.1%	晋升副处级 2 人
2013	16	10	62.5%	同年入校人员转入辅导员岗位 1 人
2014	18	9	50%	
2015	13	4	30.8%	

（3）思想政治教育系列岗位聘用条件不合理，主要是科研条件偏高，岗位能力和专业知识难以考察，工作业绩条件不够明确和详尽。以 Z 校为例，第一，关于科研条件，晋升教授四级必须发表相关论文 5 篇以上，其中学校《期刊目录》规定的 B 类论文 1 篇或 C 类论文（主要是 CSSCI 来源期刊论文）2 篇；晋升副教授三级必须发表相关论文 4 篇，其中 C 类论文 1 篇。另外，再完成省部级（晋升教授四级）或市厅级（晋升副教授三级）科研项目、公开出版著作或教材、科研成果获省部级以上奖励等条件中的 1 项。这其中存在的主要问题是 CSSCI 来源期刊论文难发，又没有指定几本非 CSSCI 来源期刊（需为思想政治教育、辅导员工作相关的专门刊物）；科研项目级别较为狭窄，思想政治教育、学生工作相关的课题主要认定为横向课题；科研成果获奖标准偏高。第二，关于岗位能力和专业知识要求，尽管辅导员岗位职责中有相关规定，但对其马克思主义基本理论、思想政治教育基本理论和知识、党的基本理论、高等教育和思想政治教育相关法律法规制度的掌握情况难以考察。第三，工作业绩有待与学生

工作部门进一步沟通，与对辅导员年度考核相关的要求结合起来，增加如积极参加辅导员培训、获得相关职业资格资质、国内国际交流考察、攻读马克思主义理论或心理学或思想政治专项博士学位、运用新媒体开展思想政治教育等选项。

（4）辅导员自身科研能力较弱，走专业技术职务晋升通道的意愿不强。第一，辅导员由于学科背景不同，对马克思主义理论、思想政治理论专业知识的掌握程度差别较大，且由于陷入日常繁杂的学生管理事务、缺少相应的培训训练、工作年限积累不同等，辅导员的科研能力参差不齐。第二，辅导员的专业技术职务与年龄、工作年限和成果积累有正相关，截至2019年12月，Z校思想政治教育系列教职工130人中，35岁及以下84人，全部为中、初级专业技术职务；36—45岁24人，其中副处级7人，副高级10人（含副处级4人）；46岁及以上22人，其中副处级、六级及以上职员12人，正高级2人（含五级职员1人），副高级5人（含五级职员和六级职员各1人）。第三，因转岗至机关或学院内其他正科级岗位会有更好的行政职务职级晋升机会，或者因辅导员工作责任风险大，不少专职辅导员在达到一定的工作年限后纷纷转岗，较少有辅导员专心走职称晋升的发展道路。此外，以Z校为例，学院之间的年终绩效差距也对辅导员队伍的稳定性有重要影响，有辅导员从弱势学科和年终绩效较差的学院转至强势学科和年终绩效较好的学院。

三、改进高校思政工作队伍专业技术职务评聘的建议

（一）从学校组织层面

1. 扩大思想政治教育系列专业技术职务评聘对象的范围

西部一所"双一流""985 工程"高校最新修订的专业技术职务评审办法，单独设立了思想政治系列，适用于承担思想政治理论课的专任教师、学生思想政治工作教师（包括辅导员、各基层党委/党总支副书记等）和党务工作教师（包括学校党群部门专职干部、各基层党委/党总支书记等）。学生思想政治工作教师和党务工作教师也可根据工作实际，选择申报教育管理系列专业技术职务。思想政治系列与教育管理系列基本条件中，最大的差别是对思想政治教育类课程授课的要求，以及科学研究项目、成果与思想政治工作的相关性。当然，思想政治教育系列高级职称必须倾向一线专职辅导员，这是毋庸置疑的。

2. 适当增加思想政治教育系列高级职称的指标

目前 Z 校思想政治教育系列专业技术职务高级岗位比较富余，适当增加每年的指标有利于思想政治工作队伍稳定，并激励他们提升工作业绩和增加科研成果。

3. 改进思想政治教育系列高级职称评聘条件

第一，适当降低科研条件，由人事部会同科研部、学生

工作部、党委研究生工作部，在 C 类期刊、省部级和市厅级科研项目之外，指定几本优秀的思想政治教育类刊物和几项思想政治教育课题、项目，作为晋升申报的必选条件。第二，明确辅导员岗位能力和专业知识要求，将马克思主义基本理论、思想政治教育基本理论和知识掌握水平作为辅导员晋升高级岗位的重要要求，可以将攻读马克思主义理论、思想政治教育专项博士学位，或者积极参与思想政治理论课教学、党课授课作为有效证明。第三，更全面地考察辅导员的工作业绩，将辅导员参加培训情况、学生测评分数、任现职以来至少 1 次年度考核优秀等作为工作业绩的必要条件，其他如个人获奖、指导学生获奖、考取相关职业资质、开展网络思想政治教育成效、主持辅导员工作室建设、作为主要执笔人起草学校学院重要文件或调研报告、积极挂职锻炼、开展国内外交流考察等作为选项条件。也可以参照中南大学做法，允许"全国高校思想政治工作类人才计划"入选者、"全国高校辅导员年度人物"称号获得者，直接参评高一级专业技术职务。①

（二）从思政工作者个人层面

1. 加强学习，提升工作业绩

首先，要加强对马克思主义理论、思想政治教育理论和

---

① 中南大学坚持"三个结合"加强辅导员队伍建设［J］. 高校辅导员，2020（1）：2，81.

知识的学习，真信、真懂才能不断做好年轻学生的思想政治教育工作。其次，积极参加各类培训进修、提升学历层次，做好个人职业生涯规划。最后，发挥所长，积极参加思想政治理论课、大学生心理健康教育、就业指导、军事理论、党课等思想政治教育相关课程的授课。

2. 提升科研素养，增加科研产出

辅导员要做有思想的行动者、关注实际问题的研究者，努力把辛苦转化为成果，把经验上升为科学。要增强科研意识，坚持思想政治教育热点研究的实践导向，聚焦思想政治教育实践发展和中国改革发展实践的最前沿，把握教育者与教育对象的新需求，结合实际工作思考总结教育规律、思想政治工作规律、学生成长规律，持续激发思想政治教育创新发展的内生动力。要提升成果转化能力，在实践基础上，将经验转化为理论，将做法转化为成果。① 思想政治教育工作者要多思考、多动笔，积极申请各类科研项目，积极开展调查研究，善于将工作思考、工作案例转化为研究成果。

3. 认真做好职业生涯规划

思政工作者要及早确立职业发展目标，明确晋升路线和要求，将发展目标分解成各阶段的任务。同时凝练研究方向，争取做学生工作某方面的专家。

---

① 冯刚. 持续推进高校辅导员队伍专业化职业化建设［J］. 高校辅导员，2020（3）：3-7.

新时代高校"海归"教师思想政治工作创新方法实践研究①
——以中南财经政法大学外国语学院为例

陈长军　李　颖　余启军

（外国语学院）

一、加强高校"海归"教师思想政治工作的现实意义

加强高校"海归"教师思想政治工作，是服务于新时代党和国家教育事业的内在需求。迈入新时代，习近平总书记围绕社会主义大学"培养什么人、怎样培养人、为谁培养人"的问题，提出了一系列新思想、新论断、新要求②，指明了中

---

①　本文受 2020 年度中央高校基本科研业务（三全育人）项目（2722020 SQY16）资助。

②　孙希颜. 高校思政课与校园文化协同育人创新路径研究［D］. 江南大学，2019.

国特色社会主义高等教育事业的基本方向和根本任务。立德树人是教育事业的根本任务，大学姓"党"，其目的就是"为党育人，为国育才"，要以"四个服务"为教育初心和目标。教师是大学职能职责的主要承担者，理应自觉担当起新时期社会主义大学的政治责任和历史使命。

加强高校"海归"教师思想政治工作，是新时代教师队伍建设的必经之路。随着人才强国战略及"双一流"大学建设的持续推进，人才竞争日趋激烈，各大高校正千方百计引进包括"海归"人才在内的各级人才，可以预见，现在及未来一段时期，"海归"教师必将成为高校实现内涵式发展的核心力量。习近平总书记在全国高校思想政治工作会议上强调，新时期教师队伍素质建设直接影响立德树人根本任务的实效，加强高校"海归"教师思想政治工作有利于教师队伍坚定中国特色社会主义共同理想，对新时期高校教师队伍建设具有重要意义。

加强高校"海归"教师思想政治工作，是做好宣传思想工作的重要抓手。高校是意识形态前沿角力的主阵地，教师、学生是国家重要的人才力量，教育者要担负起"引导""塑造"的责任，必须有一定的教育"预设"。所以教师在设计思政课程时，必须辩证地处理"预设"与"生成"的统一关系，而"课程思政"就是这样一种预设。同时教师也应该审时度势，及时抓住和处理具有"生成"价值的问题、场景等，促进学生的个性化及自主性、创造性学习。"海归"人才在学生思政教育方面涉及较少，他们在教育过程中往往更多地关注知识传授，而忽略了思想教育的渗透。做好教师的意识形态工作，不仅有利于教师自身发展，也有利于课堂上学生的思想政治教育。

二、高校"海归"教师思想政治工作现状分析

党的十九大以来，高校教师的思想政治工作不断加强，全国高校都认识到了教师的思想政治素质、道德情操对培养人才的重要影响，高校"海归"教师思想政治教育也成为目前大学人才培养的重点工作之一。

（一）思想政治教育形式单一，效果局限

目前高校对于如何对"海归"人才进行思想引领，如何吸收部分优秀人员入党的相关探索仍然较少。学院层面大多是让"海归"人才和其他教职工一起接受学习、教育，没有单独进行思政教育工作。同时，在实际工作过程中也很少能针对"海归"教师进行思政教育，其整体学习效果较为局限。

（二）"三观"定型，思政教育工作难度大

"海归"人才大部分为博士，世界观、人生观、价值观大多已经定型，并且多少受西方教育影响，对国情、党情了解少，政治热情不高，价值取向多元。同时，他们的教学科研工作强度大，没有精力也没有意愿进一步了解思想政治教

育，做他们的思想工作难度更大。

（三）外国语学院的特殊性

外国语学院是教学大院，"海归"多，西方教育背景突出，教师思想政治教育难度大、责任大。我院目前有 5 个专业，4 个语种，此外，还有毕业于德国、西班牙的少部分教师，有德语、西班牙语等背景。同时，学院鼓励教师通过出国进修、深造、交流等方式提升自己，国际交流频繁。学院教师承担着全校博、硕、本科等各层次学生的课堂外语教学任务，课堂任务重，涉及面广，课堂思政及政治教育任务也十分繁重。教师的思想引领没有做好，宣传阵地没有站好，课程与意识形态教育融合不佳，"课程思政"没有到位，影响面就不仅仅是本院，而是全校的学生。

三、结合本院特色，创新"海归"教师思政教育方法

（一）加强政治引领，优化人才队伍

长期以来，学院党委坚持引育并举、延揽人才，扎实推进名师名校工程、博士化工程、国际化工程，形成了一支教学能力突出、科研成果丰硕、学历层次优化的师资队伍。现有教职工 180 余人，其中 80% 以上的教师具有海外学习、工作经历。在人才聘用过程中严格把关，对党和国家不认同的

人员不予招录。人才引进后，通过教研室主任对其进行一对一介绍帮扶，助其了解校情院情，迅速熟悉工作环境；在教学科研等方面配予优秀导师对其进行指导，党委以实际行动关心、帮助他们"落地生根"，推动他们政治态度的改变。

（二）加强文化引领，提升价值归属

"海归"教师群体的思想文化引领及党员发展教育问题，因为资源短缺、工作经验不足而未能很好地解决。"高校党建"相关研究日益被学界重视，也有很多论文对高校如何提升党建效果提出了很多建议。但是针对"海归"等国际化人才的思想引领和党员发展教育，则相对较少。并且较多的是宏观层面的分析归纳和建议，没有实证支撑，未能有一套可以直接"拿来"、好用的操作规范。

加强"海归"教师对中国特色社会主义制度、中国国情以及学校发展情况的教育，让其从根本上了解我国发展情况以及学校历史变迁，增进爱国、爱校的价值归属。与此同时，在学校、学院组织的历次学习教育培训中，积极组织"海归"人才参加，充分发挥其学习的主观能动性，提升组织对其思想政治教育工作的成效和本人价值归属感。

（三）加强学术引领，树立模范榜样

"海归"教师由于其专业性和业务素质的全面性，是目前高校科研学术团队的中坚和骨干力量。我们应该以耳濡目染的方式影响"海归"教师，让其主动申请加入党组织。近

年来，我院党委结合学院专业特色举办主题党日活动，吸引"海归"教师参与。如我院党委利用工会春游踏青机会，开展特色主题党日活动，组织班子成员、党委委员、教工党员们赴革命老区学习，重温入党誓词，集体诵读党章，为革命烈士纪念碑献花，在新时代发挥党员模范作用，为社会主义事业贡献自己的力量。如在七一建党节当天举办"爱，就要大声说出来"主题党日活动，通过网上微信群这一学习新渠道，"万国语言"送上祝福。各位专业教师用俄语、日语、德语、法语、英语等分享自己的诗歌、贺辞、学习感想、心得体会，并且用双语送上对中国共产党真诚的祝福。又如，举办"回归初心，写好科研奋进之笔"主题党日活动，在扎实做好主题党日活动的同时，邀请支部内的科研优秀党员举办经验公益分享，加强学术引领，帮扶科研薄弱的党员，分享科研之路的技巧、方向，达到支部党员科研的共同进步。

（四）统筹搭建发展平台，给予"海归"施展空间

"海归"人才回国工作，在教学科研方面都有着突出成绩。在教育方面，他们大多数受过西方高等教育，教学科研水平较高。在思想方面，他们大多有着强烈的爱国情怀，想要回国工作、教书育人，但又因受西方教育影响，对国内主流意识形态保持距离。在工作方面，他们的课堂受到学生的喜爱，创新形式多，但课堂中的思想政治教育渗透不足。有时学校、学院未能及时为他们搭建参与校园建设的平台，以

致他们渐渐消磨掉了参与组织、学校工作的热情，变成了只专注于教学研究的单个人。

针对外国语学院的实际情况和特色，学院党委开展了深受老师们喜爱的绘画、插花、郊游、红色景点参观学习等活动，积极鼓励"海归"人才参与其中，通过活动交朋友、知院情。在教代会代表、学术委员会、系部室主任等选拔过程中，充分考虑"海归"教工的个人意愿，在公平公正的基础上给予"海归"人才参与学院管理的平台和空间。定期召开教师座谈会、学科发展恳谈会，听取教师建议，将学院的发展与教师的发展相结合，提高其参与感和认同感。学院拿出专项经费资助教师外出参会、学术成果出版，在学院的支持下提升教师的教学科研水平。学院党委专门做好沟通协调工作，为"海归"教师争取到教师工作室，保障其工作条件，增强归属感。

（五）党员干部定点联系，以点带面推动教育

学院班子成员中的党员干部，定点联系一到两个党支部，选拔部分优秀的"海归"党员担任"双带头人"。加强对支书的工作指导，并对担任支委的"海归"进行定点培训，提升支书和支委的党务知识水平、协调沟通能力，以点带面，抓好全体党支部的学习教育工作。

（六）发展"海归"青年教师入党，评优评先树典型

团结"海归"青年教师，并鼓励青年教师积极向党组织

靠拢，发展优秀青年"海归"教师加入党组织。近 5 年学院发展了 10 多名青年"海归"教师加入党组织，成为学校的特色和亮点。定期调研、着重做好"海归"人才的政治思想教育，在人才引进工作中着重考察候选人员的政治素质并实行"一票否决"。

大力表彰、宣传"海归"教师坚持教书育人的先进事迹。2020 年疫情防控期间，"海归"青年教师吴老师团队斩获首届"钉钉"杯全国大学外语写作大赛金奖，并获外研社"教学之星"大赛全国总决赛一等奖；2017 年青年教师张老师荣获 CGTN 法语大赛全球总冠军；"海归"青年教师周老师获第一届全国大学俄语说课讲课大赛一等奖；朱老师的国家社科基金外译成果《屠格涅夫散文诗集》译著，被作为中俄建交 70 周年"国礼"，俄罗斯教育部部长波捷欣娜女士亲自出席朱老师的译著首发式并致贺辞；党员袁老师获国家社科基金中华外译立项等。

四、结语

高校应该研究"海归"教师的特点，并从政策、意识形态工作、统战、身份认同等方面探讨思想政治教育的必要性和重要性，努力把"海归"教师打造成高校高知群体党员队伍建设的标杆，让包括"海归"教师在内的各类高层次人才在党的领导下充分发挥人才强党、人才强国、人才强校的支撑引领作用。

参考文献

［1］习近平．决胜全面建成小康社会夺取新时代中国特色社会主义伟大胜利——在中国共产党第十九次全国代表大会上的报告（2017年10月18日）［N］．人民日报，2017-10-28（1）．

［2］胡庆亮．统一战线视阈下加强高校海归教师政治引领的逻辑与进路［J］．山西社会主义学院学报，2018（12）：47-52．

［3］蔡蕾，汪佳莹．关于在高校高层次海归人才中发展党员工作的思考——以上海交通大学为例［J］．学校党建与思想教育，2017（4）：41-43．

［4］海群．对留学归国人员开展统一战线工作的探讨［J］．内蒙古社会科学（汉文版），2012（6）：18-23．

［5］刘玲．高校青年教师党员发展工作的现状及其对策［J］．安徽工业大学学报（社会科学版），2010，27（1）：6-8．

［6］王计军，储秀彦．当前高校青年教师党建工作创新研究［J］．中国人才，2013（6）：65-66．

［7］骆占阳．高校青年海归高层次人才思想政治教育工作研究［D］．电子科技大学，2018．

［8］徐洁．新时期如何加强高校海归教师的思想政治教育［J］．文教资料，2019（23）：162-163．

以网络媒体内容维护为路径提升辅导员专业化职业化素养

余向阳　龙兴涛

（中南财经政法大学外国语学院　贵州电子商务职业技术学院）

辅导员是高校思想政治工作的重要力量，担负着为社会主义事业培养建设者和接班人的重要使命，具备教师和管理人员双重身份。辅导员的使命和身份、队伍以青年人为主体等因素，决定了他们既担负培养人的任务，也是学校干部队伍尤其是中层、校级领导干部的重要后备力量。这支队伍的专业化职业化素养，事关学校人才培养质量的大局，亦关乎学校正常运转、长远发展的大局。

对于辅导员队伍建设，中共中央、国务院《关于加强和改进新形势下高校思想政治工作的意见》（以下简称《意见》）提出了"数量充足、素质优良"的方向性要求；教育部《普通高等学校辅导员队伍建设规定》（以下简称《规定》）从九项工作任务、评聘条件等方面对辅导员队伍提出了明确的要求。辅导员专业化职业化素养提升显然要围绕这些要求，通过多种路径予以落实。

在种种路径中，有计划、持续性地参与网络媒体内容维护，是行之有效的方式之一，这也跟《意见》中要加强互联网思想政治工作载体建设，加强学生互动社区、主题教育网站、专业学术网站和"两微一端"建设，运用大学生喜欢的表达方式开展思想政治教育的要求相吻合。显然，网络媒体内容维护与辅导员专业化职业化素养的内在关联是什么，网络媒体内容维护对辅导员专业化职业化素养提升有何意义以及如何有效推进，是必须考虑的系列问题。

一、网络媒体内容维护与辅导员专业化职业化素养之间的内在关联

笔者在专职辅导员岗位、校园网络媒体岗位工作多年，自工作之日起，或以辅导员身份、或以指导教师身份与班级学生、学生团队等接触。在担任学校网络编辑，审发各类稿件、进行原创策划的过程中，通过观察发现，辅导员参与网络媒体内容维护的时效等方面均有一定提升空间；院系作为辅导员的主要培养单位之一，其网络媒体平台可以进一步优化；网络思政建设成效离师生的期待仍有距离。这一系列因素显示，网络媒体内容维护与辅导员专业化职业化素养提升之间有诸多关联。

（一）提升文稿能力的直接关联

网络媒体内容维护需要以文字为基础进行表达，对文字进行把关，这与辅导员专业化职业化素养提升之间的直接关联就在于文稿能力，也对应《规定》中辅导员应具备较强的组织管理能力和语言、文字表达能力的要求。文稿能力的内涵十分丰富，文稿能力与语言能力有相近的内涵，关于此问题，下述观点非常贴切到位："国民语言能力是一个由若干子能力构成的立体能力体系，核心能力是学习和使用国家通用语言文字的能力，此外还包括语种能力、现代语言技术能力、行业语言能力等。"[①]

（二）提升综合素养的深度关联

毫无疑问，任何行业都需要有专业知识和语言表达能力、文字能力良好的人才。文稿能力是一个人综合能力的反映，综合能力也可以通过文稿历练得到提升。先贤子贡曾曰："出言陈词，身之得失，国之安危也。"党和国家领导人对文稿能力体现出的重要性、综合性意义多有论及。《在西南区新闻工作会议上的报告》一文中，改革开放的总设计师邓小平同志明确提到，拿笔杆是实行领导的主要方法，领导同志要学会拿笔杆；习近平总书记曾经专门分析过不良文风的成因，

---

① 姚喜双. 语言文字规划纲要与国民语言能力提高［J］. 世界教育信息，2014（18）：18.

并指出，文如其人，作文与做人、人的素质是紧密联系的。①

具体到辅导员素养方面，工作职责、评聘条件等对辅导员专业化职业化素养的要求是综合性的、全方位的，且每个方面都与文稿能力密切相关，文稿能力体现的是辅导员的综合素养。

（三）为什么是网络媒体内容维护

时至今日，媒体形式经历了纸媒、广播、电视、网络等阶段和形态而集成于网络媒体，即使是现今流行的新媒体、自媒体、全媒体等概念，其本质也是依托网络和数字技术，集成于互联网之上。因而，媒体内容维护现今与网络媒体内容维护的内涵与外延已呈一体化的态势。

媒体内容维护已经转变为网络媒体的发展态势，网络思想政治建设本身是辅导员工作的重要内容之一，这两大背景决定了网络媒体内容维护是辅导员的工作内容之一。网络媒体内容维护有多主题、高频率、信达雅等要求，是辅导员专业化职业化素养提升的重要路径。

二、校园网络媒体内容维护于辅导员专业化职业化素养提升的多重意义

文稿能力的提升、综合素养的培育适用于任何一个网络

---

① 参见习近平总书记 2010 年 5 月 12 日在中央党校 2010 年春季学期第二批入学学员开学典礼上的讲话，《求是》2010 年 10 月刊。

媒体内容维护者。对辅导员队伍、辅导员个体而言，网络媒体内容维护是以学校、院系等层级的校园网络媒体内容维护为主的。要培养德才兼备的学生，要成长为德才兼备的教师与管理者，围绕德才兼备的要求，结合人才培养、高校事业发展之人力保障等，校园网络媒体内容维护对实现辅导员的公共价值和个人价值有多重意义。

（一）利于增强"四个意识"

大学是科技文化高地、知识分子集中地、意识形态领地，决定了校园网络媒体内容维护既要实时传递学校各项事业发展动态，又要关注国际形势、国家大事、相关地方政策。

"四个意识"的增强，是一个在工作实践中持续不断的过程。在参与网络媒体内容维护的过程中，及时传递全球动态及中央、地方重大方针政策，会有助于加深对国际国内形势的了解。有关校园动态，是否报道，如何报道，每一篇报道中的校内外嘉宾、专家学者、校院各层级负责人等人物的行文顺序、照片配备，各分主题的着墨篇幅，通过及时性消息还是深度、专题等形式进行报道，如何、是否在微信朋友圈、微博、抖音号等具备媒体属性的平台上发表有关工作的动态或言行等，都对"四个意识"的增强具有重要意义，因为"四个意识"的增强是一个经年累月增强并内化为自觉的过程。

（二）促使不断学习

著名诗人杜甫曾说，"文章千古事，得失寸草心"，这贴切地表达了行文的难度与意义。作为一名优秀的网络媒体内容维护者，要学习的内容很多。笔者认为，主要应该围绕三个方面展开学习，及时跟进网络媒体的发展形态、学习传播学的相关知识、相关领域的专业知识。

有人类文明媒体就有传播媒介，进入现代社会，媒介形式和类型的演进更迭日频。从纸媒到广播再到电视，人类用了很长时间。20 世纪 90 年代中后期，以新浪、网易、搜狐等为代表的门户网站在国内兴起。2009 年是微博元年，2011 年微信面世，2016 年抖音上线，这些平台被冠以"新媒体"的称呼。各类型媒体平台呈现出你方唱罢我登场、同台竞技的态势，但基本都以数字技术和网络技术为支撑，统一于网络平台。应媒体发展趋势，各大学也一直在跟进和优化校园媒体布局，这就要求辅导员们不断适应其发展、了解其规律。

网络媒体内容维护需要传播学的理论指导，也需要实际历练。《南方周末》2016 年新年献词《在巨变的时代相依前行》一文中，有一句经典的话语："无论媒体变局多么剧烈、传播介质如何进化，我们相信，人们永远需要优质稀缺的信息、深刻多元的思想和温暖心灵的情怀。"[①] 这句话道明了媒体内

---

① 2016 年新年献词. 在巨变的时代相依前行 ［EB/OL］. ［2015–12–30］. http://www.infzm.com/contents/114295.

容维护者的努力方向。

大学以学科立校，学科的发展动态是学校事业发展动态的重要组成部分，将学科动态及时、优质地呈现在网络媒体之中，自然需要维护者具备相关领域的专业知识，如同财经记者、法制记者、科技记者需要相应的专业素养一样。专业知识的素养，只有在学习中才能得到提升。

（三）将责任感强化为内心自觉、行为自觉

网络媒体内容维护讲究时效，从精力投入角度来说，是一项经年累月的工作，从业者加班、全年无休是正常状态。

网络媒体具有全球传播力，而手机等移动终端更是让呈现在网络平台上的内容获得了"飞翔的翅膀"。"好事不出门，坏事传千里"这句话在网络时代更加形象了，负面消息或报道内容的纰漏在网络平台上很容易发酵、爆炸式传播。以微博和微信为例，微博本身即是消息源、放大器；微信用户通过手机通讯录、QQ好友、添加订阅号和服务号的方式相互产生联系，用户关系一般而言比较亲密。微信的转发功能使其突破了相互关注者之间亲密关系的限制，一定程度上具备了微博的"病毒式"传播功能；微信公众号的内容一经发布就不能撤回，只能删除，而且修改空间非常有限。超强的传播力，使网络媒体的正负效能都非常明显。不易修改、不易撤回、易于截图留证等特征使维护者必须万分小心、慎之又慎。

高时间精力的持续投入和超强的传播力，以及纠错的高

成本性、低可能性，使网络媒体内容维护者必须时刻小心谨慎，拥有超强的责任心。

（四）强化创新与守成意识

自媒体时代，人人都是记者，人人都可发声。然而这只是表象，没有团队协作、缺乏精心打磨的内容是无法与财力、体制机制等全方位保障的平台内容相比的。以微信公众号为例，其数量数不胜数，人民日报公众号、浙江大学公众号是其中政务类、文教类的优秀代表，同时也有无数个默默无闻的其他类账号。

内容为王，是网络媒体平台的法则。那些广为人知的网络平台都是以长时间、高频率的精彩内容吸引受众，以文图声像为元素，将温度、深度、高度等要求融入内容中，跟受众有很多共鸣。内容维护者需要从创新和守成两个方面入手，将网络思想政治建设与媒体内容维护相结合。譬如新年寄语，从创新层面讲，某一年采用了有感召力的文字，下一年可采用相关领导、专家学者、师生代表等视频出镜的形式；从守成层面讲，则是每一年的这个时候，都要以精彩的内容回馈师生、校友等，表达祝福。长期参与网络媒体内容维护，会让辅导员的创新与守成意识成为思维自觉与行动自觉。

三、辅导员参与网络媒体内容维护的形式与方式

辅导员实行学校和院系双重管理。学校层面由学工部门

牵头，负责选聘、培训、考核等，院系对辅导员进行直接管理。实际工作中，辅导员以院系、班级为主要工作平台，以学生为直接工作对象，其管理、培养、工作模式决定了辅导员参与网络媒体内容维护的形式和方式。

（一）以院系网络媒体为主，积极参与校级网络媒体内容建设

对各高校而言，学校层面的网络媒体建设有专门的教师、学生团队，各类型网络媒体一般也很齐全，涵盖门户网站、微博、微信公众号、抖音号、今日头条号等。院系则根据自身实际需要和人力保障情况，选择性开通系列新媒体平台。

院系是辅导员工作的主要平台，与院系党政办公室专门负责媒体内容维护的教师一起，进行网络媒体内容建设是可行的方式，也是院系发展的需要。同时，学校网络媒体建设也需要来自院系的素材或成品加工内容，辅导员可以积极向学校媒体推送内容，传递院系动态的同时，为学校媒体内容、形象建设贡献力量。

（二）以胜任本职工作为前提

辅导员的工作内容范围很广，网络思想政治教育是其中的一项。从直接关联的层面看，参与网络媒体内容维护是网络思想政治教育的内在需要；从培养学生和学校事业发展所需要的后备人才的层面看，辅导员在干好本职工作的同时，要有意识地历练自己，这也与辅导员的教师与管理干部的双

重身份相适应。

立足本职、着眼长远的基本前提是要干好本职工作，但个体的精力和能力都是有限的。对辅导员而言，参与网络媒体内容维护要建立在切实履行本职工作的基础上，要注意和院系相关人员的协调、分工配合，保证各项工作任务齐头并进、扮演好本职角色的同时，最大化参与网络媒体内容建设。

（三）培养有战斗力的网络学生团队

网络学生团队能丰富学校网络媒体建设的人力资源，团队建设过程本身又是持续的育人过程，培养网络学生团队可以使辅导员的领导力得到更多的锻炼。

课堂内外都可以成为培养学生的平台，这也是"三全育人"原则、教育教学全过程和各环节育人方式的具体要求。网络内容维护对辅导员的意义，对于青年学生同样适用。学生数量充足、精力充沛、思路活跃、对网络技术的掌握和应用有天然优势，能从必要性、可行性等方面为院系、学校网络媒体建设不断注入新鲜血液。同时，也要充分认识到网络内容维护学生团队与团学联青类型学生团队的任务异同。内容维护团队培养周期长，往往是在培养比较成熟的时段学生又进入了毕业年级，学生积极性的发挥需要与对他们进行方向性引导相结合。网络媒体内容维护必须站在学校的大局角度，在工作实践中培育强有力的网络学生团队。

（四）遵循网络传播规律，讲好校园故事

网络媒体内容维护，其重要的本质之一是信息传播，必须以传播规律为指引。对于辅导员参与网络媒体内容维护，笔者认为要从前述三方面着手，在工作实践中不断学习、摸索的同时，还需要注意如下几点。

一是要推动院系网络媒体立体化建设。现今网络媒体发展态势迅猛，对个体化的院系而言，辅导员要结合院系的需要、人力资源提供的支持，积极参与到院系搭建网络平台、优化布局的过程中。从现阶段发展形势而言，院系的网络媒体应该以门户网站为支撑，以微博、微信公众号为必选项，保持日常维护，视必要性开通抖音号、今日头条号等平台。

二是要树立差异化、协同化的内容维护思路。网络媒体、新媒体、融媒体等概念显示了网络媒体的与日俱进及融合性，中央厨房式的运营理念应运而生。这意味着要按照同种素材，契合不同类型网络平台的需要和特点，进行不同加工、分平台发布、联动推出原则，综合应用文图声像等形式，追求各网络媒体平台的分、合统一效应，求得最优传播效果。

学生管理篇

新形势下学生日常管理与大数据支持系统应用研究

李雄涛

（国际教育学院）

进入 21 世纪以来，各高校经过十多年的校园数字化建设，校园的运行管理服务方式发生了根本性的改变。高校教育教学、行政管理，以及在校师生的学习生活方式等，都已经和信息化的数字空间紧密融合，网络空间已经成为高校日常运行的重要组成部分。高校较为完善的信息化基础设施以及相关的管理信息系统成为数字化校园的基本特征，数字化校园建设为高校师生带来极大便利的同时，也积累了海量的校园教育大数据。

随着以云计算、物联网、移动互联网和大数据为代表的新一代信息技术革命浪潮的推动，将大数据相关技术应用于学生日常管理工作，成为高校学生管理发展的新理念和新实践。目前基于大数据的高校学生管理工作理论体系和管理实践仍显不足，这将导致大数据的高校学生管理工作服务平台建设的资源浪费。本文将探讨高校如何搭建和管理基于大数据的高校学生管理服务平台，以期创新高校学生管理工作，提高高校学生管理工作的针对性和实效性。

一、高校教育大数据的概念

近年来，随着物联网、云计算以及移动互联网技术的快速发展，信息数据正在以前所未有的速度不断增长和积累，以大数据为代表的新概念迅速占据了公众的视听。大数据方兴未艾，但关于大数据的概念并未达成共识。高校数据种类繁多（variety），涉及方方面面，规模大（volume），对高校数据的输入和处理速度要求也相对较高（velocity），并且高校数据真实可靠（veracity），存在很大的价值（value）。可见，高校数据具有大数据的"5V"特征，属于大数据范畴。然而，目前学术界对于教育大数据，尤其是涉及高校学生日常管理的大数据概念还并不明确。一方面，已有的将大数据与高校学生管理工作结合进行研究的文献极少涉及对大数据概念进行深入剖析；另一方面，大数据和传统的数据概念界限并不清晰。尽管如此，已有一些高校在大数据应用于学生管理上进行了一些有意义的探索。例如，有高校对大学生饭卡的刷卡数据进行分析，锁定贫困生，进行"精准扶贫"，这正是大数据技术在学生日常管理中的一个应用案例。当然，这种应用还处于比较简单的层面，学生刷卡的数据是结构化地存储在数据库中的少量数据，对这些数据的分析统计只需要采用简单的数据分析工具就可以进行，无需专门的大数据相关技术。但是这体现了一种思路创新，即对现有数据进行系统化分析并指导实践。

高校教育大数据的首要概念是大，数据量至少要 TB 级别以上，不仅来源于数据库中的结构化数据，也来源于互联网、校园监控网等一系列采集终端获得的与学生日常行为有关的文本、图片、视频等非结构化数据。只有对涉及大学生的基础数据、网络上的文本数据、视频数据等进行有效整合，并在此基础上应用大数据相关技术进行学生行为预测、安全预警、心理健康情况分析、学习情况预测、意识形态倾向分析等，涉及大学生日常管理工作的议题才真正是基于大数据的高校学生管理工作研究和应用。

二、大数据下的高校学生管理学术研究进展

在中国知网数据库中，以"大数据＆学生管理"为关键词，截至 2020 年 8 月 5 日，共检索到研究文献 519 篇，其中核心期刊文献 106 篇。采用文献计量学的方法进行分析，大数据下的学生管理学术研究文献自 2013 年开始，数量逐年增多，2019 年发表相关文献达到 158 篇；研究机构主要集中在华中师范大学、东南大学以及西安科技大学等高校；刊载文献的期刊主要集中在《中国教育信息化》《科技创新导报》等刊物上。可见，近年来基于大数据的学生管理议题日益成为学

生管理工作中新的研究热点。

采用共词矩阵以及社会网络分析法对现有文献进行分析，我们发现大数据下的学生管理工作的研究热点包括：（1）大数据下的学生管理工作创新；（2）大数据对学生管理工作的应用价值研究；（3）大数据在学生管理中的应用研究；（4）大数据下的学生管理工作涉及的安全及法律等议题。

学术界围绕"大数据环境下的学生管理工作"进行了广泛研究，取得了一定的研究成果，特别是在大数据背景下学生管理工作的机遇与挑战、策略等问题上取得了比较一致的看法，学管工作者重视大数据对学生管理工作的影响，以及提升大数据意识的重要推动作用。然而，解释性的、重复性的、定性的低层次研究较多，具体结合大数据平台进行的研究较少，相关研究没有形成一定的管理实践体系。

三、基于大数据的高校思想政治教育服务平台搭建

（一）服务平台基本架构

在新一轮信息技术革命浪潮的推动下，基于大数据的高校学生管理服务平台由感知输入端、数据传输端、处理支撑端、数据处理端和应用输出端"五端"协同联动，各端集技术应用创新与管理创新为一体，是一种过程化、精准化和智慧化的架构，如图1所示。该架构自下而上是由感知输入端作基础、数据传输端作桥梁、处理支撑端作大脑、数据处

理端作决策、应用输出端作服务的"五端联动"模式，这五端构成了大数据下的高校学生管理服务平台的基本框架。通过将大数据等相关技术和高校学生日常管理工作进行有效结合，在拉动大数据等相关技术应用创新的同时，也将推动高校学生管理工作的总体思路、机制、体制等方面的管理创新。

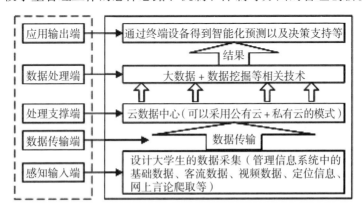

图1　基于大数据的高校学生管理服务平台架构

（二）服务平台中"五端联动"内容

1. 感知输入端——动态、准确、共享的大数据为服务平台奠定基础

服务平台从顶层设计到具体的技术细节，都是以海量的与大学生相关的大数据作为核心支撑的。大数据是服务平台的根本，是智慧化学生管理的基础，这些大数据是随着教育信息化平台、移动互联网以及物联网的发展不断积聚起来的。大数据下的高校学生管理服务平台必须采集以动态、准确、

共享的与大学生相关的大数据为基础的资源平台，打破传统信息化建设带来的"信息孤岛"问题，有效整合各类大学生数据资源。感知输入端通过校园内无处不在的传感器、摄像头以及已有的管理信息系统，收集与大学生相关的各类数据，数据种类繁多。

通过感知输入端采集的数据包括以下几种。（1）大学生基础数据。大学生是高校办学的主体，他们的信息构成了高校学生管理服务平台中最基本的原料，其他任何的应用研究都需要基础数据的配合，这些数据保存在数字校园建设不同的管理信息平台中，包括学工、教务、财务、图书馆以及后勤等。（2）客流数据。校园中大学生进入教学区和生活区日常通勤的数据称为客流数据。学生进入图书馆、回到宿舍、食堂用餐以及澡堂洗澡等客流数据，可以通过校园一卡通的刷卡记录进行收集。客流数据种类多、来源真实、产生速度快、包含的校园活动信息非常丰富，可以用于学生思想行为研究、学生流动监测、学生安全监控以及流量预警等方面。（3）视频监控数据。校园内分布着大量的视频监控点，视频监控设备在不同的视频监控点所采集的海量视频数据记录了学生的日常学习生活点滴，充分利用这些视频数据可以从某种程度上再现大学生生活的历史，具有巨大的研究价值。（4）社会活动数据。校园社会活动数据包括学生参加比赛、参加社团活动、学生获奖等各种动态数据。社会活动数据是深入分析和理解学生行为的必备原料。（5）校园网上的数据。

大学生使用电脑、手机等终端设备连入校园网已经成为日常生活的一部分，他们在校园网上留下了大量的数据，包括上网记录、网络舆论以及 App 使用记录等，这些数据可以用来研究大学生的心理状态、预测高校网络舆情、挖掘学生社交关系等，因此具有巨大的应用价值。

其他需要采集的数据还包括大学生学习资料数据、校园地图数据等。通过感知输入采集的这些结构化以及非结构化的数据，构成了高校学生管理服务平台的基础大数据。

2. 数据传输端——感知输入端和处理支撑端的桥梁

数据传输网络通过有线或者无线数据链路，将一卡通等终端得到的数据或者通过终端输入的数据上传到云数据中心进行处理。数据传输端通过各种网络的互联互通，实现了校园中人与人、人与物、物与物以及系统与系统之间的全面互联，增强了信息实时获取和服务的能力。

3. 处理支撑端——为智能化处理作支撑

可以利用云平台最大限度地实现资源共享整合，避免重复建设，提高资源使用效率，降低高校运营成本，推动资源建设与使用良性互动。目前有些高校建立了自己的"私有云"。为节省成本以及保护重要的数据，高校可以采用"公有云＋私有云"的混合云模式，支撑基于大数据的高校学生管理服务平台的运作。即将需要加密的重要结果数据等放置在私有云上保存，将需要加工处理的大数据放在公有云上，通过共享的方式节省高校的成本。

为了解决"信息孤岛"问题，云平台要能够整合现有的软、硬件资源和信息资源，提供统一门户、统一身份认证以及统一的接口等服务。

4. 信息处理端——服务平台核心模块

大数据的深度分析和处理为高校学生管理工作提供了机遇，信息处理平台能整合校园与大学生相关的业务资源，从资源平台中获取大量的原始数据，结合数据挖掘技术，对获取的这些数据进行清洗、规范、整合、智能化分析和共享，提高数据的科学性和有效性，为提升高校学生管理工作的针对性和实效性提供服务。

5. 应用输出端——各类预测结果和决策支持的可视化展示

通过前四个端的平台的支持，应用输出端通过智能终端可视化，输出高校学生管理工作的具体应用，例如心理问题学生的预警、学业问题学生的预警、真实贫困生的预测、大学生学习行为的分析等。

四、基于大数据的高校思想政治教育服务平台管理策略

大数据时代的高校学生管理工作需要充分利用校园大数据和大数据技术，在对高校教育大数据进行科学分析的基础

上，采用科学化的管理策略。

基于大数据的高校学生管理服务平台，在总体指导思路、协同机制、人才培养等方面加强管理，以创新的"平台＋管理"模式推动高校学生管理工作的变革。

1.指导思路聚焦：以服务师生理念为总体指导思路，重视平台建设

高校作为服务平台建设和维护的管理者，任何关于平台的决策行为都要以服务师生理念为总体指导思路。利用服务平台的优势，提升服务平台的水平和效率，提高高校学生管理工作的质量。

第一，高校要重视基于大数据的高校学生管理服务平台建设，改变传统信息化建设多头管理的局面，设立职能办公室，由校领导亲自负责，统筹平台建设。服务平台的建设和发展离不开校领导的支持和重视。在目前我国高等院校管理体制下，校领导的重视是服务平台建设工作有序开展的重要前提。

第二，高校要加大服务平台的资金投入。服务平台的建设是一项长期的系统工程，持续的资金投入是服务平台建设，最为重要的保障。基于大数据的高校学生管理服务平台建设，涉及多方面的技术应用，包括云计算、大数据、数据挖掘、数据可视化、视频处理等软硬件，这些技术贯穿"五端"联动运行的始终。高校应利用自己的优势，推动大数据等相关

技术的研究和应用，以基于大数据的高校学生管理服务平台推动高校学生管理创新，提升学生管理工作的质量。

2. 机制协同：为服务平台搭建作保障

高校要变革工作管理模式，重组业务流程，建立新的体制机制，为服务平台建设作保障。高校学生管理工作本身涉及多个学校部门，包括学工部、团委、教务处、后勤管理等。基于大数据的高校学生管理服务平台的大数据来源于各个部门，因此需要各个部门通力合作，打破顶层壁垒，整合校内不同信息平台上的资源，完善数字交换平台，统一身份认证等，解决数字校园建设过程中产生的"信息孤岛"问题。

3. 人才培养：培养跨学科人才，为大数据下的学生管理工作落地作支撑

高校大学生管理工作是高校管理工作的核心。每一所高校对学生的管理都有一套行之有效的管理模式。然而，随着时代的发展，学生管理工作的对象时刻发生着变化。将社会发展中出现的新观念、新技术运用到学生管理中来，是目前学生管理研究的热点。传统的高校学生管理工作者的研究往往停留在经验总结、定性研究的层面，大数据相关技术研究者又执着于技术手段而忽略了结合高校学生管理工作本身的规律和特点。因此，为了充分地将大数据及大数据技术应用于高校学生管理工作，需要培养既懂大数据相关信息技术，又熟悉学生管理工作的跨学科人才。

基于认知心理的网络育人应用研究
——以疫情防控舆论引导和舆情应对为例

杭慧喆

［会计学院（会硕中心）］

构建网络育人质量提升体系，推动思想政治工作传统优势同信息技术高度融合，是《高校思想政治工作质量提升工程实施纲要》明确提出的基本任务之一。从渠道视域看，网络育人的核心在于拓展网络平台，让思政教育的影响力从更多触点直达学生；从内容视域看，网络育人的要义聚焦丰富网络内容、传播主旋律；从保障视域看，重点围绕建强网络队伍，净化网络空间和优化成果评价，三管齐下，方能发挥网络育人功能，建好网络精神家园。

以疫情防控舆论引导和舆情应对为例，开展基于认知心理的网络育人应用研究，一方面旨在以内容视域为切入口，从认知心理出发，探索行之有效的网络育人提升路径，充分发挥网络的育人功能；另一方面则旨在从疫情大考中汲取经验、扛起责任，以网络育人为突破口和着力点，补齐育人体系和育人能力短板，为进一步开展好新冠肺炎疫情等突发危机中的思想政治教育提供思路。

一、疫情防控背景下，网络育人的"新时代"

突如其来的新冠疫情，打乱了学生生活、教育的常态，也为思想政治教育带来了前所未有的困难和挑战。但也正是这场不可预测的危机事件，让隐藏的问题得以暴露，让微小的力量得以放大，让网络育人在十大育人体系中的地位和作用进一步凸显，迎来研究和应用的"新时代"。

（一）优势得以发挥

在新媒体时代下，学生越来越依赖于从"两微一端"获取信息，而因疫情防控"不聚集"的要求，开学延期，课程上"网"，思政教育也从线下转移到线上，网络育人的优势得到了前所未有的利用和发挥。通过网络育人坚持正向引领凝聚精神力量、加强宣传教育营造积极氛围，成为高校辅导员的不二之选和应尽之责。

（二）必要得以凸显

在前所未有的高速信息化时代，伴随新冠疫情而来的，是信息和谣言的双重爆炸、舆论场和观点的不断撕裂。这对思想还不成熟、三观还未定型的学生群体造成了不同程度的影响。在这一现实环境下，辅导员需要赋予"网络育人"更深层次的内涵，即以网络信息为土壤和养料，扎根网络孕育出"思想之花"，这要求辅导员要消除网络中海量信息带给学生的不利影响，研判网络信息可能对学生思想造成的偏移和负面作用，培育学生抵抗网络"反向"信息的抵抗力，增强学生心中爱国主义和社会主义核心价值观的"免疫力"。

疫情常态化管控和后疫情时代，依然会有许多新问题因"网"而生，绕过学校教育环节，通过网络直达学生。因此，网络育人绝不仅仅是通过网络这一渠道来育人，发挥网络信息对育人的正面作用，应对其负面作用，从而占领"网络阵地"，也是网络育人的必要之举、应有之义。

（三）重点得以明确

网络育人，其本质是有效利用更容易到达学生视野的新媒体平台做好网络思想政治教育，是将思想政治工作的传统优势同信息技术相融合，而非简单相加。

过去，我们从传播者的视角出发，常走入误区，即过于重视平台、渠道而忽视通过网络传播的内容质量。我们将网络育人的重点放在将传统思想政治教育内容放上网站、微信公众号、微博、抖音等平台，实现"一个不落、全面开花"，这的确能让思政教育更易被学生获取，增加"点开率"，但事实上，这种网络育人模式依然难逃"粗放式"的窠臼。在信息爆炸的时代和舆论危机背景下，以这一思路推进的网络育人工程所能发挥的功用将进一步受限。

在疫情防控舆论引导和舆情应对背景下，网络育人压力陡增，为应对新形势、新任务，我们"被迫"转向从信息接收者的视角出发，研究如何提升网络育人质量，因此我们将认知心理引入研究范式，网络育人的工作重点得以明确。

根据认知心理学的观点，人脑是类似于电脑的信息加工系统。认知心理学家奈瑟尔曾指出："认知是建构性质的。它包括两个过程：一是基本过程，它在受到外部事件或内部经验刺激时马上发生。二是有意识的控制，是比较精致地转换和建构观念和印象。人的思维有一种执行控制的机制，就像计算机程序中有一种执行程序一样。"[①] 自 20 世纪 50 年代起，认知心理学家们就不断用信息加工的观点等研究人接受、贮存和运用信息的认知过程，包括对知觉、注意、记忆、心象（即表象）、思维和语言进行实验研究，发现这套信息加工系统有着一些共同的特质和反映，也就是"认知心理效应"。人的认知过程如图 1 所示。

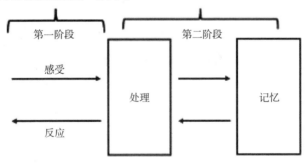

图 1　人的认知过程

① 张淑华. 认知科学基础［M］. 北京：科学出版社，2007：260.

显然，受众对获得的信息并非全盘接受，而是进行信息加工和改造，而后存入记忆。显然，唯有基于认知心理来选取和创制网络育人的素材，并进行传播，才能让正确的价值理念更好地通过第二阶段的信息加工环节被学生接受、认可，降低点开后的"关闭率"，最终实现"润物细无声"的育人效果。

二、认知心理视角下，网络育人的"前进路"

本文基于认知心理开展网络育人研究，旨在借助认知心理学的成熟研究成果，探知通过网络育人功能构建、巩固学生主流价值观，实现"立德树人"的机制、途径和方法。由于认知心理学的研究成果浩如烟海，在下文中，我们将选择其中几种广受认可的认知心理效应重点开展研究。

（一）首因效应，揭示高校发挥网络育人作用的紧迫性

首因效应由美国心理学家洛钦斯提出，揭示了"第一印象"最先输入的信息对客体后续认知产生的影响作用。认知心理学的主流观点认为，人的每一次认知过程不是独立的，人头脑中已有的知识和知识结构对人的行为和当前的认识活动有决定作用，在人的认知过程中，人脑中原有知识之间、原有知识和当前认知对象之间的关系会影响当前认知的结果。

一方面，从学生群体的人生视角来看，义务教育阶段是

价值观的筑基期，高中阶段为成长期，本科和硕士研究生阶段，是价值观的成熟和定型期。即从宏观来看，目前大学生群体还处在核心价值观的"首因（第一印象）"时期，具有"七分熟"的特征，也是认知结构形成最后的冲刺时期。因此，高校辅导员群体要正确认识这一黄金时段的重要性，加大力度发挥网络育人功能，让社会主义核心价值观能以优秀的"第一印象"驻扎在学生心中，正向影响他们未来长远人生道路的认知。

另一方面，因首因效应的存在，高等院校网络育人工作的开展成效必定受学生前期所受教育、所形成观点的影响。这一效应揭示了基础教育阶段思想政治教育的重要性和高等院校选才时进行思政政治考察的重要性，也给予了高校网络育人的准确定位，即内容上不能"从头开始"，对象上不能"一视同仁"。

高校在选取和创作网络育人素材时，要摆脱基础式理论说教，着眼于高层次的思辨对话，适应现阶段的受众认知层次、能力和需求，并与基础教育阶段的育人功能实现互补。不同于基础教育阶段，现阶段讲好"育人故事"的重点在于告知学生"是何"，更在于条分缕析、还原事实地向学生陈述"为何"。

在认识网络育人对象时，不能无差别式"大水漫灌"，而要基于"原胚"进行精准"滴灌"，将现有的育人素材和学生既有认知相联系以提升认知效果。值得一提的是，与首因效应相关联，原有认知结构还可能产生光环效应和恶魔效应，以感知到的一部分为出发点来推断其余部分的倾向，即一种"情人眼里出西施"或"憎其人者，恶其余胥"的认知偏差。将这种认知偏差应用至网络育人中，将产生长效影响，笔者将之总结为"根幂式"效果，即如同开根运算的弱化效果和幂运算的加成效果。高校辅导员必须认识到，学生在认知的过程中，可能会因为认知对象的某一种突出的缺点而将它的显著的优点都忽略和否定掉，也可能存在因为一种突出优点而忽略瑕疵的倾向，从而精准施策，实现"锦上添花"或"挽狂澜于既倒，扶大厦之将倾"的育人效果。

（二）近因效应，提示网络育人的"一个认知，两个基本点"

近因效应是心理学家卢琴斯根据实验提出的，最新出现的刺激物促使印象形成的心理效果，新出现的具有对立意义的刺激对已形成的印象有反转作用。近因效应为高校网络育人工作指明了工作重点和可行思路。

一方面，我们要把握正面的近因刺激机会，对学生尚未定型的价值观进行修正、"排毒"；另一方面，则更要警惕负面的近因刺激因素的干扰和侵害，防止学生已基本构建的正确价值观顷刻倾覆。将近因效应应用于疫情防控背景下的网络育人工作中时，我们可以总结出"一个认知，两个基本点"。

"一个认知"即每一个由疫情等事件引起的舆论危机都

是网络育人的攻坚战役，发挥网络育人功能，重在平日积累，更重在危机处理。一次战役的胜利效果，将远超百十倍的潜移默化，而一次战役的惨痛失败，将成为多年用心付出最后功亏一篑的导火索。

"两个基本点"为消弭近因刺激的反向作用和利用近因刺激的正向作用。警惕近因刺激的反向作用，要求高校的思政团队在应对负面舆论时，不能闭口不言、回避矛盾，一方面，要对能力范围所及的真相进行调查、辟谣和解释，对能力范围不及的真相，发声引导学生勿偏听偏信，安抚情绪、倡导理智；另一方面，要从危机中找到突破口，由点及面地将负面刺激彻底消弭。如在疫情防控前期，各类谣言甚嚣尘上，学生群体如一叶扁舟，在爆发式的谣言海洋中漂泊无定。为降低此类持续性、不断更新的负面刺激，会计学院（会硕中心）研究生管理团队以当时影响广泛、又易证伪的"扫帚直立"谣言事件为切入口，通过网络平台和微信公众号开展"谣言防范教育"，便是一次消弭近因刺激的反向作用的有效尝试。

利用近因刺激的正向作用，要求高校辅导员群体把握住正向刺激点的时机，凭风借力，将正面影响最大化。在这一点上，党中央将"党旗在战疫一线飘扬"和一位位舍生忘死的战疫英雄作为最生动的爱国主义教育素材，在全国教育系统掀起"共抗疫情、爱国力行"主题宣传教育和网络文化成果征集展示高潮，即是最为生动的应用典范，为我们开展网络育人工作提供了行动指南和模仿范本。

（三）自我参照效应和多看效应，是网络育人提速增效的"万能"秘诀

所谓自我参照效应，是人们在接触新事物时，对与自身有密切联系的部分，记忆会更加持久和产生更加强烈的感官刺激，从而使自己的判断发生明显的倾向性。多看效应则是指在接触某人某物的时候，见面或者接触的次数能无差别地加深印象，无论好坏。基于以上心理效应，我们可以从以下两方面为网络育人提质增效。

一方面，在确定网络育人内容时，要明确自身区别于综合媒体的定位，选取和创制与学生受众具有高关联度的素材，以"贴近性"增强育人实效。如在国内疫情高峰阶段，会计学院（会硕中心）研究生管理团队通过微信公众号平台，以学院党员教师们虽身处疫情中心，却立足岗位，积极为抗疫贡献力量，一位位教师参与社区防疫、运送爱心蔬菜、为社会危机管理建言献策的事迹，和20多位本院研究生学子青春战"疫"、服务家乡，点亮基层战疫"志愿红"的事迹开展网络育人工作。他们的事迹虽无法与央视新闻中冲锋陷阵的战疫英雄相比拟，但却是鲜活的身边榜样，掀起了学院学生志愿服务的热潮，取得了远超预期的育人效果。

另一方面，要利用网络育人的独特优势实现高频率的育人，通过"多看"提升育人实效。网络育人和其他育人方式相比，最大的优势在于高频率的可实现性。网络育人必须充

分发挥这一优势,在关键时期不仅不能缺位,反而要少量多次、高密集度地输出育人素材,从而占领思想阵地。如会计学院(会硕中心)研究生会的《抗"疫"有道·会小研的一封信》,在疫情最严重的一个月内于微信公众平台连载十七期,用各类资讯和居家学习、锻炼、防骗、防谣建议与全体研究生共克时艰,便是应用"多看效应"推进网络育人工程的有益尝试。

推进网络育人是环环相扣的复杂工程,顺应首因效应、近因效应、自我参照效应和多看效应等认知心理,有助于我们激发网络育人的能量。但唯有通过创新内容、优化体制、建强队伍等一系列组合举措,方能促进高校网络育人生态的全面建构。

作为新时代的高校辅导员,网络育人体系最末端的环节,我们必须致力于研究学生的认知心理,以喜闻乐见的内容抢占网络阵地,用中国故事、校园故事、身边故事感染、滋润学生群体,更要以坚定不移的信仰和孜孜不断的追求,通过唤醒自己的灵魂来启迪学生的良知,达到中共中央、国务院全面深化新时代教师队伍建设,"以德立身、以德立学、以德施教、以德育德"的要求,实现"教书和育人相统一,言传和身教相统一,潜心问道和关注社会相统一,学术自由和学术规范相统一"的目标,助力中国特色高等教育建设,为培养社会主义事业建设者和接班人做出更大贡献。

参考文献

〔1〕《高校思想政治工作质量提升工程实施纲要》教党〔2017〕62号。

〔2〕张淑华.认知科学基础〔M〕.北京：科学出版社，2007.

〔3〕彭聃龄.普通心理学〔M〕.北京：北京师范大学出版社，2012.

优势取向下"家—校—医"协同心理健康教育模式的探索与实践①

张晓涵

（中南财经政法大学金融学院）

加强大学生心理健康教育工作，是新形势下全面贯彻党和国家教育方针，建立健全立德树人系统化落实机制的重要环节，是以生为本，满足学生成长成才要求的重要形式。目前，高校学生由于学业、就业压力增加，心理问题突出，部分学生甚至出现严重心理障碍。针对高校学生的特点，高校心理健康教育的工作内容集中在教育—预防—咨询—干预中，需要发挥教育学、心理学和医学模式相结合的优势。这一理念已普遍被心理工作者所接纳，如何落地实施已被提上日程。

---

① 本文受中南财经政法大学中央高校基本科研业务费专项资金资助（2722020SQZ01）。

优势视角理论在承认"问题"与"缺失"的前提下，强调以正向、积极的角度看待人与环境，认为人与环境中蕴藏着众多的优势和潜能，充分尊重教育对象的自主性，将寻找、运用、整合优势与资源作为干预策略，实现教育目标。[①] 优势理论与积极心理学有之处，积极心理学强调关注人性积极层面，主张心理治疗不是修复受损部分，而是培育人类的正向力量，通过积极力量的培育与强化来取代个案的缺陷修补。这种重视正向资源挖掘与利用的观点与优势理论不谋而合。当前，以优势理论为指导，整合心理育人元素，加强高校、医疗机构、学生家庭三者之间的交流、互动与合作，增加高校心理健康教育的工作内涵，拓宽心理健康教育工作路径，意义重大。

一、高校心理健康教育需要家校医协同开展

（一）新时期心理健康教育机遇与挑战并存

青年学生的心理健康教育是高校人才培养体系的重要组成部分，也是高校思想政治工作的重要内容。党和国家高度重视高校人才培养质量，2017 年教育部出台《高校思想政治工作质量提升工程实施纲要》，提出了构建心理育

[①] 孟洁. 社会工作优势视角理论内涵探究 [J]. 华东理工大学学报，2019（1）：58-59.

人质量提升体系的要求，指出育心与育德相结合，促进师生心理健康素质与思想道德素质、科学文化素质协调发展。2018年教育部印发《高等学校学生心理健康教育指导纲要》，用以指导高校开展心理健康教育工作。在立德树人总目标的引领下，心理健康教育在大思政格局下迎来了难得的发展机遇。

同时，全国高校心理健康教育工作经过30年的快速发展，"已经完成了解决必要性、认清重要性、提升科学性的任务，现在到了认清和解决迫切性的时刻"。[①] 当下网络环境纷繁、消费思潮盛行、观念更迭频繁，青年大学生表现出与父辈不同的心理群像，他们渴望独立、思维活跃、擅于挑战，但同时呈现出实用主义上扬、理想与焦虑并存、心理耐受力差等特点。大学生在大学生活中要完成诸多人生选择和课题，在认识自己、适应社会等方面存在诸多心理困扰，甚至诱发精神疾病。近几年，高校学生心理压力增大，心理问题多发，对高校心理健康教育提出了挑战。

（二）新时代"家—校—医"协作是心理健康教育的发展趋势

目前各高校都非常重视心理健康工作，将心理健康教育

---

① 俞亚东. 总结经验，提高站位，加快发展中国特色高校心理健康教育［J］. 高校辅导员，2018（4）：10-13.

触角延伸至二级院系开展具体工作。高校系统内部，学校心理中心与二级学院协同开展心理健康教育已达成共识，但也出现了一些亟待解决的问题。第一，心理健康教育认识异化，传统的心理健康教育多关注"问题"和"疾病"，注重解决心理问题而忽视对多数学生的引导与服务，这让心理健康教育工作的成效大打折扣；第二，心理健康教育队伍流动化，辅导员队伍的不稳定造成了学院心理工作老师年年换、年年新的局面，心理工作延续性和传承性较差；第三，心理健康教育实践孤岛化，心理中心和二级学院是心理健康教育工作的排头兵，而家长、医疗机构等处于"旁观者"角色，在心理问题防治中"家—校—医"尚未形成良性互动，忽略了心理健康教育工作的系统性。

研究表明，个性特质、家庭经济与亲子关系、师生关系、社会环境等因素均会对大学生的心理健康构成影响。《精神卫生法》实施以来，明确了心理咨询师不能从事精神疾病的诊断和治疗，界定了家长作为监护人在学生发生精神疾病时应尽的责任和义务，这为医校合作、家校协作提供了工作基础。家—校—医协作是合理防治大学生心理问题的现实需要，更是高校心理健康教育发展的必然趋势。因此，高校心理健康教育应该依托多个主体，发挥各主体的优势特征，形成合力，协同解决心理健康教育问题。

二、优势视角下家校医协作工作模式的探索

（一）健全心理健康教育校内协同工作体系

优势视角关注教育对象所处环境中的多元优势和资源，注重与教育环境的连结和合作，提倡以积极的态度和方式与不同环境中的人对话，努力开发更加多样化的资源，成为实现教育目标的重要推力。学生、学校、家庭、医院等不同主体均属于心理健康教育中的多元优势和资源，能够发挥其特定作用。笔者所在学院于2015年3月成立了由"倾心坊""阳光坊""守护坊"组成的心理健康教育工作架构，发挥心理中心、辅导员、学生朋辈等资源的优势力量。为提升辅导员心理工作技能，学校制定了"辅导员心理工作能力提升计划"，举办谈心谈话技巧、家校沟通路径等培训，创造条件鼓励辅导员承担心理必修课教学任务，使每名辅导员都能成为心理工作的专业能手。畅通心理中心与学院的协作机制，实行心理困难学生情况汇报制度，定期举办案例研讨会，由心理中心与学院对重点个案共同进行研判，制定干预方案。在心理文化活动中邀请心理中心老师走进学院、走进学生，开办主题讲座，进行专题辅导。依靠骨干力量开展朋辈教育，除班团干部外，充分发挥心理委员和寝室长的抓手力量，建立心理委员训练营和寝室长训练营，通过心理专题培训和素质拓展提升朋辈辅导意识和能力；定期开展推优表彰树典型活动，增强心理委员和寝室长的工作积极性。

在校内协同体系中,响应"三全育人"和"五个思政"号召,探索将本科生导师、专任教师纳入心理教育活动中,挖掘教师、辅导员、心理专业老师的协同教育潜能;注重心理教育活动与学生所学专业的融合,从目标和执行层面推进学生科学文化素质、思想道德素质、心理健康素质齐头并进,在不断的实践——总结——再实践中打造心理教育品牌活动。

当代大学生多成长于独生子女家庭,自尊心强,看重外在评价,渴望被认可和接纳,注重自我实现。针对这一特点,我们需要革新理念,重预防,挖潜能,实施积极取向的心理健康教育,坚持普遍性与特殊性相结合,对每个学生的心理健康发展负责。在日常实践中需要完善聚焦优势的心理育人内容体系。建立心理课程体系、心理活动体系和心理服务体系,聚焦学生心理成长与发展。在课程体系方面,立足大课程观,涵盖心理健康必修课、系列讲座、隐性课程等,传播心理健康知识;在心理活动体系中成立心理社团,通过心理班会、心理游园会、心理线上活动等形式,保证心理健康教育"月月有亮点、常年不断线",形成教育辐射全覆盖;在心理服务体系中,积极协调学校党群组织、后勤、保卫等部门,满足学生学习生活需求,保障学生合法权益,解决好学生的日常现实问题。

(二)规范家校协同共建体系

家庭教育的质量,一定程度上决定了学生的心理状态。

进入大学后，家校异地、代际代沟等问题都影响了学生与家长的日常沟通与信任，也间接影响了学生在校的日常表现。建立家校共建体系，充分发挥家长在高校心理健康教育中的主观能动性，引导家长主动关注子女在校的学习、生活情况，鼓励家长积极参与心理育人活动，协助学校共同做好立德树人工作。在此工作中，危机干预中的家庭阻力是有时不得不面对的棘手问题，解决这一问题需要在《精神卫生法》的框架下，对内规范处置流程，保证处置内容的严谨性，对外需要联合家庭，达成共识，坚持优势取向下的"以生为本"，实现家校的共同利益诉求，将学生的心理健康和积极发展作为共同目标，把分歧和对立降到最低，在日常沟通中建立家校彼此信任的伙伴关系，为危机学生提供更有效的支持。

（三）赋能医校协同专业体系

医校协作在目前心理危机处置中发挥了特定作用，在此基础上，我们还可以完善以下工作：将精神科医生纳入心理危机处置领导小组，畅通转诊绿色通道，减少中间环节带来的风险因素，保证学生及时就医；建立信息通报制度，让辅导员及时掌握住院学生的治疗与恢复情况。另外，在心理健康教育、预防和服务中，也可以发挥医疗机构的专业力量，邀请精神科医生为学生、辅导员、心理老师、家长等群体做专题培训，普及精神疾病的基本知识，共同开设心理健康教育课程，由精神科医生参与指导心理主题教育活动等。

（四）强化家校医的联动配合

心理健康教育作为大系统，各参与主体之间要经常沟通，实现多主体间愿景与策略的统一，保证信息的及时性和共享性，在分歧中协商，实现解决方法与手段的统一，唯有此，才能实现各主体间的能量互换，产生教育的整体效应。家、校、医各主体在明确各自责任与权力的基础上，在教育、预防、干预与服务中可以发挥教育模式、社会模式、医学模式的整合作用，共同为学生的心理健康保驾护航。当然，学校作为中坚力量，必须发挥协调优势和资源优势，积极联络家庭和医院，形成日常对话和合作。

不同主体间的关系至关重要，这是协同进行心理健康教育工作的起点和基础。优势取向的心理健康教育协同体系，强调合作主体之间地位是平等的是相互尊重且信任的合作伙伴，因此，高校不是单方面的主导者，需要与学生、家庭、医院等主体在自愿、平等的基础上建立互助互信的伙伴关系，通过协商对话解决冲突与对立。

综上所述，优势视角下的心理健康教育价值取向强调发挥优势，提高教育对象的自主能力，注重家庭、学校、医院等之间的合作，强调发挥参与主体的协同效应，重视教育资源的合理利用和因地制宜。这是符合大学生身心发展特点和教育发展规律的知识理念和实践框架。

新冠疫情下本科生学习状况分析及其学习动力提升探索 [①]

方旭峰　胡　瑶　陈　盈

（统计与数学学院）

2020 年初，新型冠状病毒肺炎疫情突发，教育部为深入贯彻习近平总书记关于疫情防控的重要指示精神，坚决阻断疫情向校园蔓延，印发了《关于在疫情防控期间做好普通高等学校在线教学组织与管理工作的指导意见》，要求保障高校在线教学，做到"停课不停教、停课不停学"。疫情防控期间，大学生学习情境、学习方式发生重大转变，也给教学工作带来巨大挑战。如何提高大学生学习动力，提升大学生

---

① 本文系教育部人文社会科学研究专项任务项目（高校辅导员研究）"三全育人体系下辅导员角色定位与角色实现研究"（20JDSZ3199）、2020 年度中南财经政法大学基本科研业务费（三全育人）一般项目"求知旨趣：'三全育人'的价值重构与实践研究"研究成果，亦为中南财经政法大学统计与数学学院"晓南湖风"心理育人工作室成果之一。

学习效率和学习效果，成为学校、学界和社会关注的重要问题。了解大学生居家学习状况并进行分析，对复学后进行针对性教学具有重要意义。本研究在文献研究的基础上随机对中南财经政法大学本科生进行问卷调查，旨在了解疫情期间大学生居家学习状况；对学习状况的了解主要从学习网课的真实状况、课后时间投入、完成作业等方面展开，通过数据分析问题并归因，探讨大学生学习动力提升的策略。

一、调查对象与方法

（一）调查研究对象

2020 年 5 月 21 日至 5 月 28 日，笔者以网络问卷形式对中南财经政法大学 15 个学院在校大学生进行了调查，共回收有效问卷 2088 份，问卷回收率 98.6%。在被调查的学生中，2019 级学生 671 人（32.13%），2018 级学生 1138 人（54.50%），2017 级学生 177 人（8.48%），2016 级学生 102 人（4.89%）；女生 1507 人（72.18%），男生 581 人（27.82%）。

（二）研究方法

本次调查综合运用量化研究和质性研究方法。对相关政策、线上学习方式、大学生学习等相关文献进行梳理，制定了《疫情之下本科生学习心理和行为状况调查问卷》，通过问卷星发放、回收问卷，并对部分学生代表进行访谈，以印证问卷调查的有效性，和对问卷调查进行补充。通过对数据的筛选和分析，笔者呈现了新冠肺炎疫情防控期间学生的学习状况，并以此为基础，为学校复学开展教学提出相关建议。

二、调查结果描述性分析

（一）本科生居家学习期间学习效果

调查数据显示（见表 1），在居家学习效果上，44.54%的学生认为学习效果一般，25.91% 的学生认为自己学习效果较差；在对学习内容的理解和掌握上，36.83% 的学生能够较好地理解学习内容，32.19% 的学生能够较好掌握学习内容，近半数学生认为自己通过在线学习理解和掌握学习内容的程度一般；37.88% 的学生能够跟上老师上课的进度，仍有20.50% 的学生落后于老师上课进度；29.22% 的学生认为自己居家学习期间自制力较差，只有 26.20% 的学生认为自己自制力较强，其中 4.60% 非常认同自己在学习方面自制力强；47.22% 的学生能够按时完成作业，有 15.86% 的学生不能按时完成作业。对于是否喜欢在线学习方式，36.21% 的学生持中立态度，39.94% 的学生表示不喜欢，23.85% 的学生表示喜欢在线学习。总体而言，本科生居家期间学习效果一般，学生对自己的学习状态和学习效果并非很满意。

（二）本科生居家学习期间自主学习影响因素分析

通过对 2088 份有效问卷的整理，运用 R 语言进行随机森林模型的拟合，进行变量筛选。经过随机森林，综合考虑预测准确度下降和节点不纯度下降，最终选出了学习效率（efficiency）、工作日学习时间（weekday learn time）、周末学习时间（weekend learn time）、掌握内容（grasp learning）、良好学习氛围（atmosphere）、自制力（self-control）、理解程度（understanding）、教学进度（learning progress）、线上学习效果（learn effect）、大量学习资源（resource）、良好学习环境（environment）、教学方式倾向（way）作为变量。从随机森林模型分析可以看出，影响学生自主学习的主要因素是学生的自制力，学习时间、学习效率以及作业的自主完成程度、对知识的理解程度都影响着学生的自主学习情况，而且学习资源的获取、对线上学习的喜爱程度也影响着他们的自主学习状态。此外，教师教学的方式也在一定程度上对学生自主学习效果有所影响。

表 1 疫情之下本科生学习状态

题目	选项比例				
	非常认同	比较认同	一般	比较不认同	非常不认同
居家在线学习时，学习效果很好	4.60%	24.95%	44.54%	18.25%	7.66%
居家在线学习时，能掌握当前的学习内容	4.60%	27.59%	46.65%	14.27%	6.90%
居家在线学习时，能跟上老师的教学进度	6.27%	31.61%	41.62%	14.27%	6.23%
居家在线学习时，我的自制力强	4.60%	21.60%	44.59%	20.93%	8.29%
居家在线学习时，我能按时完成作业	9.15%	38.07%	36.93%	10.30%	5.56%
我很喜欢在线学习	6.94%	16.91%	36.21%	22.03%	17.91%

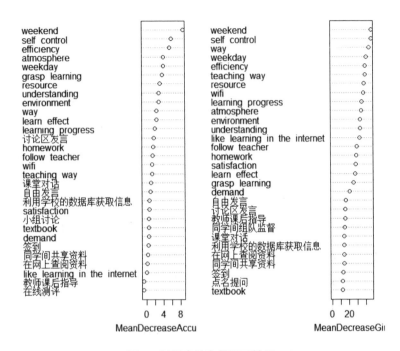

图 1　随机森林变量重要性图

三、疫情之下大学生学习效果不佳的原因分析

疫情期间，学生的主要学习方式发生转变。网络授课使教师与学生分别处在不同的场域，对学生个人而言，外部约束减弱；同时，在独处空间，面对随时可得的网络信息，学生"自制"成本增加，学习效率也随之下降。内外两方面作用导致大学生学习效果欠佳，以下将从学习方式、学习场域、学习自制力、学习投入等几个方面进行具体分析。

（一）学习方式转变

传统课堂学习转变为网络在线学习，对大学生的有效学习提出诸多挑战。首先，师生分散于不同物理空间，导致课堂约束力较弱。网络授课过程中，教师和每位同学都分布在不同的物理空间，教师无法直接观察每位同学的学习状态，自然也无法针对性地提醒学生，这使得教师的权威在一定程度上被削弱。其次，在屏幕中，学生难以获得老师的表情、动作等非语言信息，导致学习理解效果较差。非语言信息在信息传递过程中占重要位置，师生互动过程中，教师的非语言信息有助于学生更好地理解课程内容。网络授课模式下大学生只能长时间盯着电子显示屏，既容易产生视觉疲劳，也容易产生心理倦怠感。最后，教师的直接的评价和反馈相对减少，学生对自己的学习效果难有直接的感知，学生们的学习获得感降低。部分课程是通过录播形式进行的，教师提前录制课程或者以其他录播课作为教学视频，没有课堂上的直接互动甚至没有课后交流，学生对学习的掌握感知度降低。

（二）学习场域转换

布迪厄的场域理论指出，人的每一个行动，均被行动所发生的场域所影响。家庭是生活场域，主要功能是休息和休闲，人们在家中获得亲密感和安稳感；校园是学习场域，学生在校园里完成从象牙塔向社会的角色蜕变。在这两个场域之下，学生分别扮演着不同的角色。而疫情期间，学生的学习场域转换，校园场域转变为家庭场域，学生难以形成完整的学生角色，他们在潜意识中认为在家里更适合休闲而非学习。从外部看，居家学习过程中的干扰因素也会增多。一是亲子关系干扰。疫情期间，学生与家长生活空间限于家庭内部，家长有大量的时间和精力聚焦于孩子，这既是增强亲子关系、增进了解的机会，也使孩子与父母再次亲密绑定。成年初期的大学生渴望获得尊重和独立，在频繁的亲子关系互动过程中，容易引发诸多矛盾从而造成大学生与父母关系紧张。二是生活环境干扰。优美、安静的校园环境对大学生具有陶冶情操和激发活力的作用，校园环境也是育人的重要组成部分。而疫情之下，学生主要待在家中，家庭中的琐碎事务、社区环境中的噪声污染容易打断他们的学习。

（三）学习自制力不足

根据调查分析能够看出，学生自制力越强，自主学习效果越好。自制力是人自我约束的能力，学习自制力在学生学习过程中遇到干扰因素时显现出来，自制力强的人能够促使自己良好地执行计划，克服自己的懒惰、畏惧、冲动，以较强的内驱力激励自己努力前行。在没有外在约束力的情况下，学生能够自觉做到专注投入、灵活控制情绪和行为，则被认为学习自制力强。大学生处于价值观的成型初期，大部分学生在规则的约束下能够进行自我控制，可一旦遇到外部诱惑，很多学生的自制力就明显下降。疫情期间，学生以上网课为主，没有教师的监督和同学在场，隐性约束大大下降；同时，学生所面临的网络信息诱惑增加，学生的"自律"遵从变得极其不稳定，很容易放松对自己的要求。移动互联网时代，网络信息唾手可得，大量大学生用户驻扎在抖音、快手、微视等短视频媒体上，这类新媒体基于算法推送个性化内容，使用户沉浸于"信息茧房"，自然而然地越看越"上瘾"，大学生们的注意力极易被瓜分。此类信息具有短、快的特点，一分钟以内的动态画面和语音结合，给予用户直接刺激，大学生接触此类信息越多，其自控力就越容易被消耗，越难静下心来学习。

（四）学习投入不够

众多研究表明，我国大学生学习投入不足，包括对学习的认知、情感、行为投入不足。学习不仅仅是对内容的识记，更是对知识的理解和内化，将所学知识与已有的知识坐标体系结合，从而重构认知。只有通过与教师的良好互动，建立积极的心理驱动，通过深度沉浸式学习，学生才能够取得理想的学习效果。在认知投入上，不少学生认为网课不重要，到学校之后老师会重新补课，或者可以看回放，这实际上只是潜意识里的拖延借口。在情感投入上，一部分同学持"佛系"心态，仍以在假期的状态上课，缺乏主动性。在行为投入上，有部分学生不能独立完成作业，利用网络查找答案，应付作业和考试，也有部分学生无法完成基本课程和作业，课前课后投入的时间精力少。移动互联网时代，人们获取碎片化信息较多，大学生又是接触网络最多的群体，他们以网络为工具，容易将了解的碎片信息当成知识本身，缺乏对学习的敬畏心，受各类社交媒体的影响，在网络社交、游戏等方面花费大量的时间和精力，在学习上投入不足。

三、疫情之下大学生学习动力提升策略

针对疫情之下大学生学习动力不足的种种问题，高校应该结合实际情况，从认知、情感、行为层面着手提升大学生的学习动力。

（一）树立理想信念，提升学习志趣

理想信念对学生的学习投入有重要影响，在大学生的学习动力系统中，占据主要位置。高等教育的首要任务是立德树人，为党和国家培养人才，高校要引导大学生将"小我"融入"大我"，将个人志趣与党和国家的事业相结合。党和国家在这场疫情防控阻击战中，付出了艰苦卓绝的努力，党的正确领导，全国人民万众一心，集中体现了中国特色社会主义的制度优势，这场抗疫之战就是高校育人的生动素材。高校要从抗疫斗争中深挖思政元素，讲好全民抗疫故事，引导大学生树立理想信念，提升学习志趣。一是充分发挥思政课程与课程思政的作用。在这特殊的时期，全国人民在抗疫过程中体现出了强有力的抗疫精神，这是党和人民宝贵的精

神财富。以爱国、担当、团结、科学为核心的抗疫精神，是中国精神的生动诠释。思想政治理论课要大力宣传党和国家抗击疫情的决策部署，引导学生认识中国国情和中国特色社会主义制度优势，在国际比较中增强"四个自信"，从而树立为家国奋斗的远大理想。同时，专业课程也要发挥思政教育功能，搭建师生价值交流的平台，由师生共同讲述学生所学专业在抗疫过程中的社会作用，分析这一学科所能创造的社会价值和未来前景，增强大学生的专业认同与专业承诺。二是充分运用新媒体平台，注重对大学生的思想浸润。当代大学生是伴随着互联网成长起来的一代，高校要理解和顺应大学生的信息接收习惯，利用大学生喜闻乐见的方式进行有效的信息传播。例如，通过微博、微信、短视频等方式对医务工作者、社区警务工作者、志愿者等人进行宣传，引发他们对个人行为与社会责任的思考，引导他们将学习意义落脚到社会服务中。

（二）培养学习韧性，增强学习动机

学习韧性是个人在学习过程中面对学习压力、逆境时的有效应对能力。积极情绪能正向预测大学生学习韧性水平，积极情绪越多，大学生在学习认知、学习兴趣、学习坚持性、学习合作能力方面表现越好。[1]疫情期间，部分学生对待学习

---

① 许慧. 积极情绪对大学生学习韧性的影响［J］. 高等教育研究，2015，36（3）：74-77.

怀有畏难情绪，遇到问题选择拖延、逃避或者直接在网上寻找答案，学习韧性较弱。高校应密切关注学生的心理动态，切实了解学生的心理状况，加强线上心理辅导，让学生感知到来自学校的支持和鼓励，增强他们的积极情绪，从而提升其学习韧性。第一，利用好心理健康教育课程。该课程既是了解学生心理健康的渠道，也是教育学生获得积极情绪，从而增强学习韧性的途径。高校可以将《学习韧性问卷》《积极情绪问卷》纳入课程体系之中，通过评估得到相关数据，对学生心理状况进行检测。引入自我关怀、情绪察觉等针对性课程，帮助学生排解负面情绪。第二，加强个体干预与团体辅导。针对焦虑感、倦怠感较强的学生开展个体辅导，通过问题识别与归因，帮助学生找到自身问题，建立有效的反馈机制，让学生能够实实在在感知自我的变化，增加学习获得感。广泛开展团体辅导，搜集学生的普遍性问题，开展主题团体辅导，在良好的团队氛围中讨论相关议题，通过相互鼓励帮助学生树立信心。第三，家校联动协同发力。高校要对家长进行积极宣传，促进家庭发挥育人作用。建立学校家庭联系制度，由家长向学校反馈学生情况和问题，学校针对性开展线上活动，促进家长与学生形成和谐家庭氛围。

（三）构建学习团体，优化学习行为

在学习团队中，成员之间的连接构成一种隐性场域，对学生具有一定的感染作用，因此构建学习团体有利于促进成员集体学习动力的提升。教育是教师教和学生学的双向过程，从学的角度来说，学生才是教育的主体，只有激发学生主动参与的热情，才能促成积极的学习行为。网络空间也是大学生花费大量时间运营的空间，高校要推动思想政治教育与网络社群结合，推动形成一个互动、启发的新团体，将现实中的学习和虚拟空间的联络结合起来，激发大学生对线上学习的热情。首先，提供学生可以自由组合的学习团体组织平台。高校应当立足当下、面向未来，注重构建适应未来的课程教育体系，增强学科间的沟通，培养学生的数字化生存能力，建立统一的信息沟通平台，鼓励专任教师参与到学生团队中，通过线上互动、课后答疑等方式使学生感知到自己的学习进程与收获，提高学习积极性。其次，建立参与度高、互动性强、持续自治的学习社群。该学习社群相当于网络学习共同体，由班干部运营管理，建立有效的规章制度，设立"信息共享""学习交流""学习打卡"等单元，学生能按需自取、自由聚合，在这个过程中自然而然地加强信息素养教育。

试探"00后"大学生生涯
教育工作的困境和途径

张 娇

（新闻与文化传播学院）

一、引言

在许多人心目中，"00后"被视为"垮掉的一代"，认为他们缺少担当和责任意识，缺少自律、自主、独立的能力。这种评价尽管是片面的、不科学的，但也反映出"00后"大学生确实缺乏社会所需要的某些特质。习总书记强调，大学之道，在明明德，在亲民，在止于至善。要想在大学里培养合格的社会主义接班人，进行大学生的生涯教育是至关重要的。本文围绕"00后"大学生的生涯教育这一核心问题，对目前"00后"大学生生涯教育所面临的问题以及对应的解决办法进行探索。

二、"00 后"大学生生涯教育的现状分析

在当前日益严峻的就业形势下，大学生的职业生涯规划显得尤为重要。职业生涯规划可以使大学生正确地认识和了解自我，从而进一步了解社会，促使其实现自我价值。但不少大学生还没有真正理解职业生涯规划的确切含义，并且在大学期间没有真正地为自己做出很好的职业生涯规划。本研究问卷调查的目的是了解大学生职业生涯规划的实际情况和存在的问题，满足大学生在职业生涯规划方面的需求和期望。

（一）参与调查的学生人群分析

本次调研的主要对象为本校大学生，其中男生占比26.21%，女生占比73.79%；高中所学方向为文科的占比为68.93%，理科占比31.07%，基本符合我校实际情况。参与调研的学生人群中，大二的同学占比62.62%，大三的同学占比5.83%，大四的同学占比31.55%，其中大二的同学是职业生涯规划的重点参与人群。

（二）大学生对自己所学专业的认知程度

对于大学所学专业，41.26% 的学生是依据本人兴趣选择专业的，12.14% 的学生是依据意向职业相关选择专业的，11.17% 的学生是听从他人要求、建议选择专业的，跟风学热门专业的学生只有 3.4%。除此之外，有 32.04% 的学生选择了"其他"选项。

（三）大学生对职业生涯的规划

在个人职业生涯规划的时间方面，13.59%的学生在填报大学专业前就进行了职业生涯规划，41.75%的学生在大一入学后进行职业生涯规划，20.39%的学生在大三实习后进行职业生涯规划，6.31%的学生在大四求职季才开始进行职业生涯规划，10.19%的学生到毕业时仍无法完全确定职业发展方向。除此之外，有7.77%的学生选择了"其他"选项。

近八成的学生认为"确定职业生涯方向"是指找到未来工作方向，66.99%的学生认为其是指确认未来生活状态，58.25%的学生认为其是指做好个人定位评价，43.69%的学生认为其是指实现个人理想价值。

在影响职业生涯规划认知的因素方面，57.77%的学生选择了缺乏专业指导、无从入手，20.39%的学生选择了受同辈影响、随大流，15.05%的学生认为规划时间尚早、没到时候。除此之外，有6.8%的学生选择了"其他"选项。

在影响自己进行职业生涯规划的因素方面，八成以上的学生选择了个人优势、职业兴趣、行业前景，七成以上的学生选择了家庭需要，39.32%的学生选择了前辈现状，29.61%的学生选择了同辈选择。

（四）大学生对职业生涯规划指导的需求

在职业生涯规划指导需求方面，67.96%的学生选择了需要一对一指导、帮助理清方向、找到方法，48.54%的学

生选择了需要专题活动、掌握生涯规划实操技能，44.66%
的学生选择了需要匿名沟通、倾诉心声、缓解郁结。除此之
外，有 6.31% 的学生选择了"其他"选项。

在选择读研的原因方面，近四成的学生选择了因自身职
业规划实际需要，21.36% 的学生选择了家里人对子女有此
要求和希望，14.56% 的学生选择了暂未确定未来去向、读
研缓冲几年，6.31% 的学生选择了同辈建议、同学影响。除
此之外，有 17.96% 的学生选择了"其他"选项。

三、"00 后"大学生生涯教育的困境

（一）教育者的偏向性

目前大学生生涯教育主要包括职业生涯教育、学习生涯
教育、情感教育、心理健康教育四大板块。一直以来，职业
生涯教育与学习生涯教育都摆在首要位置，情感教育和心理
健康教育往往次之。近年来，心理健康教育备受关注，逐渐
引起有关部门的重视，而情感教育的重要性似乎还没有得到
普遍关注。职业生涯教育、学习生涯教育主要是传授技能，
而情感教育、心理健康教育很大程度上影响着学生技能的释
放。这样的偏向性使我们的学生可以成才却难以成人，也导
致我们的学生责任意识、自主自立意识淡薄，心理素质、道
德素质没有得到系统提升。

（二）受教育者对生涯教育的重视程度

据调查，"00后"大一新生对生涯教育的一系列工作存在排斥心理。他们看来，配合辅导员所做的工作都是为了完成任务，并且下意识地将这个任务划分为"别人的事情"，他们内心深处并没有把生涯规划当作是自己的事情来严肃对待。尽管辅导员苦口婆心地规劝，但他们仍旧我行我素。可以说，受教育者对生涯教育的认知程度深刻影响着生涯教育规划的具体实施。

（三）受教育者本身的特质

"00后"被我们称作是新生的一代，他们出生在中国经济高速发展的时期，见证了中国的繁荣昌盛，也正因为如此，过度安逸的生活使他们很难做到自律自主。独立自主、自立自强是一个当代社会人必备的品格，也正是"00后"这一代人所缺乏的。不可否认的是，他们思维独立、有个性、有主见，但在当前这样一个开放的环境下，他们难以对自己的个人潜力进行进一步挖掘。

（四）生涯教育的贯彻落实

职业生涯教育多是突击式教育，在就业前向学生传授简历制作、面试技巧。几乎所有高校在新生入校时都会进行有关的职业培训讲座，但入校新生大多是一头雾水。在步入大学之前，没有人对他们进行过职业教育的培训，他们对就业这个概念的理解是非常肤浅的，对就业形势、就业方向一概不知，一下子灌输那么多信息的结果就是竹篮打水一场空。而有关职业生涯教育的其他工作却没有在后续跟进，使大学伊始和大学快要结束时成为大学生职业生涯教育的主要时段。学习生涯教育、心理健康教育、情感教育的情况也比较类似，突击式教育的现象很普遍。如果能在大学四年将这四类教育一以贯之，潜移默化地影响学生，生涯教育规划工作一定会开展得更加顺利、有效。

四、加强"00 后"生涯教育的重要性与必要性

（一）加强职业生涯教育的重要性与必要性

"00 后"的成长环境往往让他们忽视了现实的残酷，他们考研保研、就业出国都面临着激烈的竞争。因此，职业教育规划就显得格外重要。一方面，要让他们认识到当下形势的严峻；另一方面，要引导他们做好属于自己的职业规划。

（二）加强情感教育的重要性与必要性

"00 后"的情感教育主要是"待人接物"上的教育。"待人"包括与异性的交往和与不熟识的人的交往。"00 后"学生普遍早熟，对异性的好奇远超于我们的想象。同时，随着网络信息时代的发展，他们了解异性的途径与方式容易走向极端。倘若没有情感教育的及时补救，后果将不堪设想。与不熟识

的人的交往，包括师长、陌生人等。"00后"这一代人大多数是独生子女，从小养尊处优，一个家庭往往围着孩子一个人转，这就使得"00后"们有些以自我为中心。他们往往更注重人与人之间的平等，而在礼节礼貌上有所欠缺，因此常常被戴上"没礼貌"的帽子。这也是情感教育缺失的表现。

"接物"主要指"00后"大学生处理事物的能力。以自我为中心的个性使他们团结协作能力较弱，合作处理事物的效率远远低于单打独斗。由于责任意识、自律自主意识的缺失，"拖延症"也成为"00后"的另一个标签。

大学是向社会过渡的一座桥梁，一方面，大学筑起围墙为学生保驾护航；另一方面，大学又是一个微型社会。以自我为中心、缺少责任意识的人必然难以融入社会，继而影响其个人价值的实现。

（三）加强心理健康教育的重要性与必要性

近年来，高校学生自杀的案例层出不穷，这实际上反映了心理健康教育的缺失。为防止悲剧重演，心理健康教育活动的开展势在必行。高考将能力水平相似的人划分到同一所大学，许多学生在高中时的优越感不复存在，有的学生甚至会因自卑而抑郁。面对学习、交际、前途的多重压力，他们往往不能进行有效的自我调控。心理问题出现的不可控性要求我们必须时时关注，将心理健康教育融入学生的日常生活当中。

五、"00后"大学生生涯教育的途径

（一）对教育者加强有关生涯教育的培训

部分高校管理者将组织学校正常运转视为首要工作，将就业率、升学率作为自己工作的评判标准，这就导致教育者不自主地将职业生涯教育和学习生涯教育摆在首要位置，而忽略了心理健康教育与情感教育的重要性。因此，必须对教育者加强有关生涯教育的培训，让教育者真正认识到心理健康教育和情感教育的必要性。

（二）提高受教育者对生涯教育的认识

提高受教育者对生涯教育的认识，绝不是一朝一夕的。首先是他们对生涯教育规划的态度必须得到纠正，要让他们明确生涯教育规划不是配合辅导员完成任务。同时，要将生涯教育规划的主动权逐步移交给学生，让学生根据自己的特点、兴趣制定属于自己的生涯规划。这也能起到发现自我、挖掘自身潜力的作用。

（三）把握"00后"特质，有针对性地引导制定生涯教育规划

"00后"的责任意识普遍缺失，自主自立意识不强，因此在指导学生制定生涯规划时，要侧重这些能力的锻炼和培养。"00后"过度以自我为中心的特质，要求我们在指导生

涯规划时强调团队合作的重要性。

（四）建立生涯教育规划体系

生涯教育规划体系必须将情感教育与思政教育结合起来，坚持理论与实际相结合，家校联系与师生联系相结合。生涯教育规划体系中的各个组成部分都要引起重视，可以有主次之分，但不能忽视体系内部的有机成分。

在制定生涯教育规划时应具有时间顺序性，确保制定的规划体系符合大学生的身心发展规律。切忌"填鸭式"的生涯教育，应潜移默化地将生涯教育渗透在学生大学四年的日常生活中。

（五）创新生涯教育方式方法

同学们在选择大学专业时主要是依据个人兴趣，只有少部分同学依据意向职业选择相关专业。因此可以针对各类专业进行详细的分析或指导工作，让职业生涯规划更广泛地与专业接轨，从专业选择开始，更早地培养同学们的职业生涯规划意识。

同学们进行个人职业生涯规划的时间主要是在大一入学后和大三实习后。在进行职业生涯教育规划的活动时，可以将大学低年级学生作为侧重点，针对不同年级的学生人群展开不同的活动。对于低年级学生，可以从目标制定或者如何更好地发展等方面提出建议；对于高年级学生，可以开展提供全面系统的自我认知和生涯规划的活动。

超过半数的同学认为缺乏专业指导、无从入手是影响生涯规划认知的最主要因素，其次是同辈影响、随大流，觉得时间尚早、没到时候。六成以上的学生对一对一指导、帮助理清方向、找到方法有需求，近半数学生对专题活动、掌握生涯规划实操技能、匿名沟通、倾诉心声、缓解郁结有需求。因此，可以举办一些课程讲座，让同学们了解并学习职业规划，因人而异地对同学们进行专业化的指导。

同学们选择读研的原因按照人数从多到少排序为：自身职业规划的实际需要，家里人对子女有此要求和希望，暂未确定未来去向、读研缓冲几年，同辈建议、同学影响。面对"读研热"的现状以及就业形势的严峻，可以在相关讲座或活动中让同学们更详细、具体地了解考研与就业该如何选择，并且对此给予解答和指导。

六、结语

为社会提供高质量的人才储备，生涯教育是重要保障。"00后"作为新生一代，具有一代人的时代印记，我们必须把握好"00后"的特质，有针对性地进行生涯教育，搭建起学校通往社会的桥梁，使他们更好地融入当代社会，使我们培养出来的人才更好地为社会服务。

参考文献

[1] 郝方丽. 论情感教育在大学生思想政治教育中的运

用［J］. 现代交际，2018（8）：191-192.

　　［2］于嘉欣. 大学生心理健康教育的现状、问题及对策［J］. 中外企业家，2019（25）：203-204.

　　［3］龚勋. 大学生职业生涯辅导体系中纳入心理健康教育的研究进展［J］. 中国健康教育，2019，35（5）：442-445.

　　［4］白云涛，黄剑. 高校辅导员心理健康教育研究［J］. 中外企业家，2019（25）：160.

浅谈高校学生干部在心理健康教育中的职能探究

——以大学生素质拓展基地队伍建设为例

郭青川

（刑事司法学院 心理工作站站长）

一、高校学生干部在心理健康教育中的职能现状分析

（一）高校学生干部的构建和组成

高等学校为了学生更好地自我服务、自我管理、自我教育，根据实际工作需求，结合学生自身意愿，专门成立了致力于服务学生、协助辅导员，搭建辅导员与学生之间桥梁和纽带的学生组织，以协助辅导员开展思想政治、班团一体化建设、心理健康教育、职业生涯规划、就业指导服务、日常事务管理、网络思想政治教育、危机事件应对与干预、学业

指导等工作；^① 同时积极为学生发声，关爱同学，及时将同学的需求与学校的管理规定适度平衡地反映给辅导员，让辅导员能够第一时间掌握学生思想动态，解决学生当务之急，为"三全育人"、立德树人、学生的全面发展奠定坚实的基础。高校学生干部一般从校级—院级—年级—班团分层设置，横向包括社团、志愿服务、社会实践、其他组织等。本文谈到的学生干部为年级或班团学生干部，重点分成两类：一类是班级心理委员，另一类是非心理委员。

非心理委员包括班长、副班长、宣传委员、组织委员、文体委员、学习委员、生活委员等，根据不同的岗位性质或职责，有不同的分工，按照具体岗位的职责与职能来协助辅导员开展各项工作。

随着近些年高校逐渐重视心理健康教育工作，心理委员的设置也显得越来越重要。心理委员主要协助辅导员开展班团一体化视域下的各项心理工作，包括朋辈关怀、谈心谈话、团体辅导、素质拓展等。特别值得一提的是危机事件的干预和应对，心理委员往往扮演着"黄金时间的报告或干预"的角色，起到事半功倍的效果。

---

① 张东华，张智星，杨丹江. 高校学生干部的心理健康教育功能探析 [J]. 教书育人，2008（10）：71-73.

（二）目前学生干部没有很好发挥作用的原因及现状

首先，从学生干部的岗位设置来看，一方面非心理委员的干部觉得班级心理工作应该是辅导员和心理委员的事情，与自身岗位职责分工无关，从思想层面和行动层面都对班级心理问题同学和涉及的心理工作都漠不关心。另一方面，从实际工作经验来看，心理委员虽然有明确的分工和职责、职能定位，但工作的积极性和心理工作的参与度往往是"形式大于内容"，究其原因，心理委员从思想层面上认为心理工作只要不出问题就行，一些心理问题学生的异常行为和情绪很难被关注；同时错误地认为心理问题就是人格障碍或者人性缺陷导致的专业性心理问题。殊不知，在积极心理学背景下，生活、学习中产生的挫折感、悲伤感、忧虑感等也是应该关注的焦点，在行动层面会出现消极被动的状态。许多心理委员认为自己并非专业的心理学专家，哪怕是发现同学的心理问题苗头可能都意义不大，没有内心驱动力，从而错过合适的契机帮助同学。

其次，心委主动与学生沟通，了解为什么会出现异常行为或情绪，发生了什么事而情绪低落或者暴躁，但被关心的同学会疏远心委，甚至不愿意与心委有过多的接触和交谈，认为如果被其他同学知道心委与自己交流沟通就说明自己有心理问题，而大众往往把心理问题定位成人格障碍或者人性缺陷，以致遭受同学的冷嘲热讽，同时会不自觉地将心委与辅导员联系到一起，更多内心的声音不愿意被倾听，导致事与愿违的局面。

最后，学生干部或者心委缺乏与普通学生从语言破冰到肢体破冰再到心灵破冰的过程。我们都知道心理工作其实是一门艺术，也是一个由浅入深的过程，朋友之间彼此吐露心声都需要信任作为支撑和依靠，更何况是同学之间的相处。如果学生干部或心委没有很好地与受众建立信任连接，那么心理工作开展将是事倍功半。第一步是学会如何沟通，目前辅导员对于学生干部与心委都是一味地要求做出什么，而没有培训学生干部和心委该如何做，缺乏系统、实操性强的培训是困难之一；第二步是建立信任，需要通过一定的媒介或者活动来达到相互信任，才会有深入的交心；第三步是彼此心灵破冰，有一定信任做基础，会促使心灵破冰的达成，通过倾听—谈话—行动—反馈—综合，可持续地帮助受众者走出阴霾，重拾对生活和自我的信心，从而产生良性循环和可持续帮扶，将心理工作入脑入心。

二、学生干部在心理健康教育中发挥朋辈效应的重要性

（一）学生干部发挥朋辈效应的优势

目前高校在校大学生基本上以"95后""00后"独生子

女为主，他们自我意识较强，以个体为中心的思维方式较明显，同时自尊心强烈，极度需要被外界认同来满足自身不断变化的情绪模式，且抗压能力弱，容易被挫折和困难冲击，情绪与状态不稳定。一旦对身边人产生信任或者好感，就会非常依赖，反之就会逐渐疏远。学生干部群体来源于学生，又身兼责任和使命，曾有数据表明，学生干部的受挫能力与抗压素养比一般同学要高，这为心理健康教育工作提供了"能力储备"。

学生干部平时扎根在学生中间，其生活、学习、校园文化活动、志愿服务活动、社会实践活动等都与同学相互交融、相互影响。通过日积月累的相处，学生之间建立起一定的朋辈关系、信任关系，遇到心理问题学生需要求助，他们能够第一时间向学生干部求助，其效果在一定程度上超过了父母或者辅导员。因为学生干部就在自己身边，能马上得到实际行动的反馈和支持，这对心理受到创伤和困难的同学来说可谓是"雪中送炭"。

（二）学生干部能有效起到监控与预防的作用

谈到监控，主要涉及心理危机干预的学生。一般危机干预分为行为或情绪异常、严重影响正常学习生活、自我无法调节与适应、专业心理医生治疗、药物治疗或者物理及运动疗法等几个阶段。学生干部的监控主要体现在行为和情绪异常阶段，这是心理问题发生的最初始状态。很多案例表明，心理危机事件最终发展成重大突发性事件的原因，一部分是心理问题学生身边没有可倾诉的对象和求助的渠道（也源自自身不愿意求助或告知外界），一些异常行为和情绪变化没有引起任何关注（其实有些行动和情绪的释放是为了故意引起关注），最后才选择走向极端。这说明了学生干部在学生心理问题初始化状态下的作用和意义，往往是起关键作用的。

从学生干部本身来说，他们有一定的正能量价值观，在学生中间能起到模范代表作用，受身边人身边事的潜移默化的影响，展现出健康、积极的生活态度，会感染和帮助其他同学；从学生干部主观能动性方面来说，学生干部展现出的特质就是关心关爱同学，乐于帮助他人，为学生着想，奉献为先。某大学心理中心数据表明，高校心理问题在不同阶段呈现的问题种类不一：大一期间主要是人际关系交往、构建和谐的宿舍氛围、班级氛围等；大二主要是自我认知自我探索、恋爱与情感等；大三主要是职业生涯规划、个性完善与自我成长；大四主要是面临就业压力、应激与压力管理等。学生干部可以说是全程、全方位、全员参与，发挥主观能动性，关怀、关注身边需要帮助的同学，陪伴一同成长，对心理健康教育起到关键作用。

三、大学生素质拓展基地队伍建设与学生干部主观能动性发挥

（一）大学生素质拓展基地介绍及队伍建设

大学生素质拓展基地承担的主要职责和效能包括：主题教育、素质拓展、团体辅导、咨询服务、预防干预、平台保障等，旨在通过形式多样的体验式素质培训拓展活动，挖掘机体潜能和唤醒意识，重塑心理内在架构，让体验者亲身参与活动从而正面引导启发，达到与现实生活联结反思的目的和意义。按照不同对象、不同层级，分为覆盖普及类、班团建设类、个案分析类，涵盖自我探索与自我觉醒的个体层面、宿舍关系维护的朋辈层面、团队价值与个人价值相互影响的群体层面，以积极心理学理论为指导，引导大学生树立积极向上、身心健康的思维态度。

大学生素质拓展基地的队伍建设，依托学院、团学组织力量，以班级心理委员为主体，面向学院、学校招募对素质拓展、团体辅导、户外挑战、自我突破等感兴趣的学生加入，下设活动策划部、活动带领部、宣传部、后勤保障部等，分工明确，各司其职。活动的组织主要分为不定向招募和定向组织。招募性质的活动一般会由策划部根据不同的主题板块，按照半年或一年的时间清单逐一开展，中间会根据需求配比做调整；定向性质的活动会根据参与对象做调研和适度分析，

由策划部根据大数据的分析得出活动匹配比例，确定活动形式与活动内容，活动带领组负责现场活动带领与组织，协同完成规定的任务和订单量。

（二）用语言破冰——肢体破冰——心灵破冰的思路建设队伍

铁打的营盘流水的兵。保障大学生素质拓展基地队伍建设的可持续发展，结合"95后""00后"学生的身心特点和个性化标签，以积极心理学理论为背景，通过语言破冰—肢体破冰—心灵破冰，建立学生干部与组织的内在连接，充分调动其积极性、创新性，为心理健康教育打下坚实的组织基础。语言破冰需要心委和自愿报名加入基地的干部定期召开心理健康教育讨论会、心理问题学生个案分析会、学生干部如何帮扶心理困难学生分享会、素质拓展活动开展碰头会等，同时逐一了解团队的成员加入组织的想法和动机，制定一人一策的成长档案，记录在组织期间的成长点滴，增加团队归属感和获得感。肢体破冰通过素质拓展、团体辅导、户外挑战等形式，设计团队挑战、分组挑战等活动，达到团结协作、分工明确、问题导向、统一方案、提高效率的目的，让参与者身临其境、感同身受。心灵破冰是最高一层，也是我们一直努力的方向，肢体破冰也是为心灵破冰打下基础，建立彼此的连接，例如通过"信任背摔"的挑战，原本不敢打开心扉、相信他人或者一直与团队成员保持一定距离的成员，亲身体

验这个挑战之后，对身边成员的信任指数有所增加，更愿意
融入团队，发挥个体价值。

（三）素质拓展基地队伍建设思路对心理健康教育的作用

首先，借助素质拓展、团体辅导等形式的活动，让学生
干部亲身参与，增加了他们以第一视角参与活动的体验感，
既提高了学生干部参与心理健康教育系列工作的积极性，同
时也让他们学会了一门技能，今后步入社会、走向工作岗位，
同样可以适用迁移。其次，培养学生干部树立"相对分工、
绝对合作"的观念，在日常生活和学习中，可能遇到的心理
问题个案或者心理行为、情绪异常学生并不是我们所熟悉
的，但通过设计活动挑战的反思，让他们认识到帮助他人同
样也是学生干部义不容辞的责任，不分地域、不分年龄、不
分身份，乐于奉献。再次，树立学生干部积极心理学背景下
的帮扶观念，不简单地将心理问题概括为人格障碍或者人性
缺陷导致的专业性心理问题，正确看待朋辈关系的建立和发
挥主观能动性的帮扶，为身边需要帮助的同学早日走出阴霾
贡献自己力量。最后，学生干部和心委参与素质拓展、团体
辅导、个案分析等具体活动和案例，有利于提升理论与实操
技能，通过不断地总结经验和发现问题、解决问题，提高心
理健康教育的综合素养，切实发挥主观能动性。

四、进一步完善学生干部心理健康教育职能的建议对策

（一）培养大学生积极情绪情感体验[①]

心理学研究显示，情绪情感体验对个体的发展有着重要影响。根据个体不同的需求是否得到满足，个体会产生不同的情绪，积极情绪是个体需求被满足后的一种愉悦、激动、快乐的情绪体验。积极心理学认为，增强个体的积极情绪体验是培养积极人格的有效途径，同时也可以帮助大学生管理自己的情绪，减弱或者消除消极情绪对生活学习的影响，维持心理健康。素质拓展、团体辅导、个案分析都是在积极心理学理论支撑下，设计出不同主题的挑战让学生亲身参与，并通过引导员带领和活动后的总结反思，与现实生活连接，达到情感共鸣、心灵共鸣，从而产生内在积极情绪，是十分有助于培养大学生获得积极情绪的途径和方法。

（二）积极心理学视域下加强辅导员、学生干部系统化培训

大学生心理健康教育是思想政治工作的重要环节，也是辅导员工作职责、职能之一，影响着学生在校学习生活各个

[①] 白燕.积极心理学视阈下的大学生心理健康教育研究［D］.北京化工大学，2013.

方面。科学、系统地加强辅导员、学生干部在心理健康教育方面的培训，是加强高校心理健康工作队伍建设的强有力保障，直接关乎大学生在校期间能否健康、快乐地成长学习。高校心理中心分管学校的心理健康工作，需要多层次、多主题、全方位搭建培训平台，让辅导员、二级学院心理工作站站长获得专项技能的提高和理论学习；同时将学生干部、心委的培训纳入一定的考评考核标准，激发辅导员、二级学院心理工作站站长下沉培训的积极性，本着"培练统一"的原则，将心理工作专业的基础性知识与实际工作面临的问题相互结合，提高解决实际问题的水平。

（三）完善辅导员、学生干部参与心理工作奖惩机制

心理健康教育工作是辅导员工作职责之一，如何激发学生干部、心委工作积极性，需要辅导员、二级学院心理工作站站长做好顶层设计，将学院、校级奖项纳入学生干部考评考核中，量化考评数据，定期公示与鼓励相结合，公开透明、实时地反映学生干部的量化指标。相反，对在工作中表现不佳，甚至出现失职的情况，要建立谈话—训诫—警告—回炉深造的预警机制，及时清理团队中的负能量，保持队伍健康良性发展。

（四）联动视域下完善高校心理健康教育工作队伍体系建设

高校心理健康教育工作是一个系统的工程，学校心理中

心、学院工作站、各年级心理工作、班级心委，是一个有机联动、相互影响的整体。建立心委培训体系、二级学院工作站站长联动培养模式、学院心理危机预警机制、心理中心危机干预机制、突发事件应急处理机制等，这是高校有效解决心理工作的制度保障，也是对高校各层级处理和应对危机案例、突发性事件应急反应和处理水平的考验，关乎学校在舆论导向、价值引领等方面的评价。高校心理健康教育工作队伍体系建设，同样也是动态变化发展的过程，要建立能够适应当下学生发展实际需求、学校治理能力和治理体系、心理健康工作总体方向的一套机制，筑牢心理工作坚实的防火墙，让"一个都不能少"的承诺之花开在高校的土壤中。

家庭因素对大学生抑郁的影响研究 [①]

杨子云

（学工部）

大学时期是个体认知方式、人格渐次完善和定型的重要阶段。随着生理成熟、认知发展以及社会角色的转换，大学生面临着一系列适应问题。抑郁是大学校园最常见的心理问题之一。有研究发现，抑郁在青少年群体中的检出率在20%—44%，且呈快速增长趋势（于凤杰、赵景欣、张文新，2013）。而且研究显示，青少年期的抑郁症状水平与成年后的临床抑郁症显著相关（张璠、陈杰、李新影，2015）。在大学生寻求独立自主、建立自我同一性的道路上，家庭是其成长和社会化的第一个也是最重要的环境。为此，本文拟对大学生抑郁和家庭因素之间的关系研究进行系统的梳理和评述，并从家庭的角度提出针对性的建议和干预方向。

① 本文受湖北省教育厅人文社会科学研究项目（17Z014）资助。

一、家庭基因遗传因素

抑郁症状具有代际传递性，其遗传率在 40%—50%（Li, Mcgue, & Gottesman, 2012）。但这并不意味着具有抑郁易感性基因的个体就注定会成为抑郁症患者。双生子研究发现，青少年抑郁情绪受遗传和特殊环境因素的共同影响，且受特殊环境的影响更大（朱文芬等, 2016）。而且研究发现，脑源性神经营养因子基因的表达并不是直接影响抑郁的，而是通过影响个体对环境的敏感程度间接地影响抑郁（Leucht et al., 2009）。因此，当父母采用温暖的教养方式，为具有抑郁易感性青少年营造温暖、安全的家庭环境时，个体的抑郁水平将会得到有效抑制（张璠、陈杰、李新影, 2015）。

在众多家庭因素中，母亲抑郁是青少年抑郁最危险的影响因素之一。这不仅仅是因为遗传的作用增加了子女的抑郁易感性，更重要的是，抑郁的母亲往往具有冷漠、悲伤的特征，以及常采取低温情、高拒绝的消极教养方式，使青少年常感知到更为消极的母子关系（Elgar et al., 2007）。这种不良的亲子交往使青少年长期处于消极的心理环境之中，遗传加之环境的交互作用增加了青少年的抑郁风险（Withers et al., 2016）。然而，有研究显示，积极的父亲鼓励可以缓冲母亲抑郁对个体抑郁的影响（刘丽莎、李燕芳, 2013）。

二、家庭关系因素

（一）亲子依恋

在众多环境因素中，良好的亲子依恋质量被认为是青少年抑郁的重要保护因素（丁俊扬、王美萍，2015；Duchesne，Stéphane，& Ratelle，2014）。一方面，良好的亲子依恋质量能够为青少年营造支持性的、温暖的家庭环境（李董平等，2015），这种良好的家庭环境本身能为青少年隔离很多危险性的因素，降低青少年抑郁的风险；另一方面，高质量的亲子依恋还可以充当青少年应对负面事件的韧性资源。高依恋的青少年认为父母是值得信赖和依靠的，他们遇到问题或困难时，会主动向父母诉说或者寻求帮助，这在一定程度上也降低了其抑郁的风险。

（二）亲子互动

家庭关系是通过家庭成员之间的互动建立起来的，家庭系统中各子系统间的互动水平与互动质量可以显著预测青少年的抑郁水平（Kouros et al.，2014）。越喜欢向父母自我表露，并且越喜欢与父母一起进行家庭活动的青少年，其抑郁的风险越低（王宇昊、刘惠军、戴必兵，2017）。尤其是当青少年在处理学业压力、经济压力以及人际关系冲突等消极事件时，父母通过良好的亲子互动，将自己丰富的经验分享给子女，并对子女进行有效的引导和支持，能够有效帮助青少年去应对这些适应性的问题，从而降低抑郁风险（Besharat et al.，2014）。此外，只有在高水平、积极的亲子交流下，父母体罚减少，才会有效降低抑郁水平。

（三）家庭冲突

青少年在家庭环境中面临着多种压力。家庭成员之间的摩擦和冲突如果不能合理解决，就可能给青少年造成压力，诱发担忧、失落和痛苦等抑郁体验。父母是家庭系统重要的组成部分，是家庭各个子系统中对子女影响最大的因素（梁丽婵等，2015）。父母关系好坏，对子女的身心健康发展起着至关重要的作用，尤其是父母冲突，会带来许多负面影响（范航等，2018）。一方面，根据情绪安全感理论（Davies et al.，2002），高频率、高强度的父母冲突会给青少年带来情绪压力，让青少年感知到父母关系不稳定，以及自身和家人幸福受到威胁，从而造成情绪上的不安全感。这种恐惧、警惕和痛苦等情绪不安因素，将会给青少年带来更多抑郁体验（王明忠等，2014；王玉龙等，2016）。另一方面，根据溢出假说（spill over hypothesis），由父母关系引发的情绪情感会迁移到亲子关系中，进而作用于青少年的发展。比如，父母冲突会导致父母将注意力集中在双方的争吵及消极情绪上，很少关注孩子的需要。这会引起亲子关系的紧张，进而引发抑郁等问题。而且 Almeida、Wethington 与 Chandler（1999）在研究中指出，父母发生冲突后，父亲和母亲在日常亲子互动中采取不良管教行为的概率分别高达 60% 和 41%。由此可见，父母冲突会导致养育质量下降，造成不安全性依恋，使青少年无法把父母作为情感支持源，增加抑郁的患病风险（王娟娟等，2018）。然而，追踪研究显示，父母冲突对儿童的影响更多是即时性影响。即当父母冲突停止后，儿童个体不良反应会逐渐减少。这提示当父母冲突发生后，需及时与孩子沟通，帮助其疏导消极情绪，避免出现问题行为（梁丽婵等，2015）。

除了父母冲突，亲子冲突也是青少年抑郁体验的显著影响因素（刘海娇等，2011）。良好的父亲支持和母亲支持均是减少抑郁情绪的保护因素，而与父亲和母亲的冲突会增加青少年产生抑郁情绪的风险。并且，尽管父亲支持少于母亲支持，父子冲突少于母子冲突，但父亲对青少年抑郁的影响并不小于母亲。刘海娇（2011）等人的研究发现，较高的母亲支持并没有缓冲高父女冲突对抑郁的影响。相反，只有当父女冲突较低时，较高的母亲支持才能减少女孩的抑郁。这凸显了父女冲突对青少年中期女孩的重要意义。

（四）父母教养方式

根据生态系统理论（ecological systems theory），父母和子女是家庭系统中互相影响的主体，父母的管教行为是导致青少年问题行为（如焦虑、抑郁）的重要原因（Bronfenbrenner，1992）。目前大量研究都表明，抑郁青少年的父母往往都是对子女多拒绝、多敌意、多批评、缺乏关注和情感温暖的（龙可等，2014；罗雅琛等，2015；许阳等，2017）。在严厉的管教行为中，父母体罚是最为常见也是最为激烈的一种形式，经常遭受父母体罚的青少年有更高的抑郁风险（许阳等，2017）。父母过度的心理和行为控制，导致青少年无法实现自己的需要、愿望和理想，这也会引起青少年对父母的强烈不满，致使亲子关系紧张或破裂，青少年对父母依恋减少甚至消失，最终导致抑郁发生（赖雪芬等，2014）。此外，冷漠的、权威型的、拒绝的教养方式是导致青少年抑郁的危险因素（罗雅琛等，2015）。而父母自主性的、温暖的教养方式是青少年抑郁症状的保护因子（Yousefi & Ahmadimehr，2014；张璠等，2015）。

三、家庭环境因素

（一）家庭社会经济地位

低家庭社会经济地位严重妨碍青少年发展（叶婷、吴慧婷，2012）。居住地为农村、父母经济收入较低、父母文化水平较低的青少年，往往有更高的抑郁风险（罗英姿等，2008）。对社会阶层心理的研究发现，低社会经济地位群体之所以身心健康状况较差，是因为他们所拥有的物质财富和所能享用的健康服务较少，同时其生活和工作环境中的危险性因素较多。目前对贫困生心理问题的研究也发现，抑郁情绪较多是贫困生心理健康较差的重要特征之一（程刚、张大均，2018）。

此外，家庭压力理论认为，家庭经济压力是影响青少年抑郁等情绪问题的重要风险因素（Haushofer & Fehr，2014）。相比家庭经济压力小的父母，贫乏的物质条件可能导致经济压力大的父母存在很多负面情绪，亲子依恋质量也相对较低。对此类青少年而言，本来就面临资源缺乏所带来的压力，如果还无法得到父母的信任和关爱，无异于雪上加霜（叶婷、吴慧婷，2012）。横向研究与纵向研究均表明，家庭经济压力与青少年抑郁呈显著正相关（Elovainio et al.，2012；李董平等，2015）。以往研究表明，家庭压力越小、适应能力越强的家庭，其家庭成员心理社会功能越强，得到的社会支持和应对方式越多。而良好的社会支持和应对能力是调节抑郁情绪的中介因素（Kaller et al.，2014）。因此，降低家庭压力、提高家庭适应能力有助于调节青少年抑郁情绪。

（二）家庭结构

根据资源稀释模型（resource dilution model），随着子女数量的增加，父母能够提供给特定孩子的资源也会相应减少（Kalmijn, & Van de Werfhorst，2016）。研究发现，父母往往在独生子女身上投入更多时间、金钱以及精力，与非独生子女家庭相比，独生子女家庭的亲子关系更优（郝玉章、风笑天，2002）。这也导致独生子女较非独生子女有更少的抑郁症状表现，而且突出地表现在人际关系的感受方面（罗英姿等，2008）。相比于非独生子女，独生子女作为家庭子女角色的唯一承担者，会更多地受到亲子关系的影响。父母冲突以及母子冲突增加后，与非独生子女相比，独生子女青少年会产生更多的抑郁情绪。

四、从家庭的角度对抑郁的干预和建议

根据对青少年抑郁的研究成果，我们可以给大学生的家庭提出相应的建议，帮助家庭做出积极的调整，减少抑郁诱发因素，强化抑郁治愈因素。

（一）改善家庭环境因素，创造温暖的支持性的家庭氛围

抑郁的产生和治愈与家庭环境因素紧密相连。温暖、支持性的家庭环境，能够给青少年提供舒适的温暖港湾，也能够提升亲子之间的关系。对于经济压力大的父母，物质资源本就匮乏，若不能给予青少年更加强大的精神资源，极易促使青少年走向抑郁的深渊。因此，父母之间需要相互合作，并学会信任孩子，为其营造良好的家庭氛围。经济压力大的家庭更需要从精神方面支持孩子，以弥补孩子物质资源的匮乏。

（二）促进亲子之间的有效沟通和情感表达，减少家庭冲突

父母必须重视家庭冲突对大学生抑郁造成的消极影响。父母之间要努力化解冲突，将冲突所带来的消极情感消化在夫妻系统内部，而不应该将其带到亲子系统，进而对青少年产生负面影响。一旦发生冲突，父母应及时合理地解决，以免引起家庭情绪不安全感，加剧青少年的抑郁体验。父母要理解青少年特有的心理特点（比如独立自主受到阻碍时容易引起逆反心理），从而有意识地避免与孩子发生冲突。亲子之间发生冲突之后，父母需要积极采取措施修复亲子关系，防止孩子反复思考亲子冲突情境及其消极意义，从而减少他们的抑郁体验。

除了避免家庭冲突的发生，积极构建良好的亲子关系也是非常重要的。父母需要加强与子女之间的沟通，多进行情感的自我表露和积极鼓励，少些批评指责；与此同时，父母定期计划家庭活动也是维系亲子关系的有效方法。传统的家庭多是"男主外，女主内"的，为了避免青少年抑郁，父亲与子女的关系也是不容忽视的，父亲也需要积极参与亲子关系的维护，增加亲子之间的互动和沟通，并且尽量避免家庭冲突。

与非独生子女相比，独生子女对亲子关系的好坏更加敏感，家庭冲突会加重其抑郁体验，因此维系好亲子关系、减

少家庭冲突十分重要。对于非独生子女家庭，父母一方面要给予孩子更多的关爱，另一方面也要关注到每一个孩子，给予其同等的爱，避免亲子亲密体验被"稀释"，从而引发孩子的失落感。

（三）提倡民主温暖的教养方式

"棍棒底下出孝子"的教育观念在中国依旧被一些人所信奉。然而，父母体罚、高拒绝、高权威、高控制、缺乏温情等教养方式会给予子女长期的消极影响，增加青少年产生抑郁的风险。因此，父母尽量不要对孩子使用拒绝、体罚等暴力或控制的教养行为，提倡温暖民主的教养方式，鼓励青少年多表达自己的想法，而父母则应多采取积极倾听和分享经验的方式引导子女成长。

参考文献

［1］Almeida D M, Wethington E, Chandler A L. Daily Transmission of Tensions between Marital Dyads and Parent-Child Dyads［J］. *Journal of Marriage & The Family*, 1999, 61（1）: 49-61.

［2］Besharat M A, Issazadegan A, Etemadinia M, et al. Risk factors associated with depressive symptoms among undergraduate students［J］. *Asian Journal of Psychiatry*, 2014, 10: 21-26.

［3］Bronfenbrenner U . *Ecological systems theory* ［M］. Jessica kingsley publishers, 1992.

［4］Davies P T, Forman E M, Rasi J A, et al. Assessing Children's Emotional Security in the Interparental Relationship : The Security in the Interparental Subsystem Scales ［J］. *Child Development*, 2002, 73（2）: 544-562.

［5］Duchesne S, Ratelle C F. Attachment Security to Mothers and Fathers and the Developmental Trajectories of Depressive Symptoms in Adolescence: Which Parent for Which Trajectory?［J］. *Journal of Youth & Adolescence*, 2014, 43（4）: 641-654.

［6］Elovainio M, Pulkki-R, Back L, et al. Socioeconomic status and the development of depressive symptoms from childhood to adulthood: A longitudinal analysis across 27 years of follow-up in the Young Finns study［J］. *Social Science & Medicine*, 2012, 74（6）: 923-929.

［7］Elgar F J, Mills R, Mcgrath P J, et al. Maternal and Paternal Depressive Symptoms and Child Maladjustment: The Mediating Role of Parental Behavior ［J］. *J Abnorm Child Psychol*, 2007, 35（6）: 943-955.

［8］Fehr E, Haushofer J. On the psychology of poverty ［J］. *Science*, 2014.

［9］Kaller T, Petersen I, Petermann F, et al. Family

strain and its relation to psychosocial dysfunction in children and adolescents after liver transplantation [J] . *Pediatric Transplantation*, 2015, 18（8）: 851-859.

[10] Kalmijn M, Werfhorst H. Sibship Size and Gendered Resource Dilution in Different Societal Contexts [J] . *Plos One*, 2016, 11（8）: e0160953.

[11] Kwok S Y C L, Cheng L, Chow B W Y, et al. The spillover effect of parenting on marital satisfaction among chinese mothers [J] . *Journal of Child & Family Studies*, 2015, 24（3）: 772-783.

[12] Kouros C D, Papp L M, Goeke-Morey M C, et al. Spillover between marital quality and parent-child relationship quality: parental depressive symptoms as moderators [J] . *Journal of Family Psychology Jfp Journal of the Division of Family Psychology of the American Psychological Association*, 2014, 28（3）: 315.

[13] Leucht S, Corves C, Arbter D, et al. *Second-generation versus first-generation antipsychotic drugs for schizophrenia: a meta-analysis* [M] . Centre for Reviews and Dissemination（UK）, 2008.

[14] Li X, Mcgue M, Gottesman I I. Two Sources of Genetic Liability to Depression: Interpreting the Relationship Between Stress Sensitivity and Depression Under a Multifactorial

Polygenic Model［J］. *Behavior Genetics*，2012，42（2）：268–277.

　　［15］Wimsatt A R ， Fite P J ， Grassetti S N ， et al. Positive communication moderates the relationship between corporal punishment and child depressive symptoms［J］. *Child and Adolescent Mental Health*，2013，18（4）：225–230.

　　［16］Withers M C ， Cooper A ， Rayburn A D，et al. Parent–adolescent relationship quality as a link in adolescent and maternal depression［J］. *Children & Youth Services Review*，2016，70：309–314.

　　［17］Yousefi Z，Ahmadimehr Z. Predicting Adolescence Depression: Resiliency and Family Factors［J］. *Scientific Online Publishing*，2014：1–10.

　　［18］程刚，张大均. 家庭社会经济地位对大学新生抑郁情绪的影响：有调节的中介模型［J］. 心理与行为研究，2018，16（2）：105–110.

　　［19］丁俊扬，王美萍. 青少年期亲子依恋与抑郁：友谊质量的中介作用［J］. 中国临床心理学杂志，2015，23（2）：289–291.

　　［20］李董平，等. 家庭经济压力与青少年抑郁：歧视知觉和亲子依恋的作用［J］. 心理发展与教育，2015，31（3）：342–349.

　　［21］范航，等. 父母婚姻冲突对青少年抑郁情绪的

影响：一个有调节的中介模型［J］．心理发展与教育，2018，34（4）：100–107.

［22］郝玉章，风笑天．亲子关系对独生子女成长的影响［J］．华中科技大学学报（人文社会科学版），2002，16（6）：109–112.

［23］刘海娇，田录梅，王姝琼，等．青少年的父子关系、母子关系及其对抑郁的影响［J］．心理科学，2011（6）：1403–1408.

［24］龙可，等．高中生抑郁症状与父母教养方式：感恩的中介作用［J］．中国临床心理学杂志，2014，22（5）：864–867.

［25］梁丽婵，边玉芳，陈欣银，等．父母冲突的稳定性及对初中生心理健康影响的时间效应：一个追踪研究［J］．心理科学，2015，38（1）：27–34.

［26］刘丽莎，李燕芳．母亲抑郁和惩罚对儿童早期问题行为的影响及父亲的保护作用［J］．心理发展与教育，2013，29（5）：533–540.

［27］赖雪芬，张卫，鲍振宙，等．父母心理控制与青少年抑郁的关系：一个有调节的中介模型［J］．心理发展与教育，2014，30（3）：293–302.

［28］罗雅琛，边玉芳，陈欣银，等．父母拒绝与初中生抑郁的关系：有调节的中介效应［J］．中国临床心理学杂志，2015，23（2）：268–272.

［29］罗英姿，王湘，朱熊兆，等．高中生抑郁水平调查及其影响因素研究［J］．中国临床心理学杂志，2018，16（3）：274-280．

［30］王娟娟，王宏伟，潘娣，等．父母冲突对青少年抑郁的影响：认知反应性的中介作用．心理学探新，2018，38（3）：82-87．

［31］王明忠，范翠英，周宗奎，等．父母冲突影响青少年抑郁和社交焦虑——基于认知 - 情境理论和情绪安全感理论［J］．心理学报，2014，46（1）：90-100．

［32］王宇昊，刘惠军，戴必兵．大学生亲子互动问卷的编制及其与抑郁的关系［J］．心理与行为研究，2017，15（5）：702-708．

［33］王玉龙，覃雅兰，肖璨，等．父母冲突与青少年自伤的关系：一个有调节的中介模型［J］．心理发展与教育，2016，32（3）：377-384．

［34］许阳，张卫，喻承甫，等．父母体罚与青少年焦虑抑郁的关系：同伴侵害的中介效应与亲子关系的调节效应［J］．心理发展与教育，2017，33（4）：457-467．

［35］于凤杰，赵景欣，张文新．高中生的个人规划与抑郁的关系：性别的调节作用［J］．心理发展与教育，2013，29（1）：79-85．

［36］叶婷，吴慧婷．低家庭社会经济地位与青少年社会适应的关系：感恩的补偿和调节效应［J］．心理学探新，

2012，32（1）：61–66.

[37] 张璠，陈杰，李新影. Bdnf val66met 基因多态性和温暖的教养方式对青少年抑郁的影响 [J]. 中国临床心理学杂志，2015，23（1）：52–55.

[38] 朱文芬，傅一笑，胡小梅，等. 青少年抑郁情绪影响因素的双生子研究 [J]. 中国神经精神疾病杂志，2016，42（5）：282–286.

[39] Almeida D M, Wethington E, Chandler A L. Dailytransmission of tensionsbetween marital dyads and parent-child dyads [J]. *Journal of Marriage and The Family*，1999，61（1）：49–61.

基于朋辈教育的大学新生适应性
研究现状及工作启示 ①

余金聪

（学生工作部心理健康教育咨询中心）

一、大学生适应性概述

适应性是指个体主动调整自己的机体和心理状态，使自己的行为符合环境条件的要求，以及努力改变环境条件以使自己能够获得更好发展的能力倾向。② 大学阶段是个体成长发展的重要时期，大学生对学校生活的适应，为将来成功地实现从校园到社会的过渡奠定基础，同时对大学生未来的亲密关系、幸福感以及负性行为的发生等均有显著影响。方晓义

① 本文为中南财经政法大学中央高校基本科研业务费专项资金（2722020SQY07）项目的阶段性成果。

② 卢谢峰. 大学生适应性量表的编制与标准化 ［D］. 华中师范大学，2003.

等人[1]依据大学生访谈的结果，将大学生适应的操作性定义界定为：无论是在何种境遇条件下，无论自身条件优劣，都能客观地认识自己的心理状态，并从行动上进行积极调整，使自身的心理状态很好地适应环境。国内关于大学生适应性的研究始于 20 世纪 90 年代末，研究内容主要聚焦在大学生适应性问题的表现、大学生适应性的理论建构及测评工具开发、大学生适应性的影响因素、提升大学生适应性的干预研究等方面。

王丹和刘畅[2]综述了国内大学生适应性问题的表现形式：学习上表现为学习动机缺乏、学习目标缺失、学习兴趣不高、学习主动性欠缺等；生活上表现为作息紊乱、宿舍集体生活不适应、饮食不习惯等；人际交往上表现为主动交往意识薄弱、人际交往技能欠缺、人际关系敏感、难以应对冲突等；环境上表现为学校资源的利用困难、学校环境的排斥等；心理上表现为自卑、失落、焦虑、抑郁等。国内多位学者编制了大学生适应性的测评工具，如卢谢峰[3]编制的"大学生适应性量表"（CSAI）包括学习适应性、人际适应性、角色适应性、

---

[1]　教育部《大学生心理健康测评系统》课题组，方晓义，沃建中，等.《中国大学生适应量表》的编制［J］. 心理与行为研究，2005，3（2）：95–101.

[2]　王丹，刘畅. 大学适应性的概念构建与现实特征——基于中国某地区综合性大学的实证分析［J］. 中国人民大学教育学刊，2017（1）：31–43.

[3]　卢谢峰. 大学生适应性量表的编制与标准化［D］. 华中师范大学，2003.

职业选择适应性、生活自理适应性、环境的总体认同/评价和身心症状七个维度,共计66个条目;方晓义等人[1]编制的"中国大学生适应量表"(CCSAS)包括人际关系适应、学习适应、校园生活适应、择业适应、情绪适应、自我适应和满意度7七个维度,共计60个条目;欧阳娟[2]结合中国的文化背景,将 Baker 和 Siryk 修订的大学生适应性量表(SACQ)做了本土化修订,最终形成包含人际适应、总体评价、个人情绪适应性、学习适应性和对大学的认可度五大维度的中文版大学新生适应性量表,共计 36 个条目。大学生适应性的影响因素众多[3],包括人口学特征(如性别、民族、居住地、独生子女等)、家庭因素(如父母教养方式、家庭社会经济地位、心理虐待等)、个体因素(如人格、情绪智力、应对方式等)、环境因素(如宿舍硬件设施、宿舍公共活动空间等)以及社会支持等。

大学生适应性的相关研究中,大学新生的适应性问题得到广泛关注。大学生步入校园后面临的第一个挑战就是完成从中等教育向高等教育的过渡,顺利适应大学生活,而这个过程将对大学生未来 3—4 年的学习生活和成长发展带来巨大

[1] 教育部《大学生心理健康测评系统》课题组,方晓义,沃建中,等.《中国大学生适应量表》的编制 [J]. 心理与行为研究,2005,3(2):95–101.

[2] 欧阳娟. 大学新生适应性量表(SACQ)的修订与应用研究 [D]. 湖南师范大学,2012.

[3] 丁凤,梅勇. "大学新生适应"研究述评与启示 [J]. 当代教育理论与实践,2019,11(5):76–82.

影响。①刚刚进入大学的新生正处在人生的一个重要转折时期，所处环境与中学阶段的环境存在巨大差异，学习方式的变化、原有关系的分离等因素，致使其既往自身与环境的平衡被打破，而新的平衡模式尚未建立起来。②在这个过程中，大学新生可能会面临宿舍人际关系、班集体融合、学习方式、职业规划、家庭分离等方面的适应性挑战。如果学生难以适应，则可能会导致厌学、退学、成绩下降、网络成瘾、人际疏离等问题，学生也常常会体验到焦虑、孤独、受挫、担忧等情绪，严重者还会出现精神障碍、轻生自杀等心理危机。③而新生适应性教育是预防学生由于适应问题而发展成严重心理问题甚至心理危机的重要途径。

国外一系列实证研究④的结果显示，通过完善中学和大学的衔接、帮助新生适应大学的学习方式、增强新生的社会支持等途径，可以有效地帮助新生适应大学生活。英国学者

---

① 王丹，刘畅. 大学适应性的概念构建与现实特征——基于中国某地区综合性大学的实证分析 [J]. 中国人民大学教育学刊，2017（1）：31-43.

② 林立涛. 全过程育人视阈下大学新生适应性教育探析 [J]. 学校党建与思想教育，2018（24）：72-73，78.

③ 王丹，刘畅. 大学适应性的概念构建与现实特征——基于中国某地区综合性大学的实证分析 [J]. 中国人民大学教育学刊，2017（1）：31-43.

④ Venezia A，Jaeger L. Transitions from High School to College [J]. *The Future of Children*，2013，23（1）：117-136.

Jackson[①]在社交网络平台"脸书"上设立专门空间，帮助学生在进入大学前了解学校信息并提前认识同课程的同学，帮助新生建立归属感，从而更好地适应大学生活和学习。商文婷[②]设计了对照试验研究，面向一个班 27 名大一新生开展六次班级团体辅导干预，主题依次为"Nice to meet you""你好，我的朋友""拥抱我的新生活""我的未来我做主""学习生活面面观""离别不说再见"，结果显示班级团体辅导可以有效地提升大学新生总体适应水平。何谨[③]设计了"希望—应对"新生学习适应团体干预模式，对 34 名大一新生实施了五次累计 12.5 小时的干预，结果显示该模式可以有效地提升大学新生的学习适应水平。

二、朋辈教育应用于大学新生适应性的研究现状

朋辈教育起源于美国，产生在公共卫生领域。朋辈教育是指具有相同背景或是由于某种原因使具有共同语言的人在一起分享信息、观念或行为技能，以实现教育目标的教育方

---

① Jackson V. The use of a social networking site with pre-enrolled Business School students to enhance their first year experience at university, and in doing so, improve retention [J]. *Widening Participation and Lifelong Learning*，2013，14：25-41.

② 商文婷. 大学新生适应水平调查及班级团体辅导的干预研究 [D]. 华中师范大学，2018.

③ 何瑾，樊富珉. 如何促进大学新生学习适应：一项基于实证的希望干预研究 [C]. 第二十一届全国心理学学术会议摘要集，2018：110.

法。^①朋辈群体为个体间的交流提供了广泛的便利条件，更容易在思想上产生共鸣，在情绪上相互感染，在行为上相互模仿，在思想意识、行为习惯等方面逐步趋同化。在我国，朋辈教育被广泛地应用于思想政治教育工作领域，包括专业学习、生活适应、人际交往、心理调适、职业规划、党团建设等多个方面。^②

王扬^③的一项实证研究发现，朋辈教育显著影响了大学生适应性，包括情绪适应性、人际适应性和学习适应性。花蕊^④采用思想引领模式、心灵慰藉模式、行动支持模式的朋辈心理辅导干预方案，分别对60名大一新生进行训练，结果显示三种方案均可提高大学新生的社会适应能力。英国学者Snowden和Hardy的研究^⑤发现，朋辈导师制，即高年级学生担任导师对一年级新生进行辅导，可以降低新生的焦虑水平，且参与项目的双方在学习成绩上较未参与项目的学生均有更

① 潘爱华. 朋辈教育模式在高校思想政治教育中的实践［J］. 学校党建与思想教育，2011，（20）：45-46.

② 边社辉，郑建辉. 大学生朋辈教育模式及其运用应遵循的原则［J］. 学校党建与思想教育，2013（3）：27-28.

③ 王扬，申勇，胡穆. 大学生朋辈教育影响机制及其对适应性的影响［J］. 思想教育研究，2018（2）：140-143.

④ 花蕊. 朋辈心理辅导对大学生社会适应能力的干预研究［J］. 中国学校卫生，2018，39（5）：677-680.

⑤ Snowden M，Hardy T. Peer mentorship and positive effects on student mentor and mentee retention and academic success［J］. *Widening Participation & Lifelong Learning*，2012，14：76-92.

大程度的提高。笔者在 2019 级新生心理委员培训中，采用体验式教学的方式，让心理委员参与模拟的"班级凝聚力主题心理班会"活动，然后让所有被培训的心理委员分别在班级里开展同一主题活动，取得了良好的效果。

虽然国内的研究在大学新生适应性教育及朋辈教育在该领域的应用上取得了一定成效，但仍然存在一些局限。第一，新生适应性教育的研究报道多集中在理论和应对措施的探讨层面及工作经验的分享状态，关于具体干预措施的效果验证研究较少。第二，已有的少量干预研究中，面向班级的干预项目对实施者的专业素养水平要求很高；而招募参与对象的干预项目，其参与者的构成与大学班集体的实际状态可能存在较大差异，从而使这些项目的推广有一定的局限性。第三，目前已有的朋辈教育在大学新生适应性教育中应用的研究报道信息不够完整，缺乏可复制的、经科学研究验证的具体操作方案。

三、工作启示

心理委员是一支具有中国特色的朋辈心理健康教育队伍，于 2004 年诞生在天津大学，他们通过组织主题心理班会、关注班级同学心理动态等朋辈教育、朋辈互助的途径，传播心理健康知识、预防大学生心理危机的发生。他们与班级同学一起住宿、饮食、学习，容易建立起相互信任、相互倾诉的关系，形成双向交流，从而有效地发挥榜样示范作用。因此，在促进大学新生适应性的具体工作中，可以依托心理委员作为朋辈教育者，对他们进行系统的培训，然后让他们在各自班级开展主题心理班会活动，进而达成提升大学新生适应能力的目标。具体工作程序如下。

首先，心理中心需要根据大学新生适应性的相应维度设计干预方案。方案应该聚焦于大学新生的学习适应性、人际适应性、职业选择适应性、生活自理适应性和环境适应性等方面，如设计"六个一行动"（见图1）干预方案，以体验式主题教育的形式，组织开展各种能够促进大学新生适应校园生活的活动，进而达成预期目标。

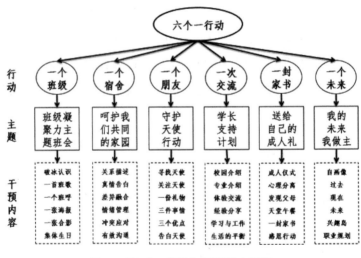

图1 "六个一行动"干预基本框架

其次，心理中心需要对心理委员进行系统培训。培训前需明确大学新生心理委员的角色定位，即学习者、体验者和践行者。心理教师采用体验式教学的形式，首先将所有接受培训的心理委员模拟成一个临时班级，以小组的形式模拟出临时舍友，让每一个受训者均有机会全程体验"六个一行动"干预方案。当心理委员获得充分体验且有所收益后，能将干预方案的有效成分内化整合到自己的知识结构中。

再次，心理委员实施主题活动。每一位接受培训的心理委员在自己班级中分阶段逐步完成所有干预行动。心理中心需全程实施监管，让心理委员组成多人小组，在活动实施过程中相互支持、彼此监督；搭建心理委员工作经验交流平台，定期开展交流活动与总结会，请有经验的老师或者高年级的心理委员开展督导活动，针对心理委员在项目实施过程中遇到的问题进行解答；建立项目实施的评优机制，对表现突出的心理委员和班级进行表彰，以树立榜样效应。

最后，项目实施效果评价，包括心理委员和班级同学两个层面。在心理委员层面，主要评估他们对培训课程的满意度、对课程的喜欢程度、心理委员的适应水平改善情况、工作胜任力、自我效能感等内容。在班级同学层面，主要评估他们对活动的可接受度、适应水平的改善情况、对心理委员开展各项活动的满意程度等。通过多层面、多指标的综合评估，了解项目在实施过程中的经验得失，以更好地促进项目的完善。

立足岗位的新形势下高校资助育人模式研究

——以行政类岗位为例

苏文倩

（资产管理部）

党的十八大以来，"提高家庭经济困难学生资助水平，让每个孩子都能成为有用之才"已经成为高校工作者的共识。2020年，脱贫攻坚战进入决战决胜的收官之年。这一新形势赋予了资助育人工作更加深远的意义和特殊的要求。让贫困学生学有所成，不仅意味着向社会输送更多优秀人才，还是切实让贫困家庭走出困境的一剂"强心针"。因此，高校应当充分将"资助"和"育人"有机结合，在"第一课堂"外让学生通过勤工助学成长为德智体美劳全面发展的高素质综合型人才，为新时代中国特色社会主义建设添砖加瓦。

一、当前资助育人模式的问题及分析

在党和国家资助政策的指导下，高校的资助工作已经建立了一整套较为完善的体制和机制。其中，勤工助学作为"资助育人"的重要组成部分，在高校的教育工作中发挥着不可替代的作用。勤工助学以资助为手段、以育人为目的，不仅给贫困学生提供了经济支持，还将理论与实践结合，锻炼了学生的工作能力。

高校勤工助学包含多种类型的岗位。从校内各二级用人单位（以下简称用人单位）来看，除院系的勤工助学岗位外，学校机关中的行政事务类岗位也是勤工助学岗位的典型代表。根据实际工作中的观察及调研访谈，我们发现当前学校机关的勤工助学岗位管理中还存在着一些不足。第一是认识上存在误区，有些用人单位工作人员把勤工助学简单地理解为资助困难学生，忽视了"育人"环节；第二是管理上规则模糊，除校级制度外，部分岗位缺乏针对具体部门及岗位的管理细则；第三是内容上工学分离，在实际工作中，勤工助学岗位的工作内容多偏向劳务类或缺乏针对性，难以作为教学环节的补充，锻炼学生的实践技能；第四是培养上缺乏目标，除完成事务性工作外，部分勤工助学岗位管理者对学生的培育目标没有科学、清晰的判断和规划。

究其原因，主要有以下几点。一方面，从管理体制来看，学校设有学生资助中心，制定了详细健全的勤工助学管理办法，在各用人单位明确了勤工助学管理队伍。然而对部分单位及岗位的管理制度建设没有落实和监督，对管理人员的培训教育频率较低，且大部分勤工助学管理人员和指导老师并非专职，还兼有较多业务工作。这使勤工助学管理人员在"资助育人"的理解和把握上参差不齐。另一方面，从岗位设置来看，由于多数机关勤工助学岗位的工作内容偏向于行政事务性工作，与部分学生的专业知识、就业意向等存在偏差，难以让学生学以致用，发挥勤工助学作为"第二课堂"的实践功能，实现有针对性的"资助育人"。此外，当代大学生的心理具有个性化、复杂化等多重特征，部分贫困学生在心理上还存在一些特殊情况，如自卑、敏感等。这些都对勤工助学管理人员与学生的沟通相处，以及育人目标的实现造成了阻碍。

针对以上分析，我们经过研究与实践，立足高校机关勤工助学岗位，从机制建设、岗位管理、学生培育等方面提出建议，力求完善新形势下高校的资助育人模式，更好地达成育人目的。

二、勤工助学的机制建设

当前国内高校资助育人体系已较为完善。其中，勤工助学的体制机制也基本健全、运行通畅。以中南财经政法大学为例，学校设有正处级单位学生资助中心，统筹全校的资助工作。秉承"不让一位学生因家庭经济困难而失学"的工作宗旨，坚持帮困与育人相结合，帮助学生真正实现从经济帮扶到学习助困、精神解困及技能脱困，最终走向自立自强。学校在健全与完善资助管理体系的基础上，制定了详细全面的勤工助学管理办法《中南财经政法大学本科学生勤工助学管理实施办法（修订）》（中南大学字〔2020〕6号），在各用人单位明确了勤工助学责任领导、管理人员和指导老师。然而，针对学校机关中的行政事务类岗位管理工作，还可以从体制建设和队伍建设等方面进一步完善。

（一）完善体制建设

1.完善勤工助学岗位管理制度

虽然在学校层面已经建立了完善的管理制度，但针对用人单位的具体勤工助学岗位管理办法还有待进一步完善。一方面，机关中的勤工助学岗位多为固定岗位，设岗时间长、工作职责相对固定，具备建立常态化岗位管理制度的条件。另一方面，相较学院而言，机关与学生的交集并不密切，难以直接对学生进行约束，建立岗位管理制度有助于更好地管理在岗学生。因此，高校可以督促设立长期固定岗位的机关单位建立有针对性的勤工助学岗位管理制度，实现制度化、规范化、常态化的勤工助学岗位管理。

2.加强学生工作管理部门、学院和机关单位的联系

以中南财经政法大学为例，勤工助学岗位的招聘是以用

人单位和学生进行"双选会"的形式开展，学生上岗后，由用人单位进行管理和考核，学生资助中心负责学生的资格审核和薪酬发放等。用人单位与学生资助中心及学院辅导员的交流较少，难以在短时间内详细了解学生的具体情况，且贫困学生在心理上往往具有特殊性。为了让用人单位更好地掌握学生特点，有针对性地进行"资助育人"，可以建立学生资助中心、学院和用人单位的线下、线上交流平台，既能因材施教，也可以更好地保护学生心理健康。

（二）加强队伍建设

当前高校机关的勤工助学岗位管理人员多为用人单位办公室主任或秘书，不一定具备一线学生工作的专业知识和经验，在资助育人工作中存在专业性较弱、积极性不足等问题，导致虽有"资助"，但"育人"不足。因此，建立一支专业性强的工作队伍势在必行。

1.设立职业化管理岗位

对部分长期设有固定勤工助学岗位的用人单位，在条件许可的情况下可以设立专职的管理人员或指导老师，并将其纳入思政教育专业技术岗位体系，提供清晰的职业发展路径。对于兼职的勤工助学岗位管理人员和指导老师，在定期考核的基础上提供一定的补贴，激发他们的工作积极性。

2. 培养专业化管理队伍

定期开展勤工助学岗位管理人员的业务培训，宣传资助育人政策，强化立德树人的初心使命，提升其思政教育水平。力争让每一位勤工助学岗位管理者都成为：具备过硬思想政治素质的红旗手；熟悉学校各项资助政策的引路人；掌握教育学、心理学、就业指导等专业知识的育人者；拥有耐心、爱心和细心的知心人。

三、勤工助学的岗位管理

当前，高校的绝大多数机关勤工助学岗位已经具备了运行流畅的管理模式。但我们在实际工作中发现，还可以从以下方面进一步加强岗位管理和建设。

（一）健全用人机制

从勤工助学的岗位聘任上看，以中南财经政法大学为例，固定岗位的招聘往往是"等额录用"，且上岗后一般不再更换人选。部分学生在应聘时，对岗位工作认识不足，或在应聘时过度"包装"自己，导致实际上岗后才发现难以适应岗位要求。我们认为对部分特殊岗位可以设立"实习期"和"候补队员"，既可以提高学生的竞争意识和工作积极性，也为学生和用人单位的双向选择提供了更多机会。

（二）加强团队建设

机关的勤工助学岗位往往由多名学生共同担任。为了更好地实现"资助育人"，首先应当培养团队精神，加强学生之间的交流，提倡在合作中竞争，利用业余时间开展合适的集体活动。同时，还应建立与岗位相适应的团队文化，在集体和团队中"育人"。此外，还要开展新老"传帮带"活动，让老生在岗位工作、学习和生活等多方面对新生进行指导和交流，充分激发学生的主观能动性，达成"育人"目标。

四、勤工助学的学生培育

在勤工助学管理中，"资助"只是手段和途径，"育人"才是最终目的。我们立足高校机关勤工助学岗位，从育人方法和育人目标两个方面进行探讨。

（一）育人方法

从育人的方法上看，我们应当坚持因材施教、因势利导。

1.针对不同的学生，应当因材施教

来自不同地区、家庭，处在不同年龄、年级的学生，都有着不同的特点。为了更有效地达成"育人"目标，我们应当通过多种渠道，选择合适方法，科学、全面、立体地了解学生特点，实现因材施教。

在渠道选择上，可以选用当面了解、通过网络了解以及

朋辈侧面了解等多种方式。每位学生一周有近 8 小时的工作时长，可以通过工作和谈心来正面了解学生情况。还可以通过社交媒体如 QQ 空间、微信朋友圈等，了解学生的学习生活和思想动态。此外，和其他学生的交流也可以侧面获得信息。通过以上渠道，可以全面地了解学生的个性特征、学习生活状态、心理情况以及就业意向，有针对性地展开教育。

2. 针对不同的情况，应当因势利导

除了日常的引导外，当发生一些特殊事件时，我们可以因势利导，开展有针对性的教育。例如，在 2020 年初的新冠肺炎疫情防控期间，面对前期某些混乱的管理，同学甲产生了愤怒与迷茫，甚至在网络上匿名发表了一些过激言论。由于害怕影响各类评定，他不敢直接向辅导员询问，而是将自己的困惑告知了勤工助学岗位的指导老师。指导老师了解他的想法后，站在知心密友的角度，通过推心置腹的谈话化解了他心中的怨愤，引导他理智看待这些事物，建立起坚定的爱国主义观念。事后，他主动删除了网络上的过激言论，并向身边的亲友传递了正确的价值观。

（二）育人目标

为了在勤工助学工作中更加全面地教育和引导学生，我们认为应当从思想政治、实践技能、专业学习、人际交往、就业指导、心理辅导、安全保护等多个方面树立全面的育人目标。

1. 思想政治

育人为本，德育为先。在勤工助学管理工作中，应当不断加强思想政治教育和引导，培育社会主义"四有"新人。其中，应当重点加强爱国主义教育、责任感培养和消费观构建。将勤工助学岗位的思想政治教育纳入用人单位的党建工作之中，用党建带动团建，引领学生确立正确的思想政治观念。在工作中，着力培养学生的责任感和担当意识，引导学生自立自强。帮助贫困学生构建科学的消费观，不攀比、不浪费，合理利用勤工助学的劳动所得。

2. 学习实践

学习是学生的天职，应当在勤工助学工作中侧面引导和督促学生加强专业学习。一方面，通过工作实践，加强学生对专业学习的理解和认识；另一方面，通过传授学习方法和技巧，培养学生科学的学习习惯。对少数过度强调实习实践而忽视专业学习的同学，要扭转他们的认识，督促他们把现阶段的重心放在学习上。

在详细了解学生具体情况的基础上，尽可能地结合专业特点、学习阶段、个性特征以及职业规划，有针对性地引导学生提升相应的实践技能。充分发挥"第二课堂"的作用，通过相关联的工作内容，巩固专业学习，磨炼职业技术，践行实践育人。

3. 文化传承

将学校的校园文化、办学精神等历经多年的优秀基因融入学生的勤工助学工作之中。通过言传身教、工作引导，让学生主动内化、传承优秀的校园文化。以中南财经政法大学为例，这所在战火中建立的学校，将坚韧、忠诚的革命精神代代传承下来。在岗位工作中，有意识地引导学生感悟、内化、继承这一光荣传统，成就学生人生中一笔宝贵的精神财富。

4. 人际交往

当代大学生多为独生子女，追求个性化，在社会交往中合作意识不强。同时，部分贫困学生还存在过分自卑等心理问题。在勤工助学工作中，可以通过事务性工作和谈心谈话，让学生正确认识各种社会身份，学习沟通方法，提高朋辈社交、职场社交中的人际交往能力，帮助学生克服自卑等不良情绪。

5. 就业指导

勤工助学作为实习实践的一种重要途径，对学生的择业就业有着深远影响。与辅导员等学院学生工作者相比，用人单位的勤工助学指导老师往往更了解学生的工作情况。一方面，要引导学生树立正确的就业观，职业无高低贵贱；另一方面，要在充分了解学生的基础上，帮助学生熟悉岗位相关行业的情况，引导学生科学地规划就业方向。如对有志从事高等教育工作的学生乙，可以向他介绍高校各类岗位的工作内容和要求；对希望考公务员的学生丙，可以有意锻炼他的公文写作能力；对有意继续深造的学生丁，可以适当减轻他的行政事务性工作，增加与其专业学习相关的工作内容。

6. 心理辅导

受到评定等多种因素的影响，很多学生不愿直接向辅导员敞开心扉。同时，部分贫困学生还存在一定的心理问题。因此，用人单位的勤工助学指导老师也要承担一部分学生心理辅导的工作。指导老师不仅要通过谈心谈话等方式化解学生的困惑及心理问题，还应经常与学生管理部门及辅导员实现信息互通，以便更好地解决学生的心理问题，预防因心理障碍引起突发事件。

7. 安全保护

在工作中，应当对学生的人身安全、财产安全等多个方面进行保护。一方面，坚决不让学生从事任何危险性或有潜在危险性的工作，确保学生的人身安全。在雨雪天气、搬运物品等特殊情况时，反复提醒学生注意安全。另一方面，贫困学生是被诈骗和"校园贷"的多发群体，而且往往热衷于社会实习。在工作中要多向学生宣传防骗知识和校园贷的危害，引导学生参加正规的社会实习，通过生源地贷款、奖助学金等方式获取物质支持。

五、结语

综上所述，我们在概括高校勤工助学岗位现状的基础上，从机制建设、岗位管理和学生培育等方面提出了一些看法。然而我们的研究还存在很多局限和不足之处。一是案例来源为财经政法类的综合型高校，学生的学习能力、实践意愿、性格特征、专业特色、就业方向都具有较强的个性。二是岗位分析主要来自高校机关单位的行政事务类勤工助学岗位，综合性较强但专业性不足，未能反映出学工部、团委、图书馆、宣传部门等专业性较强的勤工助学岗位特点。因此，研究结果难以给更广大范围的高校提供借鉴。

在新形势下如何充分利用资助资源，提供物质帮助的同时发挥育人功能，让贫困生身心脱贫、自立自强、成长成才，是高校工作者必须思考的关键问题。我们希望在此基础上扩大调研范围，归纳出更具普遍性和推广价值的方法，让资助育人工作更上一层楼，切实助力脱贫攻坚和新时代中国特色社会主义建设。

参考文献

［1］张锡钦，肖海茵．立德树人：新时代高校资助育人质量提升对策［J］．教育教学论坛，2020（34）：83-85.

［2］刘东，巩晶骐．脱贫攻坚背景下建档立卡学生资助育人体系的构建——基于西安某高校 1101 份调查问卷的数

据分析［J］. 黑龙江教师发展学院学报，2020，39（8）：148-150.

［3］梁玉丽，刘占卿，田海勇. 高校资助育人研究的回顾与展望［J］. 衡水学院学报，2020，22（4）：89-95.

［4］王晓莉. 新形势下高校资助育人长效机制研究［J］. 法制博览，2020（22）：59-60.

［5］侯昀晨. 高校资助育人体系的现状、问题及对策研究［J］. 教育理论与实践，2019，39（33）：3-5.

［6］黄冬梅，许丽琴. 互联网＋背景下民办高职院校学生资助育人模式的构建［J］. 教育现代化，2019，6（89）：77-79.

［7］杨晓慧. 关于新时期高校学生精准资助工作的思考［J］. 中国高等教育，2016（9）：22-25.

［8］黄建美，邹树梁. 高校资助育人创新视角：构建多维资助模式的路径探析［J］. 中国高教研究，2012（4）：81-85.

工作案例篇

用爱助力，推动前行 ①

杨　茹

（法学院）

一、案例介绍

小辛同学，女，性格内向。该生寝室其他三位同学某天找到辅导员，提出她们和小辛同学作息时间不一致，经过一年的调整适应仍然不能达成一致，请求辅导员帮助做小辛同学的工作，并把她调整到其他寝室去。随后，辅导员以了解学习情况的名义找到小辛同学，和她深入交流，并主动询问寝室生活如何，该生随即情绪比较激动，说整个寝室同学都孤立她，提出因为和寝室同学作息不一致想调整寝室，而且已经了解到某个寝室某位同学也因作息问题想调整寝室，正

① 本文受中南财经政法大学中央高校基本科研业务费专项资金资助，项目号：2722020SQZ01。

好两个人的情况都适合调整到对方寝室去。辅导员在安抚完学生情绪后，承诺在了解完情况后，如果确切需要调整寝室时给她提供帮助。在和相关寝室所有同学都聊完后，确认调整寝室会对所有同学有益处，故而在详细交代完毕后准予两个同学调整寝室。

事后辅导员认为小辛同学在该事上反应过于敏感和激动，在征得该生同意后联系了心理咨询中心，帮其预约了最快的一次咨询。心理咨询中心反馈该生需要特别关注，出于对学生隐私的保护并没有详细介绍了解到的情况。随着和学生关系的深入，了解到该生有比较严重的心理问题，有边缘性人格障碍，不能很好地处理自己和其他同学的关系，自己也很苦恼，会寻找帮助去解决问题。在该生大三时，辅导员接到心理咨询中心电话，得知该生因产生轻生念头去求助。辅导员在见到学生并安抚完学生情绪后，次日带学生去湖北省人民医院精神卫生科进行诊断，根据医生的诊断，该生需要药物和心理咨询共同作用才能康复。

大学四年里，小辛同学产生过几次自杀念头但都没有实施，但是自身崩溃的次数比较多，辅导员定期和其交流。在大三、大四年级，该生因为职业选择问题出现过惶恐和焦虑，在多重合力的帮助下，小辛同学顺利毕业并找到了工作。

二、案例分析

（一）原生家庭问题，缺乏支持

该生原生家庭对其影响较大。从小和母亲一起生活，母亲工作不稳定，家里经济状况不太好，且母亲较为强势，导致该生在家较为沉默，不敢对母亲敞开心扉。长期沉默的小辛同学没有向母亲求助的能力，反而积攒了很多不满。

（二）自身原因，自卑内向

该生从小比较内向，心理比较自卑，与其他同学关系一般，不能较好处理和他人之间的关系。因较为内向，不愿意和他人交流，很多事情憋在心里自己消化，但是自己也得不到好的方式去排解。长期这样导致她情绪较易激动，时而情绪大爆发，使得别人不愿意和她交往，进而影响她的人际关系。

（三）心理问题得不到重视，不愿意尝试改善

边缘性人格障碍患者在自我形象、心境、行为和人际交往中表现不稳定。病征在成年早期即已显露，但随年龄增长趋于缓和或稳定。患者相信自己由于在童年被剥夺了充分的关爱而感到空虚、愤怒，有权要求抚爱。因此他们无休止地寻求关爱。当边缘性人格障碍患者感到他人的关心时，他们表现得犹如孤独的弃儿，为自身的抑郁、物质滥用、饮食障

碍和过去遭受的虐待而寻求帮助。但当他们害怕失去别人的关心时，其心境会发生戏剧性改变，往往表现出不适当的、强烈的愤怒。与此同时，还伴有对世界、对自身以及对他人看法的彻底转变——从黑到白或从恨到爱。

这种非黑即白的判断标准在该生身上体现较为明显，辅导员在和该生的接触过程中发现了这个问题，所以辅导员在和该生接触时非常小心，害怕因为自己的言行让学生产生错误判断。该生自己不能正确认识自身问题的严重性，又害怕药物的副作用，所以不愿意尝试吃药改善情况。即使医生诊断其心理问题已经很严重，需要吃药调整，该生仍然因副作用问题而拒绝，导致问题不断加深，自身情况复杂化。

三、问题解决

（一）降低恐惧，接受现状

恐惧往往源自未知，是因为周围有不可预料、不可确定的因素而导致的无所适从心理或生理的一种强烈反应。该生因为对治疗心理疾病的药物有强烈的恐惧感，害怕吃完药后有副作用，因而拒绝服用药物。在了解该生的这种情绪后，辅导员和该生一起仔细研究了药品说明书，针对每种不良反应一起进行研究，考虑该种反应是否会引起她的恐惧，并且结合网络上的问答以及医生的耐心回答，降低了学生对药物的恐惧感，该生最终愿意尝试服用药物。

在此基础上，辅导员按照心理咨询中心以及心理医生的建议，帮助学生分析她的问题所在，让学生认识到自身现在的状况比较糟糕，接受药物治疗以及心理咨询会让自身变好。学生接受现状后，辅导员监督学生按时服药并定期开展心理咨询。药物让小辛同学时而有嗜睡等反应，由于深入了解了这些不良反应，同时也知道停止服药后不良反应就会消失，所以学生按时服药对其心理疾病的控制很有帮助。

（二）关注情绪，承诺陪伴

小辛自己难以控制自己的情绪，并且对周围同学的关心持怀疑态度。辅导员深入该生寝室，以及和该生关系较好的学生中，并向心理咨询中心以及心理医生了解相关情况。了解到学生情绪起伏变化最大的时间为下午三四点，这个时间段该生经常一个人待着，有强烈的孤独感，时常哭到不能自己。在和小辛聊天时，辅导员也和小辛同学承诺，在任何时候有不良情绪都可以找辅导员倾诉，需要帮助的时候也可以向辅导员求助。学生得到了关注和关爱，也知道了情绪排解的途径，之后的情绪波动和崩溃概率显著降低。

（三）借助外力，改善现状

小辛同学长期和母亲一起生活，母亲年龄较大且身体不好，虽然知道小辛同学状况不好，但是帮不上忙，母亲也很担忧。小辛也害怕母亲太过担忧自己，因此请求辅导员尽量不要告知母亲自己病情的严重性。辅导员了解情况并分析利弊后，在和家长联系时只是提醒家长多关心孩子，并没有明确指出该生的现状。

由于原生家庭不能给小辛提供支持，因此辅导员开始借助外力支持，希望改变小辛不良状态。在和小辛聊天时得知，小辛暑期实习时结识了男友，由于两人比较谈得来，小辛在日常生活中会和男友讲述其感受，其情绪在当下有较大改善。辅导员告知小辛同学，可以通过向男友倾诉的方式转移注意力，对其控制情绪会有较大帮助。

同时，辅导员找到寝室和小辛关系较好的小耿同学，告知小耿同学，由于小辛不能较好地处理自己的情绪，需要给予她帮助。小耿同学作为班委，又和小辛关系比较好，主动提及愿意多陪伴小辛同学，在她情绪反应较大的时候给予她安抚等。小耿同学也主动找到小辛说要陪伴她，希望和她一起克服情绪障碍等，这种行为给予小辛很大的心理支持。

对于小辛同学提到的两位关系较好的高中同学，辅导员也告知小辛，可以向她们诉说自己的烦恼，并告诉她好朋友之间分享喜怒哀乐都是很正常的，且真正的好朋友也愿意和她分享事情，因此小辛同学学会了向好朋友报喜的同时也报忧，对其身心恢复有极大的帮助。

虽然小辛不能借助家庭的力量康复，但是多种外力给予小辛很大的精神支持，让其相信自己能控制自己的情况，能恢复健康。

（四）鼓励自助，寻求改变

小辛同学平时也会通过自己看书、浏览网络信息等了解自己的状况，由于没有专业的指导，导致她越看越觉得害怕，也无法正确认识到自己的问题。后期心理咨询中心、心理医生及辅导员的介入，引导小辛正确认识了自己的心理问题，了解到正确治疗的方式和方法，坚信自己能康复。小辛自己也开始采取方式进行自救，在定期咨询和按时吃药之外，该生通过适度锻炼、转移注意力、出去旅行等方式方法改变了自己之前的生活方式，对其自身的恢复有较大的帮助。

四、跟进与反馈

辅导员在小辛同学大一时就比较关注她，日常比较关心小辛，和小辛之间建立了比较亲密的联系。在此后大学四年的时间里，小辛同学会经常和辅导员谈心，也比较信任辅导员，这对于帮助小辛同学起到了很大帮助，使辅导员在发现问题时可以及时介入。通过这样的方式，小辛同学大学四年都比较相信辅导员，愿意和辅导员分享，使辅导员能够在问题出现苗头的时候就及时介入。学生和自己母亲的关系也有所改善，愿意和母亲深入聊自己的想法等。

在日常督促小辛服用药物和心理咨询外，辅导员经常和小辛讨论职业规划问题，让小辛认识到自己以后的期待和职业选择，这对转移其注意力起到了很大的帮助，让她能从过于关注自我情绪方面解脱出来，开阔视野，用更加现实的方式和计划实现自己的职业理想。在帮小辛分析职业选择和职业理想后，及时进行引导，帮助她好好规划学习和实习，以期能帮助她顺利找到工作。同时，对小辛的恋爱关系也及时给予指导，合理利用她和男友的关系来解释依恋关系理论，期待能通过这样的方式让她明白什么是正确的依恋关系，减轻其边缘性人格障碍对其人际交往的阻碍。经过辅导员的合理指导，小辛同学在大四学年顺利毕业并找到工作，并和男友的关系也比较融洽。

五、体会与启示

（一）专注校方

在日常管理教育过程中，学校、学院都会强调家校联系对学生，起到的大多数都是积极正向的作用，但是仍然有一些家庭是不能给学生提供较为正向的帮助的。在面对心理问题学生时，我们一般都会先想到一定要让父母知道学生的情况，但是并不是所有的父母都是关心孩子的，并不是所有的父母都能配合学校给予孩子帮助。因此我们要进行判断，如果原生家庭不能给孩子提供较为积极的帮助，反而在知道孩子的真实情况后对孩子的恢复有反作用，就可以忽略原生家庭的力量，转而帮助学生向专业机构求助，让学生相信专业机构是能够帮助到自己的，这对学生的帮助也会较大。

（二）借力打力

人是社会性动物，我们都要和别人交际才能在这个社会中活下去。这是我们作为人的社会特性所决定的，人不可能脱离社会而存在。虽然学生会因为人际交往障碍产生很多问题，但适度的人际焦虑对他们也不是坏事。如果学生自己不能、也不会和其他同学交际，我们可以创造一些比较轻松的人际环境让学生进入，慢慢帮助他们适应社会。学生的室友、好友、恋人等都是可以借助的外力。

（三）悦纳自己

即使学生真的不能处理好多种关系，也要告告诉学生悦纳自己，接受自己的不完美，正视自己，鼓励他们在悦纳自己的基础上寻求改变。同时，辅导员自己也要悦纳自己，不能因为自己不能迅速帮助学生解决问题或恢复健康就自责，要减轻自己的自责和负罪感，努力通过其他方式不断学习，和学生一起成长进步。

"三因"理念下研究生就业质量提升研究

——以中南财经政法大学金融学院研究生为例

范 媛

（金融学院）

习近平总书记在 2016 年全国高校思想政治工作会议上提出，做好高校思想政治工作，要因事而化、因时而进、因势而新。要遵循思想政治工作规律，遵循教书育人规律，遵循学生成长规律，不断提高工作能力和水平。就业质量对高校能否顺利开展思想政治工作至关重要，是学生个人能力和高校教育质量的重要衡量标准之一。"双一流"高校的硕士研究生毕业生作为学历金字塔结构的"精英层"，其就业能力和就业质量受到家庭、学校、社会的广泛关注。

随着高校的扩招，全国应届毕业生人数从 2018 年的 820 万上升至 2020 年的 874 万，三年间上涨了 6.59%。就业人数的逐年上涨带来岗位少、薪资低等问题。本科生和研究生作为高校的重要学生群体，两者间存在共同需要解决的问题，如本科生、研究生在日常教学中更多的是学习专业知识，未接受过系统的就业培训，存在择业前景迷茫、就业能力低的问题。但区别于本科生，研究生群体还存在就业范围窄，约束限制多的问题。虽然就业市场上越来越多的企业将招聘需求定为研究生学历，但由于研究生在学术能力、专业认知方面比本科生更强，所以研究生在求职时对专业匹配性要求更高。金融学院 2020 届研究生毕业生中，就业方向为专业对口方向的占总体就业的 97.42%。此外，研究生教育成本的增加、同学们之间的攀比也都提高了研究生对薪资的期望，从而造成研究生实际就业范围较窄。

（一）就业能力与市场需求不匹配

学校的培养方向并没有完全根据市场的需求进行相应调整，研究生在求职中更考虑稳定性。就业观念较为局限，限制在公务员、事业单位、国企、高校等岗位，此类岗位存在招聘流程长、同行竞争大、成功概率低的问题，很多同学在等待招考或考试结果的过程中错失了更多招聘机会。面对特殊时期，部分学生依然保持高标准、高期待，存在能力与岗位不匹配、理想与现实不对位的情况。部分拟出国留学的学生受疫情影响，其申请结果也处在悬而未定的状态。

（二）待业成本高，心理压力大

硕士研究生和博士研究生面临三十而立的压力，与本科生相比，研究生毕业生就业的容错空间更小，一旦就业不理想，学历成本与时间成本的不对等会让重新求职付出更大的代价。因此，很多研究生在就业的选择上更为谨慎。

（三）就业与学业的双重压力

学校、社会都对研究生的毕业条件提出了更高的要求，发表论文、专利、软著成为研究生毕业的基本条件。金融学院对研究生的毕业论文审核采取了全盲审制度，提高研究生学术科研能力的同时，也势必带来更大的就业压力。面对就业与学业的双重压力，部分研究生未能提前做好规划，合理安排时间，导致就业进度十分缓慢。部分学生借口考博，实则盲目报考，逃避就业。

针对当前就业形势和研究生就业特点，做好研究生就业指导工作，提高研究生就业质量，应始终遵循"三因"理念，做到"因事而化、因时而进，因势而新"，精准切入不同类别、不同阶段学生的发展需求，引导学生紧抓时代赋予的就业机会与发展机遇，做好特殊时期下的心理疏导和就业帮扶，帮助研究生毕业生树立正确的就业观念，提高就业能力。

一、因事而化：精准定位成长需求，定制化就业指导

结合"因事而化"理念，辅导员在开展研究生就业指导工作时，要做到"精准定位，因材施教"。首先要通过电话

联系、微信沟通、线上调研、寝室走访等方式与毕业生逐一联系，摸排每个学生的性格特点、能力优势、就业意向、当前求职进展、存在的困难以及帮扶需求等信息。为了给学生提供定制化就业指导，学院研究生办公室编写了《金融学院2020届硕士研究生就业进展报告》，落实到人，实时跟踪，充分了解学生的就业意向和求职动态，精准捕捉学生在就业问题背后的内心诉求和思想动态。

针对不同毕业去向的学生，拟定不同的就业指导方案。研究生的毕业去向主要包含社会企业就业、体制内就业、国内外攻读博士、出国以及少数的创业群体。对于准备就业的学生，要通过加强校企合作，多联系相关的企业走进校园，开设专场招聘会、招聘宣传会等，扩大毕业生的择业渠道。对于有返乡、特定地域需求的学生，要引导学生充分掌握地方招聘资讯，利用地方人才引进政策，把握基层就业机会；对于考研的学生，可以为他们提供报考建议和复习指导；对于准备创业的学生，可以推荐他们参加学校的创新创业培训课程。针对不同就业能力的学生，也需要采用不同的就业指导方法。对于求职心理压力大的同学，要做好心理帮扶与压力疏导；对于没有动力与目标的学生，要引导其找到自身优势，树立个人理想；对于学业、就业双重困难的学生，要协同导师、实验室同门的力量，帮助其共同制定学业、就业计划；对于求职能力弱的同学，可通过开设班级就业小组、传授面试技巧、"一对一"简历修改等方法提供就业指导；

对于专业知识欠缺的同学，在发挥课堂教学主渠道作用的同时，学院可利用寒暑假开设专业能力提升课，让学生在理解专业知识的同时，加强实践锻炼，将理论和实践结合起来，助力社会发展，成就自我成长。

二、因时而进：把握学生成长规律，顺应时代发展进程

当前研究生的就业工作依然存在常灌输、忘引导，重理论、轻实践的问题。要切实提高研究生的就业质量，必须紧跟时代变化，在时代背景、市场环境与学生需求变化中，不断树立新理念、运用新技术、推动新举措。

（一）树立新理念，构建"三全育人"体系，全员、全程、全方位强化就业指导力度

开展就业指导工作，依托"三全育人"体系，围绕学生成长成才目标，"全员""全方位""全过程"齐头并进，提升研究生毕业生就业能力。

就业工作是民生工程，需要"全员"参与。落实高校育人职责，整合多方育人资源，为研究生毕业生提供精细化就业指导与就业服务。基于"全员"育人机制，金融学院建立了以学院党政领导为核心，辅导员为骨干，思想政治课教师、全体专业教师、研究生导师共同参与的学生就业指导工作队伍。协同就业中心、研究生工作办公室、心理咨询室，开展

就业创业形势专题研讨会，研判就业创业工作中"学生之变、企业之需"等痛点问题，制定研究生就业工作责任制度，寻求研究生就业困难帮扶方案。在学生党支部中，号召已就业同学在各支部、各班级内部开展定向帮扶，协助学业困难毕业生进行学业选修、论文指导。为推动家校联合以情育人，学院印发了《致金融学院学生家长的一封信》，并通过辅导员主动联系家长，引导家长对孩子的期望要贴合实际，配合学校帮助学生树立正确的就业观。针对有返乡意愿的学生，可通过家庭力量解决少部分就业。

提升研究生就业质量，不单是做岗位推荐与面试指导工作，应将就业工作落实到学生学习生活的"全方位"。学院围绕学术课堂、心理健康、服务管理等多方面、多维度，全方位下功夫，切实提升研究生的综合能力和心理素质。紧抓课堂育人，让研究生课堂教学融入更多行业前景与专业应用等知识，并将思想政治教育、职业生涯规划教育融入课堂教学授课环节，帮助学生梳理职业发展路径，确立正确择业观和就业观。协同开辟"第二课堂"，学院通过开展"文澜金融论坛""文澜金融学子论坛""文澜金融文献研读会"等学术讲座交流会，提升研究生的学术能力以及专业知识运用能力。配合学校心理健康中心，做好研究生的一对一谈心谈话，面对面解决就业困境，缓解研究生毕业生的就业压力、学业压力以及其他心理问题。

以学生成长为轨迹，开展"全程"就业指导。研究生仍处于发展阶段，开展就业指导工作，需要针对不同年龄、不同年级的学生制定不同的教育指导和就业方案。从研一正式入学后，就可以开展职业生涯规划教育，以提高自我认知为导向，利用职业生涯规划方法与理论知识，帮助学生认识自身优势，落实职业规划。研二阶段要更注重培养学生的实践能力，为学生实习寻找资源、提供渠道，并督促学生注重学业进度，为求职招聘打下坚实的基础。研三正式进入找工作阶段，要结合求职指导、心理辅导、理念倡导，秉承围绕学生、感怀学生、服务学生的宗旨给予每一位学生以就业人文关怀。

（二）运用新技术，搭建就业信息平台，运用互联网、大数据提高就业帮扶效率

当今时代是网络大数据时代，要认识到"云就业"已经从"超常规"变为"新常态"。因此，要充分利用大数据和新技术，开展"云就业"辅导，进行"云手续"办理。让学生第一时间掌握招聘资讯，第一时间把握社会需求。当代大学生成长于网络信息时代，热衷于网络社交，更关注网络信息。学院在开展就业指导过程中，要充分利用新媒体、新技术，占领网络思想政治教育主要阵地，将就业资讯、求职技巧、行业动态以公众号推文、小视频等新媒体形式推送给学生，潜移默化地提高学生求职技巧，引导学生树立正确的就

业观念。同时，开展"简历门诊""面试问诊"等线上指导活动，提供"精准一对一"的就业指导与线上咨询。在特殊时期，金融学院还利用腾讯会议、小鹅通等平台召开了线上就业推进会，预判疫情对就业的影响，明确工作思路，提出针对性措施，以免延误推动就业的最好时机。

（三）推动新举措，增加实践实训比重，知行合一、以知促行全力提升就业创业质量

高校研究生具备了较好的专业知识，但大部分缺乏实践锻炼，对于企业的人才需求、社会的人际交往规律以及行业的发展情况，都只从网络获取相关信息。强化实践实训育人的比重，以实践促进学生提前适应社会需求。可以邀请企业进校园，在学院设立企业俱乐部，开展行业讲座、模拟招聘比赛、创新创业大赛等活动，让学生深入了解企业需求，切实提高学生求职的实战能力；与企业合作建设实习实践基地，组织"暑期实践队"到合作企业实习实训，让学生在实践中成长；多联系相关的企业走进校园，开设专场招聘会、招聘宣传会等，扩大毕业生的择业渠道。为强化企业与学院的联系，充分利用校友资源，学院制作了《中南财经政法大学金融学院致用人单位和校友的一封信》，在金融学院微信公众号、金融学院网站刊发，另由学院领导、专任教师、辅导员分层次、点对点地发送给校友企业，详细调研用人需求，主动推荐优秀学生，建设"校友内推资源库"，优化就业信息内容供给，

全力确保就业岗位数量稳定。此外，金融学院依托学院校友领航专项计划、"希贤杯"就业面试挑战赛等活动，开展就业价值观主题教育，打造社会实习精品项目，深度链接校友就业资源；举办典型引路之就业典型选树活动，刊发相关推文十余篇。学院持续深入宣传"三全育人之星火计划"，表彰学生典型事迹；"荣耀金融研究生"系统推文特别推出了就业榜样模块，就业榜样以接受采访的形式分享他们的求职心得、求职技巧，以及对专业行业的认知，以点带面，发挥榜样示范作用。

三、因势而新：研判新形势，明确就业导向

2020 年就业市场受疫情影响，发生了较大的变动，招聘单位数量、招聘岗位大幅减少，学生面临着预期岗位今年不设岗、招考延迟、线上实习效果差等多重不便和困难。此外，企业经济尚未复苏，招聘岗位待遇整体呈下降趋势。大部分学生转战公务员、事业单位等考试，又产生了求职周期长、招考竞争大的问题。

应对突如其来的变化，要引导学生根据就业形势的变化，及时调整就业方向和职业生涯规划，认清当前形势，不局限于"铁饭碗"，多关注新产业、新经济，在流动中发现机遇、抓住机遇、把握机遇。积极引导学生到基层、到西部、到社区、到部队、到祖国需要的地方建功立业，同时鼓励学生激发自身潜能和创业热情，把握大数据、数字经济等新兴产业

带来的机遇。"离校不离心、服务不断线",学院制定了疫情期间就业工作方案,出台《疫情期间就业手续及相关手续办理的温馨提示》,对疫情防控期间的在读证明、就业推荐表、网络签约等工作做出统一安排,告知全体毕业生。针对疫情期间外出实习的毕业生,实行线上备案,及时跟踪关注,确保毕业生在工作单位做好安全防护。积极搭建网站、微信、QQ 群等"互联网 + 就业"智慧平台,每日汇总就业信息并定时发送,整理网络面试攻略、国家就业精品课程等学习资源,帮助毕业生掌握线上应聘技巧,提高就业能力。深入动员学生主动了解教育部开展的"面向湖北高校毕业生及外省湖北籍毕业生网上专场招聘"等活动,向毕业生大力宣传"国聘行动"的价值和意义,让毕业生了解国家各项稳就业的配套措施、政策,冷静、客观把握就业调整中的新机会。

作为思想政治教育工作者,提升研究生就业质量,必须要结合当下特殊时段的思想教育要求,将爱国主义教育融入就业指导中,引导学生将个人的理想与国家的需要、社会的发展结合起来,使青年学生深刻了解到个人与国家命运相关联。作为学历金字塔结构的"精英层",必须树立对个人、对社会、对国家和民族高度负责任的强烈意识。为培养研究生的爱国主义精神,激发学生投身报国的意向,学院通过认真收集具体案例、准确把握舆论方向、谨慎渗入价值理念、用心整合教育素材,真正将影响学生们爱国热情的零散事件转化成系统的爱国主义教育内容。结合战疫英雄宣传等系列活动，弘扬爱国主义主旋律，将无形的价值观教育与有形的就业择业引领深度融合。加强宣传联合国国际组织招聘计划，指引学生主动关注特岗教师计划、大学生村官、"三支一扶"、大学生志愿服务西部计划等基层就业项目。引导学生将个人成长成才与为祖国建功立业结合，内化于心，外化于行，积极投身服务国家和人民的"大舞台"。

构建网络育人体系，
扎实推进学风建设
——以经济学院"读书会"为例

岳明泽

（经济学院）

一、工作背景与总体思路

（一）工作背景

学院开展思政教育实践工作，坚持以习近平新时代中国特色社会主义思想为指导原则，贯彻全国高校思想政治工作会议精神，构建网络育人体系，创新育人因素，完善育人机制，丰富学生思想政治教育工作的具体实践内涵。当前改革开放不断深入，国际形势瞬息万变，以及价值、文化观念多元、多样、多变的新形势，使学生容易迷失自我。践行《高校思想政治工作质量提升工程实施纲要》（以下简称《纲要》）

中网络育人的要求，助力学生全面健康发展。

学院在《纲要》网络育人要求的基础上，指明了当前和今后高校思政教育工作的努力方向和工作重点，坚持将优良学风与育人工作相结合，坚持将文化知识教育和品德修养教育紧密联系，融入中南大元素，筑牢学生思政育人实践的新领地。

（二）总体思路

开展高校思想政治教育工作，关键在于把握核心要义，聚焦"育人"思想内涵，结合新媒体平台，围绕"育"字加强学院相关工作的顶层设计，结合学院优良传统因素，将"读书会"融入其中。当代大学生中存在一个普遍现象，即在读书方面面临着"浅阅读"的困境，从而导致精神文化贫瘠、社会担当匮乏。因而，学院开展读书会活动，坚持以"立德树人"为思想引领，围绕网络育人要求，培养学生全方位的思政意识，优化创新育人体系，推进学生整体素质的提升，形成良好的学风建设，更好地引导学生"读书、求知、奉献、进步"，开启学校思想政治工作新征程。

二、组织实施与成果梳理

（一）组织实施

学院开展网络思想政治教育，将读书育人融入其中，优化创新思政教育的实践工作。读书会活动的开展，发扬读书育人的优秀传统，是学校学风建设和学生精神素质提高的突破口，是学院精心打造的学术品牌。读书活动能否吸引学生参与、是否有特色，至关重要。我们围绕读书会策划了两种类型的子活动。

一是定期推荐优秀书目、开展经典阅读活动。着力在"专、通、雅"人才培养目标的"专"字上做文章，使思政教育"活"起来。学院各专业老师推荐优质经典书目，可引领学生未来职业发展，充分发挥育人功能，充分践行网络育人要求。读书会的开展有益于启迪学生的辩证、冷静、建设性的思维能力，如在"畅游书海，传承经典""不忘初心，牢记使命""疫情防控与经济复苏"等读书会活动中，学院选取了各专业的经典阅读书目，由专业教师引导学生进行经典图书阅读，使学生能够正确把握中国传统经济文化与社会主义核心价值观的关系。

二是推进学院学风建设。在网络思想政治教育的载体选择上，通过网络平台，以音频的形式如期开展读书活动，充分挖掘读书活动的育人功能和价值意蕴，保证学生学习生活不间断。在全民阅读时代，广泛阅读、持续充电可以拓展视野和思维、提升精神素质。学院搭建读书平台，丰富学生"第二课堂"，树立学生正确的科学观和荣辱观，加强学生社会责任感。如在"中国70年经济奇迹""高质量共建一带一路"等读书会活动中，激发学生的爱国主义精神，坚定学生的责任担当与使命。

（二）成果梳理

"读书使人明智"。在读书会的组织过程中，坚持以学生的创新思维为原动力，以提升学生的思想政治素质为突破口，践行网络育人要求，营造良好的学术氛围。读书会将文化知识和品德修养相结合，使学院的育人方案焕发蓬勃生机，取得一系列的成果，具体表现在以下几方面。

第一，创新思想政治教育工作，改活、改进旧有的思政教育实践工作。读书会不仅有线下筹划活动，还有线上实践活动。顺应新时代的发展，就是在过去的活动形式上加以改造，提升思想政治教育的时代性、创新性和实效性。在原有线下读书会的基础上不断进行创新，采用音频、视频的方式进行交流，使读书活动"活"起来，提升了学生的阅读兴趣。并以此培养学生良好的精神素质和创新思维，推动学生全面发展，保障思政教育实践工作与学校党建要求相协同。

第二，践行《纲要》中网络育人要求，综合培养学生的技能水平。读书会的开展有利于提升学生的专业知识技能、批判性思维和创新性思维；不同专业学生之间的交流有利于扩宽知识眼界，激起思想的碰撞；多种类的书目可以引导学生多维度思考问题，多方案解决困难，还能积极引导学生深入理解和学习中华优良传统文化和爱国主义精神，增强学生的社会责任担当。

第三，定期举办读书活动，营造良好的学风环境。读书会推动了学生素质拓展工作的持续开展，能不断提升教学质量，建设良好的学风环境，积极引导学生树立正确的价值观念，培养学生扎实的道德素质和专业知识，提升学生综合素质和学术能力，为校园文化建设增添新维度，突出校园文化品牌的独特性，不断丰富学生的校园文化生活。

第四，培养优良的心理素质。通过读书会的分享、交流以及师生的互动，可以助力学生树立正确的价值观和形成良好的心理状态，减轻学生在学习生活中可能的心理干扰和心理障碍，培养学生以积极的情绪应对挫折，提高抗挫能力，及时调整负面情绪，以相互关爱、积极向上的健康心态正确面对世界新形势的变化，同时也让学生感受到学校是温润心灵、促进成长的肥沃土壤。

三、工作思考与努力方向

思想政治教育必须依赖改革创新，顺势而为，结合学生喜闻乐见的新媒体平台，在实践教育工作中坚持开展读书会活动，以坚定以德育人的信心、理念；坚持网络育人、实践育人、全面育人，提高实践活动的多样性和互动性，保障现代化教育工作正常进行。

1. 持续推进读书会改革，不断提高活动的吸引力和实效性

读书会活动是学生的特色活动，如何将学生的学业和活动有机结合起来，强化全方位、全过程的育人意识，让读书走进学生生活的方方面面，是值得思考的问题。读书活动开展上，要注重形式，突出实质；需要"干货"满满，才能真正落实思政工作的原则，践行网络育人要求。要遵循分层分类的原则，面对不同的人群，有针对性地开展读书会，满足不同的需求。如何让读书会的元素由一元变为多元，如何让学生成为主动的思考者，这些都是今后推进读书会改革的方向，也是思政工作的发展方向。

2. 促进各专业学生交往交流交融

目前，读书会的平台仅限于经济学院，交流较多的是本院各专业的同学。如何引发不同专业的同学思想上的碰撞，如何让活动走出经济学院，是今后努力的一大方向。这需要确定更加具有包容性的主题，需要大家善于寻找不同专业之间的交流连接点。让活动走出学院，可以让研究生们博文广识，开拓视野，锻炼思维，提升素质，共同营造学院学风的建设。

3. 以创新的思路，激发读书活力

充分借助学院微信平台、个人微信和研工部官网进行前期宣传和总结宣传，形成线上线下有机联动。在"认知疫情，

战胜疫情"读书会中，突破了以往的分享模式，采用音频分享读书心得。在以后的读书会活动中，应更加积极地引导学生自发组织读书活动，完善活动的工作流程。面对新形势，要结合网络思政教育进行实践育人工作，更好、更健康地打造读书会的活动形式，让网络发挥积极正面的育人作用。

中南财经政法大学 SSA 计划助力 脱贫攻坚工作案例 ①

谢 吉

［学工部（学生资助管理中心）、人武部］

一个学生的背后是一个家庭。家庭经济困难的大学生承载着贫困家庭的希望，帮助他们顺利完成大学学业，助其成为社会主义的合格建设者和接班人，既是高校的人才培养目标，也是助力贫困家庭脱贫、阻断贫困代际传播的有效路径。扶贫是"资""志""智""三扶"一体的综合工程。我校资助工作在确保"无一学生因家庭经济困难而失学"的基础上，通过 Spring 助学季、Summer 成长季、Autumn 成才季三季帮扶计划（简称"SSA 计划"），从经济帮扶、技能培训、精神引领等方面，全力帮助困难学生自立自强，助其家庭脱贫、

---

① 本文系中南财经政法大学 2020 年度中央高校基本科研业务费（三全育人）课题"'三全育人'视角下高校资助育人长效机制构建研究"（编号 2722020SQY05）的研究成果。

不返贫。

一、案例情况

在一次困难生的走访活动中，走访队第一次见到小伊。小伙子瘦高个，皮肤黝黑，略显局促和腼腆，一个人站在角落埋头不时抠手指，很少说话。当被问及大学期间的打算时，半天才结巴地说出一句"家里让我好好读书"。问及有什么爱好和特长，他只是摇摇头。

小伊是我校 2015 级行政管理专业的学生，家住江西省吉安市吉水县水田乡岭头村第二自然村，他是目前为止村里第一个考上"211"重点大学的孩子。在吉安市"十三五"贫困村名单中，吉水县占了 86 个；水田乡的居民大多是峡江水利枢纽工程移民，这里易涝易旱，属于典型的贫困乡。

小伊家一共 5 口人，居住在爷爷留下来的砖瓦房中。父母都是当地农民，耕种了 4 亩水稻田，每年卖稻谷的钱就是这个家全部的收入，平时地里产什么家里就吃什么。奶奶长年生病，属于农村低保救助对象，因为给奶奶治病，家里欠债 2 万余元。为了减轻家庭经济负担，小伊姐姐在初中毕业后就选择了职高，早早结婚生了两个孩子，因为照应不过来，大外甥女一直放在小伊家抚养。

"你是我们家的希望！"

"你是我们全村的骄傲！"

　　5 年前，小伊带着全村人的嘱托，背着行囊，独自一人从家乡来到武汉，父母没有送他，因为来回票价（180 元）有点"贵"。村里到县城的巴士每天只有一趟，他不得不提前一天坐巴士到县城远方亲戚家住一晚，第二天再坐 7 个小时的火车去往武汉，回程亦是如此。

　　小伊是典型的家庭经济困难学生（下文简称"经困生"），"家住农村、父母务农为主、无固定的收入来源、多子女、养老压力大、欠债"，这些关键词构成了一个典型经困生的画像，在我校经困生群体中具有代表性。

　　同时，背负着家人期望的小伊心理压力很大。大学里，他默默关注着很多优秀同学的学习生活，但自己在大学究竟怎么学，要培养哪方面的能力，怎样培养这些能力，小伊完全没有方向。与小伊周围的人沟通发现，大一上学期，小伊因为性格偏内向的原因，除了宿舍的室友，平时很少跟其他人交流，在大学依旧过着"教室—食堂—宿舍"三点一线的生活。

二、工作举措

　　经过对小伊的画像分析，我们发现，除了经济困难，小伊在未来目标、自我认知、能力提升、职业规划等方面还有很大欠缺。资助中心根据其情况，为他适配了 SSA 计划，根据大学期间不同的阶段特征，给予相应的帮扶。

（一）Spring：聚焦经济帮扶，点燃心中希望

要让小伊安心上学，首先得解决上学费用问题。国家助学贷款是帮助经困生解决学费和住宿费最直接、最有效的办法，但小伊父母却有很多顾虑：办贷款说出去不好听，邻居们到时候都会知道，万一还不起怎么办等。资助中心了解到情况后，主动和小伊父母取得联系，详细解释了助学贷款设立的初衷、现状，以及还款政策。三次沟通之后，小伊家里最终同意小伊办理校园助学贷款。

入校之后，小伊被认定为学校的经困生，经过班级、学院、学校三级民主评议，申请到一等国家助学金以及勤工助学岗位，助学金和勤工助学薪酬解决了小伊在学校的基本生活开销。

在校期间，小伊家因 2016 年持续暴雨，农田被毁，学校特批了临时困难补助；2017 年，小伊母亲因乳腺癌做了一个大手术，学校给予了特殊困难补助。

学校各方面的经济帮扶，解决了小伊上学的后顾之忧，让小伊安心学业，"不用像村里大部分年轻人那样早早出去打工"。春天般温暖的帮扶，点燃了小伊心中的希望，让其有勇气、有信心去追逐梦想。

（二）Summer：聚焦能力提升，实现成长蜕变

能力提升，关键要看锻炼。在大一之后，学校、学院齐发力，为小伊提供了能力的"修炼场"。

　　鼓励小伊走出门，多与人接触。大一即将结束之际，小资小助团队向小伊发出邀请，通过两轮面试，他成为小资小助团队中的一员。通过破冰、团建等活动，小伊和团队成员渐渐熟络，对团队有了归属感。小伊利用课余时间在资助中心值班，接待各类来访和咨询，协助处理各项资助业务，在实践工作中增强了沟通能力、理解能力、锻炼执行能力和思考能力。

　　鼓励小伊走上台，多开口说话。小资小助团队每两周举行一次分享会，锻炼学生的表达能力。老师们的分享以教授技能为主，如公文写作、新闻写作、微信公众号编辑与运营等，并以课堂作业的形式检验学生学习效果。学生们的分享则主题不限，经过多轮沟通和修改，小伊最终以《江西吉安的风土人情》为题，在团队内部做了分享。他说："这是第一次在这么多人面前，这么正式地讲话，以前从来没想过。"

　　鼓励小伊走出去，多实践锻炼。经过在团队一年多的学习锻炼，小伊已熟练掌握办公软件的运用和微信公众号推文的制作编排，性格上也开朗了很多。随着自信心的提高，小伊在辅导员的鼓励下竞选了班干部，成为服务班集体的团支书，并且加入了学院的志愿者协会，参与了洪山区政府、万科集团、火车站以及各社区组织的志愿服务活动，并且自己组织策划了10余项校内外志愿服务活动。在一场暑期社会实践的成果展示会上，小伊代表团队上台发言，赢得阵阵掌声。大三的时候，他经推荐参加了武昌区人大常委会人事任免工委的实习，获得指导老师的好评。

（三）Autumn：聚焦思想引领，助力脱贫攻坚

大二那年，虽然我校"典赞青春"本科学生颁奖典礼的聚光灯中没有小伊的身影，但是上台领奖的 42 位优秀学子的文案是他熬了两个通宵，一字一句推敲出来的。在与优秀学子的逐一沟通中，他看到了通往优秀的 42 条道路，也开始探索适合自己的路。

大三那年，小伊报名参加了学校第一期 RED 成长训练营，穿上红军服，重走红军路。经过两天的实地体验，小伊深觉"没有革命先辈们的牺牲，就没有今天的幸福生活。我们真的应该珍惜现在的生活，更应为国家、为社会贡献自己的力量"。回来之后，他积极向党组织靠拢，并于大四时光荣加入中国共产党，成为一名预备党员。

大四那年，小伊考研失败，小资小助团队指导老师第一时间联系他，安抚其情绪的同时，也和他一起客观分析了自身情况和家庭实际，建议他先就业解决当下困难。经过一晚的思量，小伊说"努力过了，便不后悔"，接着便着手准备求职简历。在老师的帮助和鼓励下，经过不断打磨、修改、演练、试错、再战，小伊最终找到了一份国企房地产公司的工作。

小伊入职后下沉到了项目部，因其熟练的融媒体推文编辑能力，他担任了项目的宣传专员，2019 年被评为"优秀

宣传工作者"。工作的第一年里，他还清了助学贷款和家里的欠债。目前一年见习期刚过，他的绩效工资已是初入职时的 2.8 倍。他说"不能忘本"，打算再干一年改善下家里的生活条件后就考家乡的公务员，看了外面的世界，深知家乡发展还很滞后，希望自己能为家乡的发展做点实事。

毕业后的小伊一直和学校保持着联系，在得知学校组建精准扶贫帮扶志愿者团队时，小伊第一时间报名参加，帮助湖北贫困县兴山县的农户销售土特产。他一直都说："我很幸运，大学期间得到了许多帮助，只要有用得着我的地方，我义不容辞！"

三、主要特点

为帮助经济困难学生真正掌握脱贫本领、坚定人生理想信念，我校一直在开拓发展型资助的内涵，助力扶贫与"扶智""扶志""三扶统一"的实现。为保证成效，资助中心坚持采取接地气的精准摸排方式，建设有温度的团队成长平台，探索有情怀的成才引领模式，通过 SSA 帮扶计划，帮助学生成长成才。

（一）资助工作前置，把摸排工作做实

家庭经济困难学生认定，是高校资助工作的基础。为进一步完善认定模型，我校从 2014 年开始启动经困生家访工作，先后实地走访了 1500 余名经困生家庭。小伊就是其中的一个。

在招生阅档时，我校对家庭经济特别困难的特殊学生第一时间开展调查了解，制定帮扶计划。河南濮阳县高考状元、安徽的"独臂少年"，都是入校前就开启了帮扶计划。新生报到时，小资小助团队每年会从绿色通道学生中筛选出200余名家庭经济相对更困难的新生，深入到学生宿舍，与新生、新生父母、亲戚进行沟通。每年寒暑假还会有学校老师带队走访，学生自行组队进行"同城互访·让爱回家"等家访活动。

（二）"三季"帮扶并行，把走访成果落实

对摸排出的需要进一步帮扶的经困生，资助中心会根据每个人的特点制定不同的三季帮扶计划。助学季聚焦经济帮扶，包括为毕业生发放求职衬衣、为特别困难学生发放过冬棉衣被褥、寒假路费补贴等个性化帮扶。成长季聚焦提升技能，通过培训、提供实践平台和锻炼机会等，发挥其所长，补齐短板。成才季聚焦思想引领，通过成长训练营、外出沟通交流、定期沟通谈心等，助力学生树立正确的理想信念，把握人生的发展方向。

（三）追踪帮扶持续，把扶贫成效夯实

资助中心建立帮扶台账，定期与学生沟通交流，把握学生最新发展情况；建立朋辈互助帮扶机制，通过以老带新的方式，加强与帮扶对象之间的黏性；建立毕业生联络机制，为每一届毕业生举行欢送仪式，开展送经传宝活动；打通毕

业后的融入通道，通过新媒体传播、没有"换届"的沟通群，让毕业生离校后还能继续关注学校的变化，学校也会经常邀请毕业生参与线上线下各种活动和交流，许多毕业生觉得"自己没有离校"。对毕业生走出校门后遇到的问题和困难，资助中心老师也会耐心地帮忙分析、梳理，建言献策，助其顺利解决。

四、思考

（1）当地政府网显示，小伊的家乡在2019年底已经摘除了贫困县的帽子。[①] 近6年来，学校的家庭经济困难在校生总人数从6000多人递减到4000人。这得益于国家脱贫攻坚的大好政策，得益于社会的举力帮扶。真正意义上经济困难的人数正在减少，但刚脱贫的这部分学生在综合能力上普遍较其他学生较弱，如何提高这部分学生的能力，让其有能力承载家庭的希望，在脱贫之后避免返贫，是下一步扶贫工作的重中之重。

（2）根据数据分析，2020年的研究生考试报名人数是341万，2015年报名人数是164.9万，近五年考研人数以年均

---

① 江西省人民政府："江西省人民政府关于同意会昌县等10个县（区）脱贫退出的批复"［EB/OL］.［2019-04-29］. http://www.jiangxi.gov.cn/art/2019/4/29/art_4969_688696.html，2019.

每年 15.73% 的速度在增加。[①] 近几年刮起的"考研热"让不少经困生也纷纷投入考研大军。一方面，我们需要加大对经困生的职业生涯规划辅导力度，避免因跟风考研而错失求职最佳时期；另一方面，希望能够加大对经困生就业、创业的支持力度，给予其更多实践和锻炼的机会。

（3）目前各地各部门竞相举办帮扶活动，如何让活动不停留在一次性的局面，让各项活动形成合力，劲往一处使，让"注重活动本身"渐渐向"注重活动举办之后的效果"转变，是各单位需要统筹和协调的问题。

（4）部分家庭经济特别困难的学生心理非常敏感，一方面希望能够得到帮扶，另一方面又不愿"暴露"家庭经济困难情况。资助工作者要抛弃以前"等学生主动找上门"的观念，主动寻找、识别需要帮扶的对象，并采取相应的帮扶举措。2019 年，部分高校通过分析学生一卡通食堂消费数据，在学生没有申请的情况下，给予家庭经济困难学生直接餐饮补助。如何让我们的资助举措能够春风化雨，润物无声，开拓"隐形资助"是我们可以研究的方向。

（5）随着资助政策的日渐完善，资助对象、资助范围、资助举措都在不断地扩展和延伸，部分被帮扶对象形成了

---

① 中国考研网："历年全国考研报考人数与录取人数统计（1994–2020）"［EB/OL］．［2019–12–28］．http://www.chinakaoyan.com/info/article/id/77817.shtml，2020.

"等、靠、要"的思想，如何在给予帮扶的同时，激发资助对象自身的主观能动性，让其能够"自食其力""戒掉帮扶""感恩回馈"，是我们不能忽略的问题。

党建引领成长　红色点亮青春 ①

——"星火训练营"党员发展模式创新

张雨舟

［学生工作部（学生资助管理中心）、人民武装部］

党的十九大指出，伟大斗争，伟大工程，伟大事业，伟大梦想，紧密联系、相互贯通、相互作用，其中起决定性作用的是党的建设新的伟大工程。提升大学生党员发展质量，既是高校党建质量提升行动的基础性工程，又是培养党的新生力量的战略工程。

①　本文系 2020 年度中央高校基本科研业务费（三全育人）项目（编号 2722020SQY06）成果，亦为 2019 年度湖北省高校学生工作精品项目（编号 2019XGJPG2003）成果。

一、"星火训练营"党员发展模式的建设背景及意义

（一）建设背景

1. 宏观层面

从整体布局上看，教育部将 2018 年定为教育系统"党建质量年"，把 2019 年作为教育系统"支部建设年"，形成了促进高校党建工作提质增效的系列组合拳。党员是党的微观细胞，"细胞"生机蓬勃，"肌体"才能旺盛有活力。站在新时代的起点上，高校必须将党员发展和教育管理放在更加重要的位置上，从源头上提升党建质量，确保中国特色社会主义事业后继有人。

2. 中微观层面

从具体情况上看，发展大学生党员是高校党建的常规性、基础性工作。最新数据显示，当前全国高校系统每年发展新党员数量超过全国新发展党员总量的 1/3，且发展工作不断规范和科学，发展质量也不断提高。但是仍然存在发展重数量、轻教育、疏管理；管理过程重要求，轻教育，轻效果；入党教育培训体系不健全，缺乏科学的标准测评体系等问题。要破解这些难题，必须总结、吸收最新研究成果，积极探索党员发展和教育管理创新实践。

（二）建设意义

基于上述背景，为全面推进学校党建工作的科学化、专业化和系统化，学校启动"星火训练营"卓越本科生综合素质培养计划，通过"三个工程""三个精准"积极创新本科生党员发展模式，极具理论意义和实践意义。

1. 理论意义

中南财经政法大学始终以习近平新时代中国特色社会主义思想为指导，以党章为根本遵循，借鉴党的建设创新理论成果，通过"星火训练营"实践，力图健全党委学工部、党委组织部、校团委、学院党委相互联动的工作机制，形成工作规范；积极构建"三维"考核评价指标体系，探索本科生党员评价标准体系，扩宽了高校党建研究思路，有助于新时代党的创新理论进一步细化。

2. 实践意义

中南财经政法大学以"星火训练营"计划为依托，实施"三个工程"，即"优选工程"聚焦入党积极分子教育管理，精准筛选把好"入口关"；"助燃工程"聚焦党员发展标准化，精准培育把好"发展关"；"燎原工程"聚焦党员党性"保鲜"，精准措施把好"质量关"。这既是加强高校党建工作的积极探索，也是为党和国家培养接班人的积极实践，具有重要的实际应用价值和推广价值。

二、"星火训练营"党员发展模式的建设路径

2018 年学校聚焦"学生党员发展有质量"这一主题，启动"星火训练营"卓越本科生综合素质培养计划，致力于构建有梯次、有重点、有针对性的接续发展培养模式，全面提升大学生党员质量。拟在"星火训练营"第 1 期建设的基础上，针对突出问题和薄弱环节不断改进、完善，创新实施"三个工程"，即"优选工程"聚焦入党积极分子教育管理，精准筛选把好"入口关"；"助燃工程"聚焦党员发展标准化，精准培育把好"发展关"；"燎原工程"聚焦党员党性"保鲜"，精准措施把好"质量关"。通过"三个工程"有梯次、有重点、有针对性的接续培养，勾连起学生党员发展四个关键节点（入党申请人、入党积极分子、发展对象及党员）；积极构建"三维"考核评价指标体系，从"思想上入党、政治上入党、行动上入党"三个维度将入党标准具体化；建立党委组织部、党委学工部、团委和学院等"多部门联合审查"制度，实行动态测评考核和滚动淘汰。力图破解大学生党员发展中突出问题和薄弱环节，以实现学生党员教育管理"提质增效"，确保大学生党员"血源纯正""血质优良"，具体执行思路见图 1。

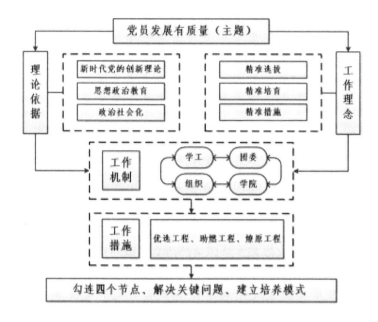

图1　"星火训练营"党员发展模式执行路径

三、"星火训练营"党员发展模式的理论支撑

（一）马克思主义党建理论

马克思主义经典作家对"建设什么样的无产阶级政党，怎样建设无产阶级政党"这一社会主义、共产主义运动史中的重要命题，有着长期的理论阐述和生动的理论探索。马克思主义历来把关注目光投向青年，重视青年、关心青年、依靠青年。马克思强调，最先进的工人完全了解，他们阶级的未来，从而也是人类的未来，完全取决于正在成长的工人一

代的教育。① 在他看来，青年一代的教育与未来，和全人类的进步发展紧密联系在一起。大学生党员是党员队伍中最朝气蓬勃和生机盎然的群体，是党和人民事业发展的生力军。面对新形势新任务，学校将始终以党章为根本遵循，针对学生党员入党的不同阶段，设计阶次递进的培养方案，从源头优化党员结构、提高大学生党员质量，培养一批中国特色社会主义事业和无产阶级革命事业接班人。

（二）新时代党的创新理论

党的十八大以来，全面从严治党是以习近平同志为核心的党中央治国理政的鲜明特色。习近平总书记围绕全面从严治党这个主题，形成了内容丰富的党的建设创新理论。习近平总书记在纪念五四运动100周年大会上的讲话强调，党的队伍中始终活跃着怀抱崇高理想、充满奋斗精神的青年人，这是我们党历经百年风雨而始终充满生机活力的一个重要原因。"星火训练营"项目通过精准筛选，着重挖掘"先进"代表后备力量，并进行体系化培训培养，始终将习近平新时代中国特色社会主义思想学深悟透，作为检验学生党员政治立场、政治信仰的重要标尺，作为补钙壮骨、固本培元的党性洗礼，引领学生成为德智体美劳全面发展的社会主义建设

---

① 唐爱菊. 马克思论人的全面发展［J］. 湘潭大学学报（哲学社会科学版），1983（2）：68-73.

者和接班人。

（三）政治社会化相关理论

政治社会化是一个通过社会互动而形成政治态度和政治行为的过程。它具有培养合格"政治人"，传播和创新政治文化，维持政治系统的功能。政治社会化须透过家庭、学校、朋辈团体和大众媒体等媒介得以实现。所谓朋辈团体，是由年龄、身份彼此相近，且在某些共同问题上有共同利害关系的同伴组成。根据相关学者的研究，不同年龄阶段、不同媒介对个体政治社会化有不同的影响。

20 岁以后，朋辈团体对个体政治社会化的影响更为重要也更为显著。2019 年对学校 12107 名本科生思想动态调查发现，54.73% 的学生认为同学、室友等同辈群体对自己的影响最大（第一位）。通过"星火训练营"将年龄相近的大学生党员组织起来，开展理论培训、交流分享、素质拓展、社会实践等多种形式的活动，让其在频繁交往中开展政治讨论，互相提供讯息，交换彼此意见等，能够有效促进团体成员的政治社会化，使学生党员成长为坚定的马克思主义者。

四、"星火训练营"党员发展模式的三个工程

（一）优选工程

学校以"星火训练营"卓越本科生综合素质培养计划为

依托，通过"优选工程"精准选拔出政治坚定、能力突出、群众公认的入党积极分子，从源头提高党员质量，见图2。

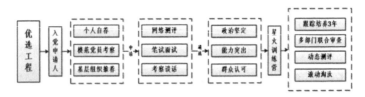

图2　优选工程执行路径

入党申请人经个人自荐、模范党员考察或基层组织推荐具备申请资格，再通过网络测评、笔试面试、考察谈话等方式遴选出一批政治坚定、能力突出、群众认可的优秀学生加入"星火训练营"，每期拟跟踪培养3年，日常考核和关键节点考察相结合，建立党委组织部、学工部、团委和学院等多部门联合审查制度，全程实行动态测评考核和滚动淘汰。

2018年，学校正式启动"星火训练营"卓越本科生综合素质培养计划，结合学院推荐名单，以"中南大易班"网为网络平台，开展问卷组织报名，并通过笔试面试等环节的筛选，最终从5000多名大一年级学生中选拔了80余名入党积极分子组成第1期"星火训练营"。

（二）助燃工程

通过"助燃工程"精准培育，搭建入党教育日常化、科学化、规范化平台，根据学生发展对象的特点和发展需求设计培养方案，为学生定制教育活动，真正做到思想上、政治上、行动上入党。

1. "自主定制"教育方案

学员除了参加党校培训之外，根据不同需求和特点，还在"星火训练营"专题报告、社会观察、实践锻炼、交流研讨、素质拓展、学术科研六大教学模块中定制培养方案，取得相应学分并计入"第二课堂成绩单"。第1期"星火训练营"在自主研讨的基础上，与学工部等部门的管理教师共同讨论并制定了《"星火训练营"卓越本科生综合素质培养计划培养方案》《中南财经政法大学"星火训练营"管理条例》《第一期"星火训练营"学员名册》等。

2. 校内校外"双指导"

聘请校党委书记、学校分管组织工作和学生工作的副书记以及优秀教师党员为训练营成长导师，通过"青春有约·我与书记面对面""师生党员下午茶""身边的党员"等活动，引导青年学子青春心向党，传承红色基因；积极聘请其他高校的专家教授、社会各界的优秀校友党员、校外辅导员担任训练营的校外成长导师，为学生开展国情教育、社会实践教育，强化思想引领和政治引导。值得一提的是，2019年4月，保利集团的校外辅导员组织"星火训练营"学员赴军运村开展参观体验活动，在感受国企工作氛围的同时，也提前强化了志愿服务的责任意识。

3.支部活动"先体验"

组织学生观摩教师党支部或高年级党支部活动，激励入党积极分子和发展对象"永远跟党走"。2019年5月，学校组织"星火训练营"42名学员代表，组成寻访红色足迹体验营，专程前往浙江嘉兴，参观南湖革命纪念馆、瞻仰红船，与学生工作部党支部的部分老师们一起重温党的历史，体验革命情怀，传承红色基因。2019年11月，学校组织38名学员代表赴河南新县大别山干部学院开展"不忘初心，星火相传"红色实践教育活动，回顾革命历史，接受红色传统教育。

（三）燎原工程

通过"燎原工程"精准措施，搭建好各种"有为"平台，引导广大学生党员充分发挥模范先锋作用，让党员这面旗帜在学校学习和生活各方面飘扬。

以"不忘初心，牢记使命"为主题，以提升大学生党员先进性、示范性为目标，引导学生党员"亮明身份"，开展"党员示范岗"活动，接受组织和群众的监督，将"党性修养"转化为"党员行为"；让优秀学生党员在社团中担任负责人，积极发挥作用，以党建引领学生活动；吸纳优秀学生党员加入辅导员工作室，在学业支持、网络文化育人等工作室，开展大学生思想政治教育和学术研究工作；对优秀学生党员进行培训，吸纳入"青年研习社"和"青年学生宣讲团"，开展微党课和"青春告白祖国"校内宣讲工作；在暑期社会实践中专门设立"星火训练营"实践项目,以"我和我的祖国""我家乡的70年"为主题,开展各类社会调查和社会实践活动,让学生们在参与中不断锤炼党性、不断厚植家国情怀,自觉将个人的理想和追求融入国家和民族的事业发展中。鼓励学员在社会实践、志愿服务、科研竞赛、班团建设中发挥领头羊作用,2019年"星火训练营"1期87名学员共获奖208次,其中获省部级奖项13次、市厅级奖项8次、校级奖项187次。其中,学员苏正民在湖北省"百生讲坛"活动中获评优秀主讲人之金牌主讲人称号;2020年,学员代表苏正民获得第十五届"中国大学生年度人物"入围奖,其先进事迹被新华社、人民日报、中国青年报等多家官媒报道。

五、"星火训练营"党员发展模式的保障及展望

在机制保障方面,学校通过建立党委学工部、党委组织部、校团委、学院党委相互联动的工作机制,对学生党员入党各阶段实施"三维"立体考察。在经费保障方面,学校设有大学生思想政治教育专项经费,每年为"星火训练营"项目划拨专门经费15万元;在场地保障方面,学校两校区分别设有1间"星火训练营"工作室,用以开展相关活动;在人员保障方面,学校党委书记、副书记受聘"星火训练营"成长导师,组织部、学工部等相关领导及工作骨干为本项目的顺利开展提供工作指导与智力支持。

后期我们将在构建"三维"考核评价指标体系下功夫,

通过对学员的跟踪考察，从思想入党、政治入党、行动入党三个维度将入党标准具体化，使学生党员有目标、有方向。另外，我们还要在健全动态淘汰管理机制上下功夫，为基层组织党员发展和教育管理工作提供经验与规范，使学生党员发展工作更加规范严格，运行更加流畅。